珍藏版

中华成语典故全鉴

杨敬敬◎解译

中国纺织出版社有限公司 | 国家一级出版社
全国百佳图书出版单位

内 容 提 要

中国文化博大精深，其中的成语大多源于历史事件，不仅是中华五千年的智慧结晶，也是前人生活经验的总结积累，闪耀着先辈智慧的光辉。本书对所收录的成语从释义、出处、典故三方面进行了讲解，读者朋友们不仅可以将其当成一本有趣的故事书来读，还能够从中学到知识，掌握更多成语，从而在日常生活中恰当地使用。

图书在版编目（CIP）数据

中华成语典故全鉴：珍藏版 / 杨敬敬解译．—北京：中国纺织出版社有限公司，2019．8

ISBN 978－7－5180－6296－6

Ⅰ．①中…　Ⅱ．①杨…　Ⅲ．①汉语—成语—典故　Ⅳ．①H136．31

中国版本图书馆 CIP 数据核字（2019）第 119944 号

策划编辑：于磊岚　　责任校对：王花妮　　责任印制：储志伟

中国纺织出版社有限公司出版发行
地址：北京市朝阳区百子湾东里 A407 号楼　邮政编码：100124
销售电话：010—67004422　传真：010—87155801
http：//www．c-textilep．com
E-mail：faxing@ c-textilep．com
中国纺织出版社天猫旗舰店
官方微博 http：//weibo．com/2119887771
北京华联印刷有限公司印刷　各地新华书店经销
2019 年 8 月第 1 版第 1 次印刷
开本：710×1000　1/16　印张：20
字数：281 千字　定价：68．00 元

前言

成语是汉文化的一大特色，是汉语的精华，是历史的缩影，是文明的积淀，是智慧的浓缩。如果说汉语是浩瀚无垠的大海，成语就是其中点缀的贝壳，心怀珍珠，给人喜悦。成语是中华民族的文化瑰宝，成语故事是中国历史文化的智慧凝结，是各个时代的产物，蕴藏着丰富的历史知识和深刻的道理。

成语，有其固定的结构形式和固定的说法，言简意赅、深刻隽永，一般都出自一段典故。成语不仅数量多，而且在我们日常生活中的运用也极其广泛，带有鲜明的民族特色。想要更好地了解我国的传统文化，成语就成了不得不学习和研究的部分。

在日常文字表达中，恰当地使用成语，能够起到画龙点睛、言近旨远的效果，历来那些擅长写诗写文的人，为了增强自身作品的说服力，无不重视成语的运用。此外，那些学习和阅读文化典籍的人，要想更好地理解作品的原意，汲取作品中的精华，掌握成语出处和含义也是极为重要的。

成语和习用语、谚语相近，但也有不同。习用语和谚语属于口语性质；成语大多出于书面，属于文语性质。从语言形式上来说，成语大多是四字结构，字面不可随意更换，习用语和谚语则相对松散一些，可多可少，比如“前怕狼，后怕虎”“快刀斩乱麻”等属于习用语，“有志者事竟成”“路遥知马力，日久见人心”等属于谚语。

成语一般出自寓言、历史故事或者截取古文书中的四字成语等。寓言如

“画蛇添足”出自《齐策》，“自相矛盾”出自《韩非子》等；历史故事如“完璧归赵”出自《史记·廉颇蔺相如列传》，“口蜜腹剑”出自《唐书·李林甫传》等；截取的四字成语如“举一反三”出自《论语·述而》，“分庭抗礼”出自《史记·货殖列传》等。

此次编撰的这本《中华成语典故全鉴》，是在浩瀚如烟的成语海洋中搜罗出比较具有代表性的成语故事，条目众多，可谓壮观。读者可以把它当成一本有趣的故事书，在阅读中了解我国五千年的历史文化。

本书在编写过程中不仅注重知识性和趣味性的结合，也注重哲理性和艺术性的结合。本书对每则成语都从释义、出处、典故三方面进行解释说明，并对难懂的字词进行注音，通俗易懂、妙趣无穷，将一段段历史传奇展现在读者眼前。目录根据成语首字字母排列，方便读者的查阅。此外，本书还收录了一些类似于成语的熟语故事。故事简洁、完整，出处广博，所有的故事都可以独立成篇，方便读者的碎片化阅读。

每一则成语，都有一段故事；每一段故事，都出自一段历史；每一段历史，都展现着古人的智慧；每一种智慧，都融合着文化的精髓。在此，衷心祝愿读者朋友们能够从中学到知识，扩大自己的知识面，掌握更多的成语，并在日常生活中能够更恰当地使用。

本书平装本自出版以来，广受读者欢迎和喜爱。为满足大家的收藏、馈赠需要，现特以精装形式推出，敬请品鉴。

解译者

2019 年 3 月

目录

C

D

E

F

G

A

爱屋及乌

【释义】

因为喜欢一个人而连带着喜欢他屋顶的乌鸦。形容因为喜爱一个人而连带着喜欢、关心和他有关的每个人、每件事。

【出处】

战国·《尚书大传·大战》："爱人者，兼其屋上之乌。"

西汉·刘向《说苑·贵法》："武王克殷，召太公而问曰：'将奈其士众何？'太公对曰：'臣闻爱其人者，兼爱屋上之乌；憎其人者，恶其余胥。咸刘厥敌，使靡有余，何如？'"

【典故】

西伯侯姬昌从商纣王的囚禁中出来后，开始联络各个诸侯，立志推翻商纣王的无道统治。姬昌去世后，小儿子姬发即位，是为周武王。姜太公为军师，周公和召公为辅政大臣。在各诸侯和各将领的大力拥护下，周武王带兵攻入商王朝的都城朝歌，商纣王兵败自杀，商朝灭亡。

灭掉商朝后，周武王问姜太公："该如何安置商朝的那些文武百官呢？"太公回答说："我听说，真正爱一个人，连带着会爱他屋顶上的乌鸦；真正憎恶一个人，也会连带着憎恨他的奴仆。把敌人全部杀掉，一个不留，您看这样如何呢？"

武王认为不妥，召公上前说："有罪的就杀，无罪的就让他们活。我们应该杀掉有罪的。这样如何呢？"

武王还是认为不妥。周公上前说："可以让他们各自回家，耕种自己的田地。君主应该用仁政来感化天下人。"

武王认同周公的话，把商纣王的旧臣全部放回家，天下归心，周朝也逐渐强大起来。

爱鹤失众

【释义】

贬义词，原意指卫懿公因为宠爱鹤而失了民心。现在指看重事物却不看重人，致使因小失大。有时也指不务正业之人必将会失去众人的拥护。

【出处】

春秋·左丘明《左传·闵公二年》："狄人伐卫，卫懿（yì）公好鹤，鹤有乘轩者。将战，国人受甲者皆曰：'使鹤，鹤有禄位，余焉能战？'"

【典故】

春秋时期，卫懿公在宫中养了很多鹤，有的鹤甚至还有爵位和俸禄。朝中大臣除了处理政事外，还要去照顾这些鹤。位于北边的燕国，得知卫懿公好鹤的事情，还专门让人送来了几十只比较稀有的鹤。卫懿公很高兴，还四处吹嘘说这些鹤彰显了卫国强大的国力。

这时，狄国突然派兵侵犯卫国，卫懿公下令征召全国的壮年参军。百姓们都在私底下议论：大王应该派那些鹤去打仗啊。鹤有爵位和俸禄，而我们这些百姓都穷得吃不上饭，又有什么力气打仗呢？

后来，卫懿公带兵抵抗狄军时，因军中将士无心恋战，最终导致卫军大败，卫懿公战死，卫国灭亡。

哀鸿遍野

【释义】

哀鸿：大雁的悲鸣声。原意指鸿雁因为没有栖息之处，悲哀地叫着。形容到处都是呻吟哀嚎、流离失所的难民。

【出处】

春秋·《诗经·小雅·鸿雁》："鸿雁于飞，哀鸣嗷嗷。"

【典故】

《诗经·小雅》中有一篇《鸿雁》的诗，其中两句写道：“鸿雁于飞，哀鸣嗷嗷。”

意思是说：鸿雁因为找不到栖息的地方，一直没有目的地盘旋，叫声悲哀。后来人们把那些不能安居乐业的百姓，称之为“哀鸿”。形容难民比较多，就用“哀鸿遍野”或者是“遍地哀鸿”来形容。

哀梨蒸食

【释义】

哀梨：古时比较好吃的一种梨。原意是把哀梨蒸着吃（梨子生吃，味道才会甘甜脆嫩）。形容一个人不识货，稀里糊涂地糟蹋了好东西。

【出处】

南朝·宋·刘义庆《世说新语·轻诋（dǐ）》：“桓南郡每见人不快，辄嗔（chēn）曰：‘君得哀家梨，当复不蒸食不?’”

【典故】

晋朝的桓温遇到什么让他生气的人时，往往会说：“你得到了哀家梨，难道还要再把它拿来蒸着吃吗?”以此来讥讽一个人不知好歹，不懂得珍惜好东西。犹如得到了比较有名的哀家梨，原本生吃才甘甜，不识货的人却拿来蒸着吃。

安居乐业

【释义】

生活安定，快乐劳动。指安定愉快地生活和工作。

【出处】

春秋·老聃（dān）《老子》第八十章：“民各甘其食，美其服，安其俗，乐其业，至老死不相往来。”

【典故】

老子是我国著名的思想家、哲学家，姓李名耳，字聃。老子对于当时的社会现状很不满意，认为人们应该维持原始社会的生活，不要让经济文化的发展破坏了百姓的淳朴本性，提倡“小国寡民”的理想社会：比较小的国家，比较少的百姓。不去使用过多的器具，不冒着生命危险去夺取，不要总是向远处迁移。即便有车马船只，也没有人乘坐它们；即便有武器装备，也没有人使用它们。应该让百姓重新拿起古时结绳记事的方法，吃得香，穿得舒服，住得安逸。邻国之间相互可以看见，鸡鸣狗叫声相互可以听见。但直到人们老去、死去，也不相见。

安如泰山

【释义】

如同泰山一样稳固，不可动摇。

【出处】

西汉·枚乘《上书谏吴王》：“变所欲为，易于反掌，安于泰山。”

【典故】

枚乘为汉朝时期著名的文学家，汉景帝时期，他在吴王刘濞（bì）的府中担任郎中一职。

吴王刘濞是一个很有野心的人，他觊觎（jì yú）王位，想要暗中谋反。当时，晁错为御史大夫，他向汉景帝提议，削弱各个诸侯国的领地，加强中央集权，巩固国家的统一。刘濞见状，立即联络楚、赵等地的诸侯起兵叛乱。

枚乘心知刘濞的打算，便写书劝谏刘濞，并说："……能听忠臣之言，百举必脱。必若所欲为，危于累卵，难于上天；变所欲为，易于反掌，安于泰山……"

意思是说，您如果可以听取忠臣的劝告，就可以避免祸患。如果一定要依照自己所想的去做，就会比叠鸡蛋还要危险，比上天还要艰难。不过，如果可以改变之前的主意，就比翻手掌还容易，而且还能够让自己的地位比泰山还稳固。

刘濞不听，为了避祸，只好离开了吴国，前去梁孝王的府中当了宾客。公元前154年，刘濞起兵叛乱，这便是史上的"吴楚七国之乱"。不久后，汉景帝派遣大将周亚夫带兵平叛，楚王刘戊兵败自杀，刘濞被杀，其他的五个诸侯也都自杀身亡。这场叛乱维持了三个月的时间便失败了。枚乘也因为给吴王写的那封劝谏书而闻名，后被汉武帝征召回京做官。只可惜，还没到京城，他便因病去世了。

安然无恙

【释义】

泛指平安无事，没有受到什么损害。

【出处】

西汉·刘向《战国策·齐策》："岁亦无恙耶？民亦无恙耶？王亦无恙耶？"

【典故】

公元前266年，赵国君主赵惠文王去世，太子丹即位，是为赵孝成王。当时赵孝成王还很年幼，一切政事皆由他的母亲赵威后处理。赵威后这个人比较贤明，见识长远。赵孝成王刚刚登基时，秦国带兵攻打赵国，赵国无奈之下只能派人向齐国求救。齐国则以让赵威后的小儿子长安君做人质为出兵条件，为了国家生计，赵威后只能忍痛将小儿子送到了齐国。随后，齐国出兵打退了秦军。

有一回，齐王派遣使者前来拜见赵威后，赵威后问使者的第一句话就是："齐国今年的收成还好吗？老百姓都平安吗？齐王的身体还健康吗？"

齐国的使者很不高兴，他说：“齐王让我前来拜见您，您却先问及收成和百姓，而后才问到齐王，怎可以把尊贵的放在后面而将低贱的放在前面呢？”

赵威后笑了笑，解释说：“当然不是这样。如若没有收成，怎么会有老百姓呢？如果没有老百姓，又哪来的君主呢？难道问候的时候就可以只在乎枝节而忽略掉根本吗？”

齐国使者听后，连连点头称是。后来，人们从这则故事中演化出了“安然无恙”这一成语。

安于故俗

【释义】

拘泥于老习惯，形容思想比较守旧，喜欢依照老一套办事。

【出处】

西汉·司马迁《史记·商君列传》：“常人安于故俗，学者溺于所闻。以此两者居官守法可也，非所与论于法之外也。”

【典故】

商鞅主张变法时，遭到了朝中一些大臣的反对，并由此引发了一场辩论赛，大臣甘龙说：“古时候的圣贤都不用改变民俗的方式来教化百姓，贤明的君主也不会用更改法令的方式来治理国家。这样不需花费太大的力气就可以走向成功。依照旧时的法律做事情，官员熟悉百姓习惯，哪有变法的需要呢？”

商鞅反驳他：“你这就是安于旧俗。一般的人安于旧时的习俗，沉溺于老一套的见闻，和这样的人谈论守法还可以，但却无法同他们谈论变革的道理，因为他们的思想太保守了。三代不同礼而王，五伯不同法而霸。从古至今又哪有亘古不变的道理呢？贤人、智者变法是更有理智，而愚笨的人不懂得变通，所以才会受困于现实。”

还有的大臣说：“效仿古人肯定是没有什么罪过的，遵循古礼也肯定不会出现什么错误。”

商鞅随即回答：“商汤和周武都没有遵循古时候的法制，但是却赢得了天下；夏桀和殷纣都没有更改古时候的法制，最后却都灭亡了。由此可见，变

更旧例并不一定有错，遵循古法也并不一定正确！”

秦孝公认为商鞅的说法很有道理，便坚决支持商鞅变法。

安步当车

【释义】

以从容安闲的步行代替乘车。形容人安于现状，不求富贵。

【出处】

西汉·刘向《战国策·齐策四》：“晚食以当肉，安步以当车，无罪以当贵，清静贞正以自虞。”

【典故】

战国时期，齐国有一位隐士，名字叫颜斶（chù），在当地很有名气。齐宣王听说了他，便派人召他入宫。

颜斶入宫后，齐宣王非常傲慢地说：“颜斶，你过来这里。”颜斶不卑不亢地说：“大王，你过来这里！”这让齐宣王非常不悦，周围的大臣也都责备颜斶。颜斶又说：“如果我主动走到大王的身边，表明我是一个爱慕权势的人；如果大王主动走到我这里，表明大王是一个礼贤下士的人。与其让我爱慕权势，倒不如表现大王礼贤下士。”

齐宣王生气地说：“是大王尊贵，还是士人尊贵？”颜斶回答说：“自然是士人尊贵。之前秦国攻打齐国的时候，曾经下令：谁要是在柳下惠坟墓五十步以内的地方砍柴，格杀勿论！此外还下令悬赏：谁能砍下齐王的脑袋，就能够得封万户侯，得黄金万两。从这里可以看出，一个活着的齐王，抵不过一个死去的士人坟墓呢！”

齐宣王无言以对，周围的大臣说：“颜斶，你只不过是一个乡村野夫，竟然这样神气，真是无礼呀……”

颜斶反驳说：“之前的大禹不也是出自村野吗？可他后来成了天子。他尊重有才之人，所以得到了天下。凡是贤明的君主，没有自以为是的。”

齐宣王自认理亏，便想让颜斶做自己的老师，说：“您在我的身边，可以吃美味，乘专车，妻儿也都能够穿上华贵的衣服。”颜斶对此一点也不心动，并再三推辞说：“还请大王让我回去。每天即便是晚些吃饭，也可以像吃肉那般甘甜；即便是步行行路，也如同坐车一般悠闲；不犯下过错，就是维持自己的尊贵。清静无为，乐在其中！”说完，颜斶便转身离去了。

按兵不动

【释义】

让军队暂且停止一切行动，等待时机。现在指暂时不开展工作。

【出处】

秦·吕不韦《吕氏春秋·恃君览》：“赵简子按兵而不动。”

【典故】

春秋末期，诸侯国争霸。

卫国是晋国东边的一个小国家，军力薄弱，长期受晋国的压迫。后来，卫国为了自保，投靠了齐国，这让晋国当时的执政大臣赵简子非常恼怒，准备带军攻打卫国。出发之前，赵简子让史默利用出使卫国的机会，悄悄打探卫国内部情况，并让他一个月之后将情况汇报回来。

就这样，一个月过去了，两个月过去了，史默那边却毫无动静，赵简子不知道发生了什么事情。朝中有人猜测史默已经被卫国人杀害，建议赵简子立即出兵卫国。不过在赵简子看来，卫国既然投奔了齐国，那么肯定做好了一定的准备，如果贸然出兵，可能会让晋国遭受损失，所以在史默回来之前，最好还是不要轻举妄动。

半年后，史默终于回来了。赵简子问：“怎么耽搁这么久呢？”史默回答：“经过这半年的观察，卫灵公是一个比较有才的君主，辅佐他的贤臣也很多，百姓都很拥护他。现在卫国上下齐心协力，如若我们这个时候攻打卫国，恐怕会付出很大的代价。我在那里的半年时间，竟然没有找到他们的一点弱点，所以只能回来了。”

赵简子听了之后，也认同史默的看法，便暂时打消了出兵卫国的想法，选择按兵不动，等待最佳的时机。

按图索骥

【释义】

根据画像寻找好马。形容做事情拘泥于成法，不懂得灵活变通。现在也指根据线索去寻找某个人或物。

【出处】

东汉·班固《汉书·梅福传》：“今不循伯者之道，乃欲以三代选举之法取当时之士，犹察伯乐之图求骐骥于市，而不可得，变已明矣。”

【典故】

春秋时期，有一个擅长相马的专家，名孙阳，人们称他为“伯乐”。

后来，伯乐根据自己的相马经验写了一本书——《相马经》。书中，他将千里马的各种特征描述得非常清楚，还画了比较详细的插图，供人们参考。

伯乐的儿子也学相马，但他的智力并不高，没有学到父亲的精髓。有一次，他看到《相马经》中描述千里马的特征：高脑门，大眼睛，蹄子像摞（luò）在一起的酒曲块。于是他拿着这本书去郊外寻马。

没多久，他看到路上有一只癞蛤蟆，符合书中所写的千里马的特征。他急忙将癞蛤蟆抓回去，对父亲说：“我寻到了一匹千里马，和你书中写得差不多，就是蹄子并不像摞起来的酒曲块。”

伯乐看到儿子手中的癞蛤蟆，哭笑不得地说：“把它放了吧，你的马只会跳，不能骑。”

暗度陈仓

【释义】

从正面迷惑敌人，而从侧面发动突然袭击。形容暗中进行其他的活动。

【出处】

西汉·司马迁《史记·高祖本纪》："汉王之国……去辄烧绝栈道，以备诸侯盗兵袭之，亦示项羽无东意……八月，汉王用韩信之计，从故道还，袭雍王章邯。邯迎击汉陈仓，雍兵败，还走；止战好畤（zhì），又复败，走废丘。汉王遂定雍地。"

【典故】

项羽是中国有名的军事家，为楚国名将项燕的孙子。项羽早年跟着自己的叔父项梁在吴中地区起兵反秦。

秦朝被推翻后，项羽依仗自己势力强盛想要称霸天下，而刘邦成了项羽最为忌讳的对手。早先，各路将领曾经商议，谁首先攻打下咸阳（今陕西西安附近），谁就称王关中，结果第一个进入咸阳的正是刘邦。要知道，关中地区物产富饶，又是战略要地，项羽自然不能让刘邦在此地驻扎，于是便将巴蜀地区（今四川境内）和汉中（今陕西西南地区）分给刘邦，称他为汉王。项羽自称为西楚霸王，封地有九个郡。

刘邦虽然心有不服，却又慑于项羽的势力，只能听从分封。回到封地之后，他接受了张良的建议，将前去巴蜀地区时路过的几百里栈道全部烧毁。一是为了防御项羽的进攻，二是迷惑项羽，让项羽认为自己接受了封地并且打算不再离开，进而放松了对自己的戒备。

后来，韩信投入刘邦的帐下。韩信是一个军事奇才，他建议刘邦先带兵攻打关中，以此建立兴汉灭楚的根据地。在韩信的策划下，刘邦佯装派遣几百名官兵去修理之前烧毁的栈道。这个时候，在关中西部镇守的章邯听说了这个消息，嘲笑地说："他们自己烧毁了栈道，断了后路。如今只派几百名官兵修复长达几百里的栈道，不知道要修到哪年哪月了。"自此便不再理会刘邦的这一行为。

没多久，章邯便收到了紧急军情，说刘邦大军已经攻入关中，占领了陈仓，陈仓守将被杀。刚开始章邯不信，认为是谣言，几番证实之后，才慌忙起兵抵抗，最后兵败被杀，关中东部和北部的守将见此情况也纷纷缴械投降。最后，整个关中地区被刘邦全部占领。

原来，韩信的计策是：明面上假装派遣几百个人去修复栈道，实际上却带着主力部队，暗地里抄小路去攻打陈仓，给了章邯一个出其不意，最后取得了成功。这便是"明修栈道，暗度陈仓"的故事。

暗箭伤人

【释义】

形容背地里使用某种卑劣手段来伤害他人。

【出处】

宋·刘炎《迩（ěr）言》卷六："暗箭中人，其深次骨，人之怨之，亦必次骨，以其掩人所不备也。"

春秋·左丘明《左传·隐公十一年》："子都自下射之，颠。"

【典故】

春秋时期，在鲁国和齐国的支持下，郑庄公准备出兵讨伐许国。

于是，郑庄公开始检阅部队，召集兵车。这时，军中老将颍考叔和一个年轻的小将公孙子都因为争夺兵车而争吵起来。颍考叔拉起兵车就跑，公孙子都拿着长戟在后面追，但最后并没有追上。为此，公孙子都很是嫉恨颍考叔。

郑庄公正式下令攻打许国，郑国大军逼近许国都城。颍考叔一马当先，率先爬上城墙。公孙子都见功劳就要被颍考叔抢去，内心更加愤懑起来。于是，他将手中的箭对准了颍考叔，这位老将军就这样死在了自己人手中。

同行的将领都以为颍考叔是被许国士兵杀死的，于是急忙扛起大旗，号令士兵攻破城墙，为颍考叔报仇。最后，郑国军队进入许国都城，许庄公逃亡到卫国，许国的土地归入郑国的版图。

后来人们便将公孙子都趁人不备暗放冷箭的行为，称为“暗箭伤人”。

暗中摸索

【释义】

原意是在黑暗中摸索。现指在没有他人指导的前提下，独自钻研。

【出处】

唐·刘悚（sù）《隋唐嘉话》：“许敬宗性轻傲，见人多忘之。或谓其不聪。曰：‘卿自难记，若遇何（何逊）、刘（刘孝标）、沈（沈约）、谢（谢朓），暗中摸索者亦可识之。’”

【典故】

唐朝时期，宰相许敬宗是个性情傲慢之人，大多记不住新结交人的名字。有些人说他的记性很差，他辩解说：“像你这样的人，我自然是记不住的。如果遇到的人是何逊（南朝梁诗人）、刘孝标（南朝梁文学家）、沈约（南朝史学家、文学家）、谢朓（南朝齐诗人）这样的，即便是在暗中摸索，我也能很容易地辨认出来。”

B

八仙过海，各显神通

【释义】

八仙是传说中道教的八位神仙（铁拐李、吕洞宾、曹国舅、韩湘子、蓝采和、张果老、汉钟离、何仙姑），他们过海的时候都不用借助舟船，而是各有一套过海的法术，所以有“八仙过海，各显神通”之说。现在指各人有各人的做事方法，也指各用自己的看家本领进行竞赛。

【出处】

明·吴承恩《西游记》第八十一回：“正是八仙同过海，独自显神通。”

【典故】

传说，有一次，八仙在蓬莱阁上饮酒聚会，酒喝到正好处，铁拐李建议乘着酒兴去海上游玩一番。这个提议得到了其他几位神仙的赞同，并且商议要各凭自己的本事渡海，不可以乘坐舟船。

汉钟离将自己的芭蕉扇扔在海里，他躺在上面，舒服、惬意，随水漂去；何仙姑则将荷花扔在水中，她站立在荷花上，也往海中漂去。随后，张果老、曹国舅、吕洞宾、韩湘子、铁拐李、蓝采和等众仙家纷纷将自己的宝物扔到海里，各显神通，往海中漂去。

八面威风

【释义】

威风：让人心生敬畏的气势。指每个方面都很威风。形容声势比较大，神气比较足。

【出处】

元·尚仲贤《单鞭夺槊（shuò）》第四折："圣天子百灵相助，大将军八面威风。"

【典故】

元朝末期，朝政腐败，各地百姓揭竿而起。此时，朱元璋率领起义军准备南下。

这天，他和大将徐达同坐一条船，横渡长江。

船家是一对老夫妻，知道坐船的就是名声显赫的朱元璋，于是一边划船一边对朱元璋说："圣天子百灵相助，大将军八面威风。"朱元璋听出来这是恭贺帝王的话，心中很是高兴。后来，朱元璋统一全国，建立明朝，是为明朝第一任皇帝明太祖。

后来，他又找到了这个船家，给了他丰厚的赏赐，并将他乘坐的这条船涂成朱红色，以表彰这条船的功劳。

拔帜易帜

【释义】

拔掉他人的旗帜，换上自己的旗帜。现指取而代之。

【出处】

西汉·司马迁《史记·淮阴侯列传》："赵见我走，必空壁逐我，若疾入赵壁，拔赵帜，立汉赤帜。"

【典故】

韩信早年家境贫寒，秦末时期投奔到项羽帐下，加入了反秦大军，但并未得到项羽的重用。刘邦入蜀后，韩信离开项羽而归于刘邦帐下，但依旧没有得到重用。韩信经常和刘邦器重的萧何交谈，并深得萧何的赏识。后来，在萧何的力荐下，刘邦拜韩信为大将军。

韩信成了刘邦的大将后，带兵占领了魏国和代国，之后又东下井陉攻打赵国。赵王和大将陈馀率领二十万大军在井陉口抵御。

赵国的谋士李左军献计，自己带领三万军队，突击汉军的后勤装备以及粮食，井陉的赵军则以静制动，不与其交战。这样一来，不出十天，汉军必败。只是，陈馀对李左军一直心怀偏见，不愿意听取他的建议。

韩信得到这个消息后，很是高兴，便直接奔赴距离井陉口三十里的地方。半夜，韩信挑选两千名轻骑兵，每人拿着一面红色的旗帜，悄悄隐蔽到井陉口的山后，韩信对他们说："我会另外派遣一支部队去和赵王的军队对峙，并且会佯装败退。那时，赵军必然会倾巢而出追击。你们要趁着这个机会，冲进赵军军营，将赵军的旗帜拔掉，换上汉军的旗帜。"

随后，韩信又派遣了一支万人军队，故意摆开背水一战的阵势，吸引赵军出兵。赵军看到这一形势，自然开门迎击。汉军一边迎击，一边佯装向水边退去。赵军也如韩信所料，倾巢而出，追击汉军。

此时，事先埋伏在井陉口山后的两千汉军，趁着赵军营中无人，迅速拔掉了赵军的旗帜，换上了带来的汉军旗帜。追击汉军的赵军，因一时无法击破汉军，便又想返回营地。走到半路，远远看到营地中全部都是汉军的旗帜，便认为汉军已经占领了营地，军心大乱，各自奔逃。之后在汉军的两面夹击下，赵军全军溃败，主将陈馀被杀，赵王被捕。

拔苗助长

【释义】

指因为急于求成而违反了事情的客观发展规律，最后不仅达不到目的，反而会把事情弄得更糟。

【出处】

战国·孟子及其弟子《孟子·公孙丑上》："宋人有闵（mǐn）其苗之不长而揠之者，芒芒然归，谓其人曰：'今日病矣，予助苗长矣。'其子趋而往视之，苗则槁矣。"

【典故】

宋国有一个农夫，一直担心田里的庄稼长不高，每天都去田地边观看。

每天去观看时，他都觉得禾苗一点也没生长。农夫非常着急，一心想要找出帮助禾苗生长的办法。

有一天，农夫想出了一个办法，他急急忙忙地跑到田边，将禾苗一棵棵地向上拔，从早忙到晚，终于把田里的禾苗都拔高了一大截。

他疲惫不堪地回到家，对儿子说："今天可真是累坏了，不过幸好有收获，我们家田地里的禾苗都长高了一大截。"

儿子听后，赶忙跑到田里一看，禾苗已经全部枯死了。

孟子借用这个故事来讥讽那些急于求进而忽视事情客观规律的人。

拔山扛鼎

【释义】

原意指可以拔掉大山，举起重鼎。形容一个人的力量非常大。

【出处】

西汉·司马迁《史记·项羽本纪第七》："籍（项羽名）长八尺余，力能扛（gāng）鼎，才气过人，虽吴中子弟皆已惮籍矣。"

【典故】

秦朝末期，楚霸王项羽自幼不喜欢读书，一心想要练就一人敌万人的本事。项羽的力量非常大，能够举起几百斤重的大鼎。项羽和刘邦打了八年的争夺战，最后被迫在乌江自刎。

霸陵呵夜

【释义】

原意指遭到醉酒的霸陵尉（官职）呵斥。后来形容失势的人受人欺辱。

【出处】

西汉·司马迁《史记·卷一零九·李将军列传》："顷之，家居数岁。广家与故颍阴侯孙屏野居蓝田南山中射猎。尝夜从一骑出，从人田闲饮。还至霸陵亭，霸陵尉醉，呵止广。广骑曰：‘故李将军。’尉曰：‘今将军尚不得夜行，何乃故也！’止广宿亭下。”

【典故】

西汉名将李广因带兵失利而被贬为平民。有一次，他带着随从去山中狩猎，又和朋友喝了不少酒，返家的时候已经很晚了。当时，因为匈奴的侵略，朝廷颁布了宵禁令。当李广走到霸陵亭这个哨卡时，被喝醉的守将校尉拦住。

李广的随从大声呵斥说：“这是前大将军，你也敢拦着？”校尉说道：“为了防备匈奴，即便是当朝大将军都要遵守军令，不能夜行，更何况是前大将军！”于是一个小小的霸陵校尉扣留了违反宵禁令的李广。

无奈之下，李广只得和随从在霸陵亭住了一晚，第二天才返回家中。

班门弄斧

【释义】

鲁班，春秋时期鲁国著名的木匠。意思是在鲁班面前卖弄斧头。形容在内行面前卖弄自己的本领，不自量力。有时候“班门弄斧”也有自谦之意。

【出处】

唐·柳宗元《王氏伯仲唱和诗序》：“操斧于班、郢之门，斯强颜耳。”

明·梅之焕《题李白墓》：“来来往往一首诗，鲁班门前弄大斧。”

【典故】

鲁班，是春秋时期著名的木匠，被木匠、泥瓦匠、石匠等行业，尊称为“祖师爷”。早先时候，人们就用“班门弄斧”来比喻不自量力之人。唐代文学家柳宗元在其《王氏伯仲唱和诗序》中就有“操斧于班、郢之门，斯强颜耳”的说法。不过，“班门弄斧”成语的成形，则和明朝诗人梅之焕有关系，用来讥讽那些在李白墓前卖弄文采的人。

李白是唐代伟大的浪漫主义诗人，后世人尊称他为“诗仙”。

采石矶是李白晚年坠江而死的地方。相传，李白晚年时游览采石江，看到水中的明月，清洌透彻，竟然探身去打捞，最后坠江而死。因为李白曾经来过此处，所以传说纷纷，各有不一，并留下了很多名胜，比如李白墓、谪（zhé）仙楼等，采石矶也成了胜地。

有一次，明代大诗人梅之焕来到采石矶凭吊李白，看到采石矶旁边的李白墓，发现墓碑上写满了字，大多是一些拙劣无比的文章、诗句。梅之焕看到后，怒从中来，挥笔也题了一首诗："采石江边一堆土，李白之名高千古。来来往往一首诗，鲁班门前弄大斧。"

班荆道故

【释义】

班：铺开；道：叙述。坐在铺好的荆草上讲述之前的事情。现指好友相遇，二者坐下来聊聊别后的情况。

【出处】

春秋·左丘明《左传·襄公二十六年》："伍举奔郑，将遂奔晋。声子将如晋，遇之于郑郊，班荆相与食，而言复故。"

【典故】

春秋时期，楚国的伍参和蔡国的子朝是好友，伍参的儿子伍举和子朝的儿子声子也是好朋友。后来，伍举受岳父王子弁（biàn）的牵连而逃亡到郑国，后又想着要投奔到晋国。当时，声子正好要前往晋国，二人在郑国的城郊相遇，声子将路边的荆草铺在地上，与伍举相对而坐。听了伍举的遭遇后，声子很是同情，对他说："你暂且待在晋国，我一定会帮你重回楚国的。"

声子回国后，去拜见了令尹子木，子木问他晋国大夫的情况，声子说："晋国的人才太多了，楚国无法与之相比。"子木很是惊讶地说："他们从哪儿找来这么多的人才？"

声子回答："都是从楚国过去的。"子木更为疑惑："怎么会有楚国人肯为晋国出力呢？"

声子说："楚国滥用刑罚，一些贤良的大夫无辜受害，只能出逃。就好比楚国大夫伍举，他的岳父触犯了刑罚，和他无半点关系，但还是被朝中人给逼走了。如今，他已经身在晋国，如果他想要借助晋国的力量来报仇，那么楚国的好日子恐怕就不多了。"

子木听说后，立即上书楚康王，赦免了伍举，将他迎回楚国。

半途而废

【释义】

事情没有做完便废止了。指做事情有头无尾，不能善始善终。

【出处】

西汉·戴圣《礼记·中庸》："君子遵道而行，半途而废，吾弗难已矣。"

【典故】

东汉时期，河南郡有个人名为乐羊子，他有一个比较贤惠的妻子。

乐羊子去远方拜师求学。一年之后，乐羊子回来。妻子问他回家的原因，乐羊子说："离家一年，想家，并没有其他的理由。"妻子听了之后，随手拿起身边的一把剪刀，走到织布机前说："这织布机上的绢帛来自于蚕茧，织成于机杼（zhù）。积累了一根根的丝，才能有一寸长的布；积累了一寸寸的布，才有了一丈乃至一匹布。如果现在我把它剪断，那么我之前花费的精力也就白白浪费掉，最后也只能是前功尽弃了。"

乐羊子妻接着又说："读书和织布一样，积累学问，每天都有所收获，才能够完善自己的品行。如果半途回家，这和剪断的织布有什么不同呢？"

听了妻子的话，乐羊子很是羞愧，第二日便又离家学习了。这一去，连续七年都没有回来。

半部论语

【释义】

古时的人非常推崇《论语》，认为只要掌握了半部《论语》，就能够治理天下。强调学习经典的重要性。

【出处】

宋·罗大经《鹤林玉露》卷七："赵普再相，人言普山东人，所学止《论语》……太宗尝以此论问普。普略不隐，对曰：'臣平生所知，诚不出此。昔以其半辅太祖定天下，今欲以其半辅陛下致太平。'"

【典故】

赵普是北宋著名的政治家，但是读书却很少。赵普任职宰相后，经常因为文化低而有些力不从心。宋太祖赵匡胤深知他的情况，便劝他好好读书。于是，赵普每次上朝回府后，就把自己关在房间里，刻苦读书，没多久，学问大长。

宋太祖去世后，弟弟赵匡义即位，是为宋太宗。赵普依然为宰相。有人对宋太宗说："赵普是个不学无术之人，平生所学也就只一部《论语》而已，并不适合当宰相。"宋太宗却说道："我知道赵普读书不多，但如果说他只读过一部《论语》，我是不信的。"

有一回，宋太宗和赵普聊天，宋太宗随口问道："有人对我说你只读过一部《论语》，是这样吗？"

赵普也不隐瞒，说："我一生所知道的，确实没有超过《论语》的范畴。之前臣以半部论语辅佐太祖安定天下，现在臣用半部论语辅佐您天下太平。"

后来，赵普因病去世，家人打开他的书箱，里面确实只有一部《论语》。

伴食宰相

【释义】

和别人一起吃饭。后讽刺那些无所作为的官员。

【出处】

后晋·刘昫等《旧唐书·卢怀慎传》："开元三年，迁黄门监。怀慎与紫微令姚崇对掌枢密，怀慎自以为吏道不及崇，每事皆推让之，时人谓之伴食宰相。"

【典故】

唐朝时期，大臣卢怀慎升任黄门监，和紫微令姚崇一起处理军机要事。只是卢怀慎生性胆小怕事、懦弱无能，遇到一些棘手的事情或者是一些不敢做主的事情，便全部推给姚崇处理。所有人都对于卢怀慎这种只吃饭不做事的行为很是不满，所以有人在私底下称他为“伴食宰相”。

抱薪救火

【释义】

抱着柴火去救火，只会让火越烧越大。指消除灾祸时选用了一种错误的方法，因而使灾祸越来越大。这也告诉我们处理事情之前，要先弄清楚事情的本质，然后再选用正确的方法解决，以免问题更加严重。

【出处】

西汉·司马迁《史记·魏世家》：“且夫以地事秦，譬犹抱薪救火，薪不尽，火不灭。”

西汉·刘向《战国策·魏策》：“以地事秦，譬如抱薪而救火也，薪不尽而火不止。”

【典故】

战国末期，秦国三次攻打魏国，魏国不仅丧失了很多领土，民众也伤亡惨重。

有一次，秦国再次出兵攻打魏国，魏国请求韩国、赵国相助，但终因兵力薄弱而被打败。大将段干子建议将南阳地区让给秦国，希望以此缓和两国局势。战略家苏代极其反对，说：“秦国的目的是要吞并魏国，一个小小的南阳并不能满足秦国的野心，这就好比抱着柴火去救火，柴火烧不完，火是不会灭的。”

魏王不听，还是将南阳地区送给了秦国。最后，果真如苏代所说，南阳根本满足不了秦国的胃口，秦国依然带兵攻打魏国，侵占魏国的城池，最后灭掉了魏国。

褒衣博带

【释义】

穿着宽大的袍子，系着阔带。古时候儒生的装束，后来也指庄重的礼服。

【出处】

东汉·班固《汉书·隽（jùn）不疑传》：“褒衣博带，盛服至门上谒（yè）。”

【典故】

汉武帝末年，各地盗贼蜂拥而起，大臣暴胜之被任命为直指使者，拿着锋利的兵器，去各地镇压。对于那些违抗命令的人，他便以军法处置，治军严谨，秉公执法。一时间，威名响彻各个州郡。暴胜之早前就听说过隽不疑的贤明，所以当他到达渤海郡时，还特意派人去请隽不疑。

只见，隽不疑带着进贤冠，穿着阔袍系着宽带，佩带着美玉和宝剑，盛装前去暴胜之的住所。

暴胜之询问他对目前形势的看法，以及需要采取的手段等，隽不疑都一一作了回答，使得暴胜之的幕僚都连连惊叹。于是，暴胜之举荐隽不疑为青州刺史。

暴虎冯河

【释义】

徒手搏虎，徒步过河。指有勇无谋之人。

【出处】

春秋·《诗经·小雅·小旻（mín）》：“不敢暴虎，不敢冯（píng）河；人知其一，莫知其他。”

春秋·孔子弟子及其再传弟子《论语·述而》：“暴虎冯河，死而无悔者，吾不与也。”

【典故】

孔子的学生子路是个勇猛之人，但却不喜读书。他曾对孔子说：“南山上的竹子，不需要加工就是直的，用它制作的箭矢，能够穿透犀牛皮。学习能有什么用呢？”孔子说：“在它上面装上羽毛和箭镞（zú），会射得更远。”但是子路不听。

有一回，子路又问孔子：“夫子，如果让您带领三军，您愿意和谁一起呢？”孔子说：“那些空手打老虎、徒步过河，自以为很勇敢的人，我不喜欢。我需要的是遇事可以冷静思考、能够千方百计获取成功的人。”

子路听后，羞愧万分。

豹死留皮，人死留名

【释义】

豹子死后会留下珍贵的毛皮，人死后要在世间留下美名。

【出处】

宋·欧阳修《新五代史·王彦章传》：“彦章武人，不知书，常为俚语谓人曰：‘豹死留皮，人死留名。’”

【典故】

五代时期，后梁名将王彦章跟着梁太祖朱温东征西战，立下了赫赫战功，深受梁帝的器重。

梁末帝朱友贞即位后，后唐大军侵犯梁国，王彦章奉命带军抵抗，但最终因寡不敌众而被捕。唐庄宗劝说王彦章归降，王彦章说：“豹死留皮，人死留名，宁死不降。”不久，王彦章被杀。

闭门思过

【释义】

关上门反省自己的过失。

【出处】

东汉·班固《汉书·韩延寿传》：“因入卧传舍，闭阁思过。”

三国·蜀·诸葛亮《黜来敏教》：“自谓能敦厉薄俗，帅之以义。今既不能，表退职，使闭门思愆（qiān）。”

【典故】

西汉昭帝时期，燕人韩延寿任职左冯翊（yì，官名兼行政区名，为汉代三辅之一）太守。有一天，韩延寿前往高陵县视察，路遇两兄弟向他告状。

哥哥说：“弟弟霸占了我的耕地。”弟弟反驳：“这是父母在世时分给我的土地，是哥哥不讲道理，非要说成是他的。”

韩延寿听了之后，很是难过，他愧疚地说：“我作为一郡之长，却无法教化我的百姓，才致使今天骨肉相争。这既败坏了风化，又使得贤人孝子蒙羞。我的责任重大，我应该引咎辞职啊。”

当天，韩延寿以有病为由，不再处理公事。他把自己关在一间房子里，反思自己的过错。

那两兄弟听说韩延寿的举动后，备受感动。于是二人相约前往韩延寿的馆舍请罪，韩延寿见他二人态度诚恳，诚心改过，心情才慢慢好起来。

逼上梁山

【释义】

形容被迫起来反抗，或者是被迫去做某件事情。

【出处】

明·施耐庵《水浒全传》第十一回："林冲雪夜上梁山。"

【典故】

北宋年间，林冲为都城汴梁八十万禁军教头，为人正直、安分守己。

有一天，林冲带着自己的妻子去庙中进香，路上遇到了花和尚鲁智深，二人一见如故，林冲便让妻子带着随从先行去庙中。没多久，妻子的侍女匆匆跑来报信，说林冲的妻子被歹徒绑去。林冲急忙去追，等追上一看，发现这个歹徒正是权臣高俅（qiú）的义子高衙内。高衙内才知自己招惹的竟然是禁军教头，于是便假惺惺地说："衙内不认识，多有冒犯。"说完便离开了。为了息事宁人，林冲也没有再过多追究。

只是，高衙内却还对林冲的妻子念念不忘，于是他联合义父高俅一起设计陷害林冲，将其发配到沧州，并企图在途中将他杀掉。幸好最后有鲁智深的暗中保护，挫败了高俅的阴谋，让林冲免于此难，顺利到达沧州。

高俅父子贼心不死，又接连派人前往沧州暗杀林冲，林冲再也无法忍受，杀掉了自己的仇人后，便毅然决然地上了梁山，自此成了反宋大军的一员。

笔走龙蛇

【释义】

用笔一挥就有龙蛇舞动的神态。形容书法比较生动而有气势。

【出处】

唐·李白《草书歌行》："恍恍如闻神鬼惊，时时只见龙蛇走。左盘右蹙如惊电，状同楚汉相攻战。"

【典故】

唐朝时期，秘书监贺知章在府中宴请宾客，大诗人李白和玄奘法师的弟子怀素（擅长草书）全都在列。

酒过三巡之后，贺知章向来宾敬酒，并且说："适逢良辰，赋诗助兴是少不了的，还请诗仙赋诗一首以记录此等盛会，如何？"

李白倒也没有推辞，只是说："也想要请怀素当场挥毫，以助诗兴。"

贺知章说："我知道怀素需要酒酣之后墨才能畅，还请给怀素斟酒。"随后书童抬出一些麻笺和素绢，又在书案上摆放上好的宣州石砚。

尽了酒兴之后，怀素起身立于堂上，只见他援笔蘸墨，凝神盯着纸绢看了一会儿，突然运气挥毫，没多久，几箱纸绢已经全部用完，大堂满地也尽是灵气生动的草书。

此时，李白的《草书歌行》也已经作完：

少年上人号怀素，草书天下称独步。

墨池飞出北溟鱼，笔锋杀尽中山兔。

八月九月天气凉，酒徒词客满高堂。

笺麻素绢排数箱，宣州石砚墨色光。

吾师醉后倚绳床，须臾扫尽数千张。

飘风骤雨惊飒飒（sà sà），落花飞雪何茫茫！

起来向壁不停手，一行数字大如斗。

怳怳（huǎng huǎng）如闻神鬼惊，时时只见龙蛇走。

左盘右蹙如惊电，状同楚汉相攻战。

湖南七郡凡几家，家家屏障书题遍。

王逸少，张伯英，古来几许浪得名。

张颠老死不足数，我师此义不师古。

古来万事贵天生，何必要公孙大娘浑脱舞。

贺知章也对怀素的草书赞叹道："上人书写，左盘右旋，真是笔走龙蛇。"

百折不挠

【释义】

形容一个人的意志很坚强，不管经历多少挫折和磨难，都不会让他有丝毫的动摇。

【出处】

东汉·蔡邕（yōng）《太尉乔玄碑》："其性庄，疾华尚朴，有百折不挠，临大节而不可夺之风。"

【典故】

东汉官员乔玄，是一个疾恶如仇、品行端正之人。有一次，匪徒绑架了乔玄的儿子，并带着他来到乔玄面前，逼迫他缴纳赎金，乔玄怒斥不已。没过多久，士兵包围了乔玄的府邸，但顾虑到乔玄的儿子还在盗匪的手中，犹犹豫豫没有动手。乔玄见状，怒喝道："我难道会因为自己的儿子而放掉这帮坏人吗?"在他的不断催促下，官兵杀死了盗贼，乔玄的儿子也死在盗匪的手中。

随后，乔玄入宫面圣，请皇上下令："凡是绑架劫持的案件，一定要将贼人全部杀掉，不许拿财物去交换，截断贼人犯罪的门路。"皇帝依照乔玄的建议颁布诏书。自此，贼人绑架的案件几乎绝迹了。

东汉著名文学家蔡邕在《太尉乔玄碑》中评价他："其性庄，疾华尚朴，有百折不挠，临大节而不可夺之风。"

百步穿杨

【释义】

在一百步之外射中杨柳的叶子。形容箭术比较高超。

【出处】

西汉·司马迁《史记·周本纪》："楚有养由基者，善射者也，去柳叶百步而射之，百发而百中之。"

西汉·刘向《战国策·西周策》："楚有养由基者，善射；去柳叶百步而射之，百发百中。"

【典故】

养由基是楚国襄阳郡比较有名的射手。当时，还有一个擅长射箭的人，名潘虎。为了争夺高下，二人经常比赛箭术。

这天，二人比箭，箭靶设在五十米之外，靶上有一颗红心。潘虎先行射箭，三箭全中红心。围观的人一片叫好声。养由基有些不屑地说："靶子摆在五十米处，目标太近太大了。我们还是射百米之外的杨柳叶吧。"说完，只听"嗖"的一声，一支箭正中杨柳叶的叶心。在场的观众都惊呆了。

潘虎看后，认为是养由基的运气使然，便亲自在杨柳树上选取了三片叶子，分别做上记号，让养由基再射一次。养由基二话没说，看清楚编号后，三箭齐发，分别射中了潘虎标记的三片树叶。潘虎大呼道："箭法真是高超啊。"

杯弓蛇影

【释义】

将酒杯中的弓影误认为蛇。形容因为疑神疑鬼而惊恐万分。

【出处】

东汉·应劭（shào）《风俗通义·世间多有见怪》：“时北壁上有悬赤弩照于杯，形如蛇。宣畏恶之，然不敢不饮。”

【典故】

有一次，县令应郴（chēn）在家中宴请好友杜宣。杜宣坐定，仆人斟酒的时候，他看到自己酒杯中躺着一条小蛇，顿时吓出一身冷汗。他抬头看了看应郴，应郴并没有什么异常之处。杜宣也不好说什么，只得闭着眼睛把酒喝下。几杯下肚之后，杜宣便找个由头先行离开了。

杜宣到家后就病倒了，应郴派人前去探望，才知道杯中有蛇的事情。应郴左思右想，怎么也想不出这杯中蛇到底是从哪儿来的。突然，他注意到厅堂的墙上挂着一把红色的弓。于是，他坐在杜宣当时坐的位置，又拿来一杯酒放在当天的位置。这时，酒中就出现了蛇，仔细一看正是墙上那把弓的影子。

后来，他再次将杜宣邀请到家中，并告知他“杯中的小蛇”其实就是墙上的弓影。认清这一事实后，杜宣的病竟然立即就好了。

杯水车薪

【释义】

用一杯水去救一车着火的柴草。形容力量过于薄弱，无法解决根本问题。

【出处】

战国·孟子及其弟子《孟子·告子上》："今之为人者，犹以一杯水救一车薪之火也。"

【典故】

据说，有一个樵夫推着一车柴草回家，途中他在一家茶馆内喝茶。刚刚坐下没多久，就听有人喊："着火了，救火呀！"樵夫立即想到了自己的柴车，便端着茶杯冲了出去。他将茶杯里的水泼到着火的柴车上，然后再次跑回茶馆，倒了满满一杯水后又跑了出来。只是，当他跑出来的时候，柴草已经全部烧光了。

捕风捉影

【释义】

捕捉风和影子。形容说话没有一点依据。

【出处】

东汉·班固《汉书·郊祀志》："听其言，洋洋满耳，若将可遇；求之，荡荡如系风捕景，终不可得。"

南宋·朱熹《朱子全书》："若悠悠地似做不做，如捕风捉影，有甚长进？"

【典故】

汉成帝刘骜（áo）二十岁登基，四十多岁还未有子嗣。后来，他听从方士的话，沉迷于祭祀鬼神，而那些谈论鬼神以及仙道的人也都轻易地得到了高官厚禄。汉成帝对他们言听计从，经常在上林苑举行祭祀活动，希望上天能够赐福。但是最后并没有取得什么效果。

谷永任职光禄大夫，他劝谏汉成帝说："臣听闻那些明了天地本性的人，是无法用鬼神之说来迷惑他的；那些明白万物事理的人，是不可能被那些行为不轨之人所蒙蔽的。而今有些人却大肆宣扬鬼神之事，提倡祭祀之法，追求不死之道。听他们的说法，似乎前程很美好，好像立刻就可以遇到神仙一般。可是如若细究下来，这些东西都是虚无缥缈的，就好比要抓住风、影一样，无法得到。所以古时候圣贤的君主不会听从这样的话，圣人也绝对不会说出这样的话。"

谷永又说："周朝史官苌弘想要以祭祀鬼神的方法帮助周灵王治理国家，结果周王室却更加衰败，诸侯叛乱更多；楚怀王也十分重视祭祀，并乞求神灵保佑他们可以击退秦国军队，结果不仅打了败仗，割了领地，连楚怀王自己也成了俘虏；秦始皇统一天下，派人四处寻找长生不老之秘方，结果没有找来长生药，反而招来天下人的怨恨。"随后，谷永接着说："从古至今，有很多君主花费了众多财物，浪费了众多人力，去遍访天下的神仙，却没有一个应验的。希望君主您不要再让那些心怀不轨之人干预政事了。"

汉成帝认为谷永说得有道理，就采纳了他的建议。

补天浴日

【释义】

指的是女娲炼石补天与羲和为太阳洗澡两个神话故事。后用于指人能胜天的能力，有时也会形容功业比较伟大。

【出处】

西汉·刘安及其门客《淮南子·览冥训》："于是女娲炼五色石以补苍天。"

先秦·《山海经·大荒南经》："有羲和之国，有女子名曰羲和，方日浴于甘渊。"

【典故】

据说，上古时期，有一次，水神共工被火神祝融打败，共工气不过，一头向不周山撞去。不周山是支撑天体的大柱子，不周山损坏，天也就跟着塌了一大块，地也跟着陷了一大块。为了防止更大的灾难，创造万物的女娲从大江大河中收集了很多五彩的小石子，将它们炼成溶液，然后用溶液去补塌了的天。她又杀掉了一只巨大无比的乌龟，用它的四只脚当作四根撑天的柱子，竖立在四方。就这样，一场大难被女娲平息了。

羲和是我国古时神话中的太阳女神，她生了十个儿子，也就是十个太阳，他们全部都在东边的汤古居住。那里有一棵高达几千丈的树，十个儿子都住在这棵树上。他们每日每人轮流值班。早上，羲和会驾驶着由六条龙拉的车子送值班的儿子到达终点。

在离开前，负责值班的太阳还要去咸池中洗个澡，有时羲和也会带着儿子们前去甘渊洗澡。甘渊的水清澈见底，羲和在此处将儿子们洗得干干净净、明明亮亮的。

后来，人们在比喻有重大功劳或者是重大基业的时候，便用“补天浴日”来形容。

不耻下问

【释义】

向比自己学问低或者是地位低的人学习，而不感觉到耻辱。

【出处】

春秋·孔子弟子及其再传弟子《论语·公冶长》：“敏而好学，不耻下问。”

【典故】

孔子是我国伟大的思想家、教育家，儒家学派的创始人。

有一次，孔子去参加祭祖典礼。典礼上，孔子不时地向周围人询问，几乎每件事情都问到了。于是便有人在背后讥讽他，说他不知礼仪，什么都问。孔子听了后便说：“不懂的事情就要问个明白，这正是我知礼的表现啊。”

当时，孔圉（yǔ）是卫国大夫，为人廉正，虚心好学。孔圉死后，授予他的谥号为“文”，后人称其为孔文子。孔子的弟子子贡对此有些不理解，便问孔子：“夫子，孔文子为什么会被称之为‘文’呢？”孔子回答说：“敏而好学，不耻下问，是以谓之‘文’也。”也就是说，孔圉聪颖好学，不把向比自己地位低、学问低的人求学当作是耻辱，所以用“文”来作为他的谥号。

不求甚解

【释义】

不求彻底了解。形容学习或者研究不认真，不深入。

【出处】

东晋·陶潜《五柳先生传》：“闲静少言，不慕荣利。好读书，不求甚解，每有会意，便欣然忘食。”

【典故】

陶渊明，又名陶潜，因住宅前有五棵柳树，自号五柳先生，东晋时期著名的田园诗人。

陶渊明十八岁的时候写过一篇《五柳先生传》。开篇写道："先生不知何许人也，亦不详其姓字，宅边有五柳树，因以为号焉。闲静少言，不慕荣利。好读书，不求甚解，每有会意，便欣然忘食。"意思是说，先生不知道是哪里人，也不知道他的姓名。他的住宅旁边有五棵柳树，便以"五柳先生"作为自己的号。先生闲静少言，不爱慕虚荣。喜好读书，但并不执着于书中一字一句的解释，每次对书中意思有了领悟时，便高兴得连饭都忘了吃。

不寒而栗

【释义】

原意是天气不冷却浑身发抖。现在形容非常恐惧。

【出处】

西汉·司马迁《史记·酷吏列传》："是日皆报杀四百余人，其后郡中不寒而栗，滑民佐吏为治。"

【典故】

汉武帝时期，太后非常宠信一个叫义纵的人，让他做了上党郡的一个县令。

义纵上任之后，公事处理得非常出色。不管是有钱的富豪，还是贫苦的百姓，只要触犯了法律，义纵都是秉公办事，一视同仁，由此也深得汉武帝的赞赏，将他升为河内郡的都尉。刚一上任，义纵便将当地行凶作恶的豪门大族全部满门抄斩。一时间，河内郡的治安风气大大好转。即便有人在路上丢了东西，别人也不会捡去占为己有。

后来，义纵又升任南阳太守。南阳有一个作恶多端的地主，名为宁成。宁成为了讨好义纵，每次见到他时都装作毕恭毕敬的模样。不过，义纵对宁成的恶名早有耳闻，他上任之后便立即着手调查情况，查明宁成的罪行，就将他逮捕起来。

随后，义纵又任职定襄太守。当时，定襄地区治安混乱，恶人众多。义纵上任后，便将关押在牢中的二百多名重犯，以及那些为重犯开脱贿赂的二百多名门客亲属，全部逮捕治罪。一天之内处死了四百多人。

从这之后，定襄地区的恶人，一听到义纵的名字，就不寒而栗了。

不可救药

【释义】

指病情已经严重到无法用药来医治的地步。形容人或事情已经坏到无可挽救的程度。

【出处】

春秋初期 ·《诗经 · 大雅 · 板》：“匪我言耄，尔用忧谑。多将熇熇（hè hè），不可救药。”

【典故】

西周后期，周厉王奢侈无度、残忍暴戾，百姓苦不堪言。当时，有一个叫凡伯的忠臣，经常以死劝谏，希望周厉王能够悔过。可惜，周厉王并不听劝。

看着越来越衰败的国家，凡伯焦虑万分，于是便写了一首诗来警示这些人：

上帝板板，下民卒瘅（dàn），出话不然，为犹不远。
靡非管管，不实于亶，犹之未远，是用大谏。
天之方难，无然宪宪，天之方蹶，无然泄泄。
辞之辑矣，民之洽矣，辞之怿矣，民之莫矣。
我虽异事，及尔同僚，我即尔谋，听我嚣嚣。
我言维服，勿以为笑，先民有言，询当刍荛（ráo）。
天之方虐，无然谑谑，老夫灌灌，小子蹻蹻（jiǎo jiǎo）。
匪我言耄，尔用忧谑，多将熇熇，不可救药。
天之方懠，无为夸毗，威仪卒迷，善人载尸。
民之方殿屎，则莫我敢葵，丧乱蔑资，曾莫惠我师。
天之牖民，如埙如篪，如璋如圭，如取如携。
携无曰益，牖民孔易，民之多辟，自无立辟。
价人维藩，大师维垣，大邦维屏，大宗维翰。

怀德维宁，宗子维城，无俾城坏，无独斯畏。

敬天之怒，无敢戏豫，敬天之渝，无敢驱驰。

昊天曰明，及尔出王，昊天曰旦，及尔游衍。

大意为：并不是我年事已高，所以才说了那些不该说的话，而是你们将忧患的大事当成儿戏。忧患还没到来，还来得及防止；忧患来了，那就如同熊熊火焰一般，无可救药了。

果然，不久西周暴乱，周厉王仓促逃走，西周政权分崩离析。

不入虎穴，焉得虎子

【释义】

不进入老虎的洞穴，就得不到小老虎。现在形容不敢冒险，就难以成就大的事业。

【出处】

南朝·宋·范晔《后汉书·班超传》：“不入虎穴，焉得虎子。”

【典故】

东汉时期，汉明帝派遣班超前往鄯（shàn）善国。刚开始，鄯善王对他们十分友好，后来匈奴也派人前来鄯善国，并挑拨东汉和鄯善国的关系。鄯善国国王听信了他的挑唆，开始疏远班超等人，甚至还派人监视他们的一举一动。

班超召集将士，对他们说：“匈奴使者来了没几天，鄯善王就冷落我们。一旦鄯善王把我们交给匈奴，恐怕我们性命难保啊。”

各位将士都说：“如今处于危难的境地，生死由命，听您指挥吧。”

班超说：“不入虎穴，焉得虎子！如今之际，只能趁着夜色火攻匈奴营地。他们不知道我们的实力，面对突然袭击必定会自乱阵脚。我们就可以趁机消灭他们，鄯善王必定会因此而恐惧，这样就算大功告成了。”当天夜里，班超带着属下突袭匈奴的营地，放火烧了匈奴的帐篷，杀了匈奴使者。

随后，班超命人将鄯善王请来，给他看匈奴使者的人头。鄯善王大惊失色，班超趁机说服他。最终，鄯善王同意把儿子送往汉朝做人质，和汉朝永远和睦相处。

不遗余力

【释义】

把剩余的力量全部发挥出来，一点也不保留。

【出处】

西汉·刘向《战国策·赵策三》："秦之攻我也，不遗余力矣，必以倦而归也。"

西汉·司马迁《史记·平原君虞卿列传》："秦不遗余力矣，必且欲破赵军。"

【典故】

战国时期，秦国攻打赵国，双方在长平交战。赵军初战失利。赵王召见大臣楼昌和虞卿，说："长平一战，我们打了败仗，还损失了一名都尉。我想亲自率军和秦军作战，你们如何看呢？"

楼昌说："这是没有用的，不如派遣使者前去求和。"

虞卿不这么认为，说："楼昌提议求和，是认为如果不求和我们就必败无疑。可是求和的主动权并不在我们手中。大王，在您看来，秦国是不是一定要消灭赵国呢？"赵王回答："秦国不遗余力地攻打我们国家，想必是要打败我们。"

虞卿说："您听我说，我们应该派遣使者带着厚礼前去联合楚国、魏国。楚王、魏王为了得到礼物必定会接纳我们的使者。秦国会认为我们联合起来抗秦，此一举必定会引起秦国的恐慌。这个时候，大王您再派遣使者前去秦国求和，最后肯定会成功的。"赵王不听，最后派遣郑朱去秦国求和，秦国接纳了郑朱。

随后，赵王又召见虞卿，问："秦王已经接纳了郑朱，你怎么看呢？"

虞卿说：“求和肯定不会成功的，我们国家一定会失败的。各诸侯国都派遣使者向秦国祝贺。郑朱又是我们国家比较显贵的人，秦王和范雎一定会将郑朱求和的消息告诉其他诸侯国的使者。这样一来，楚国、魏国就不会再派兵救援赵国。秦国知道诸侯国不会救援赵国后，赵国的求和必定是失败的。”

果然，没过多久，各诸侯国都知道了郑朱求和的消息，而秦国也没有答应赵国的求和。长平一战，赵军大败，秦军围攻赵国都城邯郸，赵国由此被天下人耻笑。

不学无术

【释义】

原意指因为没有学问而没有任何办法。现在指胸中无墨水，没有学问和本领。

【出处】

东汉·班固《汉书·霍光传赞》：“然光不学亡术，暗于大理。”

【典故】

汉昭帝去世后，朝中权臣霍光立刘询为皇帝，是为汉宣帝。

刘询登基之后，立了自己的结发妻子许平君为皇后。霍光的妻子霍显一直想要让自己的女儿霍成君嫁于刘询为后，于是便趁着许皇后生病之际，买通医女毒杀了许皇后。事后，霍光才知道了事情的来龙去脉。霍光虽然指责妻子的过错，但又不忍心妻子被治罪，便将此事隐瞒下来。霍光去世后，有人向汉宣帝告发了这件事情，汉宣帝派人调查此事，真相大白后，将霍家满门抄斩。

东汉史学家班固在评价霍光的时候，说：“不学亡术，暗于大理。”意思是说，霍光不读书，没有学问，所以不知晓大局的道理。

不可同日而语

【释义】

不能放在同一个时间点上谈论。形容二者差异比较大，不能相提并论。

【出处】

西汉·刘向《战国策·赵策二》:“夫破人之与破于人也，臣人之与臣于人也，岂可同日而言之哉?”

【典故】

战国中后期，各诸侯国之间征战不断，出现了“合纵连横”的局面:弱小国家相互联合去攻打强国，称之为“合纵”;跟着强国去攻打其他的弱国，称之为“连横”。

苏秦是当时比较有名的纵横家，他先是到达秦国去游说秦惠王，结果没有成功。随后，他又前去赵国游说，赵国的相国不喜欢他，最后他还是没有成功。紧接着他又来到了燕国，这才算是得到了一点帮助。后来，在他第二次前往赵国的时候，赵国的国君赵肃侯亲自接见了他。

他对赵肃侯分析目前的局势:“如果赵国与齐国、秦国为敌，那么赵国的百姓就不会有安宁的生活;如果依附于齐国而去攻打秦国，百姓的生活还是无法安宁。如今，如果大王您和秦王交好，秦王必定会利用这一点去削弱魏国和韩国的势力;如果依附于齐国，那么齐国也一定会利用这一点来削弱楚国和魏国的势力。韩国和魏国的国力都削弱了，割地肯定就是必然的结果。这样一来，楚国的势力也会有所削弱。到时候，大王可就是孤立无援了。”

赵肃侯是一个比较年轻的君主，他对苏秦的分析很是赞同。随后，苏秦又针对赵国的实力和形势进行了分析:“目前来说，在山东境内的这几个国家，没有一个比赵国大的。赵国方圆两千多里，有兵力几十万，战车千乘，战马万匹，库存粮食充盈。西、南、东三面环水，北面只有弱小的燕国，不足为惧。如今，在各诸侯国中，赵国最遭秦国嫉恨，但是秦国却不敢贸然攻打赵国，这是为什么呢?因为害怕韩国和魏国会趁机从后面围堵秦国。这样，韩国、魏国就称得上是赵国南边国境的屏障。不过，一旦秦国攻打韩国和魏国，这两个国家因为自身弱小的缘故而不得不归附于秦国，到时候赵国南边没有了屏障，祸难必定会降临到赵国。这就是我替大王担忧的原因。”

赵肃侯内心有些恐惧，急忙向苏秦寻求解救之法。苏秦接着说:“我暗地里考察过天下的地图，发现各诸侯国的土地加起来是秦国的五倍，兵力估计是秦国的十倍。如果各个诸侯国齐心协力，共同攻打秦国，必定可以大获全胜。而今却向秦国称臣。打败他人和被他人打败，让他人向自己称臣和自己向他人称臣，这两种境况不可同日而语啊！”

紧接着，苏秦又说了一些合纵抗秦的方法。赵肃侯最后说：“我登基的时间很短，而且又非常年轻，还没有听到过让国家长治久安的策略。如今您有意让天下得以安宁，诸侯国得以生存，我愿意为此倾尽国力。”

于是，赵国赏赐给苏秦很多宝物，让他游说各个诸侯国加入合纵行列。

不名一钱

【释义】

一分钱也没有，形容比较贫穷。

【出处】

西汉·司马迁《史记·佞幸列传》：“竟不得名一钱，寄死人家。”

汉·王充《论衡·骨相》：“通有盗铸钱之罪，景帝考验，通亡，寄死人家，不名一钱。”

【典故】

有一次，汉文帝做梦梦到自己想要升天，但是却怎么也升不上去。这时，来了一个头戴黄帽的人推了他一把，他便升天了。等他回头来看时，发现推他的那人的衣带在背后打了一个结。

第二天，汉文帝来到渐台，看到有一个头戴黄帽的御船手，他的背后也有一个打结的衣带。汉文帝将他叫过来问话，得知这个人叫邓通。汉文帝认为，既然可以让自己升天，那么他必定是一个奇才，于是便倍加宠信他。

其实，邓通只是一个谨慎之人，自身并没有什么过人的才华，只是擅长谄媚汉文帝而已。

有一回，汉文帝让人给邓通相面，相面的人说：“邓通最后会因为饥饿而死。”汉文帝说：“我会让邓通富裕起来的，怎么可能让他饿死呢？”

随后，汉文帝将蜀郡严道的一座铜山赏赐给邓通，并赐予他自主铸钱的权力。邓通发了大财，他铸造的铜钱遍布天下。

还有一次，汉文帝的背上生了疮，脓血一直流个不停。邓通认为报恩的机会来了，便天天入宫，用嘴帮汉文帝把脓血吸出来。汉文帝问他：“天下谁最爱我?”邓通回答:“当然是太子。”

太子启前来给汉文帝请安，汉文帝让他帮自己吸脓血，太子看到血肉模糊的伤口，怎么也下不去嘴，但又不敢违抗皇命，最后只能忍着恶心做了。后来，太子启听说了邓通的这番话，对他心生嫉恨。

汉文帝驾崩，太子启即位，是为汉景帝。汉景帝登基后，立刻撤了邓通的官职，让他回家闲居。不久，又有人说邓通偷盗铸钱，汉景帝查清楚后便没收了邓通的所有家财，邓通瞬间成了穷光蛋，而且还欠下了几亿钱的外债。

长公主因为汉文帝有不让邓通饿死的遗言，便暗地里赠送给他一些财物，但也都被官吏没收了。就这样，邓通的手中没有一个钱，只能寄食在别人家里，直到死去。

鞭长莫及

【释义】

原意是虽然鞭子比较长，但也抽不到马肚上。现在指距离较远，而顾及不到。

【出处】

春秋·左丘明《左传·宣公十五年》:“虽鞭之长，不及马腹。”

【典故】

春秋时期，楚庄王派遣申舟出使齐国，途中要经过宋国。而楚庄王依仗着楚国为大国，便事先没有告知宋国借路的事情。

宋国君主得知后，非常愤怒，便扣留了申舟。宋国大臣华元说:“楚国事先不通知我们借道的事情，已然是把我们当成了已经灭亡的国家，领土已经归属于他国了。我们必须要强势反击，不能白受这样的侮辱。即便楚国要出兵攻打宋国，最坏的结果也就是灭国。我们宁愿战败，也不能忍受这般的屈辱。”

于是，宋国君主处死了申舟。

楚庄王听说了消息后，果然大举进攻宋国，并且围困宋国的都城睢阳。双方僵持了几个月，楚国也没能取胜。第二年春天，宋国派人向晋国求援，晋国大夫伯宗劝说晋景公说:“虽鞭之长，不及马腹，我们又如何管得了楚国呢?”

博而不精

【释义】

虽然学识丰富但是并不精深。

【出处】

南朝·宋·范晔《后汉书·马融传》："贾君精而不博，郑君博而不精；既精既博，吾何加焉。"

【典故】

郑众是东汉著名的经学家郑兴的儿子，自幼聪颖好学，跟着自己的父亲研究经学著作。后来，郑众为官后，利用闲暇时间为《左氏春秋》作注，成书流传到人间，很受人追捧。此外还有经学家贾逵所注的《左氏春秋》，也得到了学者们的好评。

马融是当时著名的经学家，也想要为《左氏春秋》作注，于是他便开始仔细阅读贾逵和郑众的作注版本，而后评价说："贾逵的注本精深但不广博，郑众的注本广博但不精深。如果既要广博还要精深，那我是无法超过他们的。"

在马融看来，贾逵和郑众的作注各有优缺，但如若将这两本合并就能够弥补彼此的不足。所以，他放弃了为《左氏春秋》作注的打算。

拨云见日

【释义】

拨开乌云见青天。形容从黑暗中走出来，看到了光明。也指消除了心中的疑惑，顿时豁然开朗。

【出处】

唐·房玄龄等《晋书·乐广传》:“此人之水镜，见之莹然，若披云雾而睹青天也。”

【典故】

西晋名士乐广，学识渊博，文采出众，名士王衍曾说:“我和他人交谈的时候，都认为别人的话太多，而和乐广交往时，却发现真正做到言简意赅的人，天下只有乐广一个。”

有一次，太子洗马卫玠(jiè)做了一个很奇怪的梦，醒后便整日思量而终得心疾。乐广听说后前去探望，问清缘由，他对卫玠说:“眼未见怪，怪从心生，心中无怪，病由何生?”经过乐广的这一番提点，卫玠顿时如醍醐(tí hú)灌顶，心疾瞬时就好了。

卫玠的父亲评价乐广说:“乐广是人中的水镜，看到他，就能够感觉到清明光洁，就好比拨云见天一般。”

后来，人们将“拨云见天”改为“拨云见日”。

伯乐相马

【释义】

伯乐:相传是秦穆公时期的人，姓孙名阳，善于相马。形容个人或集体知人善用，善于发现、培养有用之才。

【出处】

汉·韩婴《韩诗外传》卷七:“使骥不得伯乐，安得千里之足。”

唐·韩愈《杂说》四:“世有伯乐，然后有千里马。千里马常有，而伯乐不常有。”

【典故】

春秋时期，有一个名为孙阳的人，因为对马非常有研究，人们又称他为伯乐。

有一次，楚王委托伯乐帮他去挑选一匹日行千里的良马。伯乐回答楚王，千里马并不多，找起来有些困难。所以希望楚王能够多给他一点时间，让他去各地寻找，以妥善办好这件事情。

随后，伯乐跑了好几个国家，找寻了好几个地方，都没有发现千里马的踪影。

有一天，伯乐在路上遇到了一匹拉盐车的马，这匹马很吃力地在路上行走着。伯乐向来喜欢马，看到此番景象，他不由自主地走向前去。看到伯乐靠前，这匹马突然抬起头睁大眼睛，大声嘶吼着，似乎有什么话要对伯乐说。从马的声音中，伯乐立刻就判断出这是一匹难得的千里马。

伯乐对赶车的人说："这匹马在战场上肯定是所向披靡的，但是并不适合拉车呀。你把它卖给我吧。"

在赶车的人看来，这匹马又瘦又丑，拉车都有些吃力，根本连普通马都不如。所以当伯乐提出要购买这匹马的时候，他想都没想便答应了。后来，伯乐把马牵到了楚王宫，并拍着马说："你看，我给你找到了一个懂得珍惜你的主人。"千里马似乎知道伯乐在说什么，只见它抬起前蹄把地面踏得咯咯响，随后又引颈长啸，声音很是洪亮。楚王被这声音吸引出来，伯乐对楚王说："大王，我给您把千里马找来了。"

楚王看着眼前这匹骨瘦如柴的马，有些发怒地说："我知道你会相马，所以才委托你买马。但是你却给我找来了这样的马，它上得了战场吗?"伯乐回答说："大王，这的确是一匹千里马呀。只不过因为喂养不善，再加上又拉了一段时间的车，所以才会变成现在这个样子。只要您精心喂养，过不了多久它肯定就恢复体力了。"

楚王听了只能半信半疑地命人把马牵走，并吩咐要好生饲养。没过多久，这匹马果真如伯乐所说，变得精壮神骏。楚王跨马扬鞭，瞬间的工夫，这匹马就已经跑出了百里之外。后来，这匹千里马跟随楚王南征北战，战功赫赫。楚王由此更加敬重伯乐了。

宾至如归

【释义】

宾：宾客；至：到。宾客来到这里就好比回到自己家中一样。形容待客比较热情周到。

【出处】

春秋·左丘明《左传·襄公三十一年》："宾至如归，无宁灾患，不畏寇盗，而亦不患燥湿。”

【典故】

公元前542年，郑国大夫子产奉命出使晋国，正巧碰到鲁襄公去世。于是晋平公便以为鲁国致哀为借口，不接见郑国的使者。子产让随行人员拆掉晋国客栈的围墙，然后将带来的车马礼物全部运进了客栈。

晋平公听说了这件事情后很是生气，便让士文伯去责问子产。士文伯说：“我们国家是诸侯国的盟主，为了保护前来朝觐的各个诸侯国官员才修建的这座宾馆，建起了厚厚的围墙。而今你却把围墙拆掉了，这让其他诸侯国的宾客如何是好呢？我的君主想要知道你们拆掉围墙的原因。”

子产回答说：“我们郑国是小国，现在带着从全国搜罗过来的奇珍异宝前来进献给贵国。可是你们的君主却没有时间，我们也不知道何时才能够受到接见。听说，晋文公为盟主的时候，自己住的宫殿又矮又小，宾客住的宫殿却是又高又大。宾客来到后，事事都有人照顾，晋文公也会很快地接见他们。不懂的问题，他会教导；遇到了困难，他会帮助。所以宾客到这里就如同回到自己的家一般。而今，晋国的宫室占了几里地，宾客的房子却如同奴隶的居所。门口无法进车，接见又不知具体的日期。如果不把围墙拆掉，我们千辛万苦搜罗来的这些珍宝就会遭到损坏，这就是我们的大罪过了。如果可以及时上交礼物，我们愿意将围墙修复好。”

晋平公听完士文伯的奏报后很是羞愧，立即接见了子产，并设宴款待，赠予了丰厚的礼物，还让人重新建造宾客的住所。

背水一战

【释义】

背水：背向水。形容没有任何退路，要和敌人决一死战。

【出处】

西汉·司马迁《史记·淮阴侯列传》：“信乃使万人先行，出，背水陈。赵军望见而大笑。”

【典故】

韩信是汉王刘邦手下的大将，为了帮助刘邦夺得天下，他给刘邦出计，先攻下了关中，后又东渡黄河，打败了曾背叛刘邦的魏王豹，接着又带兵攻打赵王歇。

韩信的大军到达井陉口后，赵王歇的谋士提议只要派兵堵住井陉口，然后再派遣一小部分兵力去切断汉军的粮草辎重，这样一来肯定能够让汉军不战而退。不过大将陈馀不愿意听从谋士的建议，坚持要和汉军来一场正面对决。

韩信得知这一消息后，很是开心。他下令部队在距离井陉口三十里的地方安营扎寨，犒劳士兵。接着，他又派遣两千轻骑抄小路前进，等到赵军离开营地之后迅速占领赵军营地，并插上自己的汉军旗帜。随后又安排一万兵马背靠着河水摆开阵势，引诱赵军前来。

天亮后，韩信带兵发起进攻。战斗没多久，汉军佯装败退到河水边，赵军见此情况，全部出动，前来追击汉军。此时，韩信事先安排的两千轻骑迅速占领了赵军营地，并插上了汉军的旗帜。

此时，在河水边的汉军奋起抵抗，赵军无法得胜，便只好退兵回营。快走到营地时，发现营地上插满了汉军的旗帜，认为营地已经被汉军占领，赵军四处溃散而逃，汉军乘胜追击，胜负明了。

战争结束后，士兵们询问韩信："兵书上说，作战时背靠着山、前临着水，现在您却要求我们背水作战，最后竟然还战胜了赵军，这是什么道理呢？"

韩信回答："兵书上也是有的，只是你们没有注意到罢了。兵书上说'陷之死地而后生，置之亡地而后存'，如果有退路的话，士兵们会四处溃逃，又如何拼命作战呢？"

变名易姓

【释义】

因为某些原因改变了原来的名字。

【出处】

西汉·司马迁《史记·货殖列传》:“乃乘扁舟浮于江湖，变名易姓。”

【典故】

春秋末期，楚国范蠡和文种前去越国为官。在他们的辅助下，越王勾践一雪前耻，打败了吴王夫差，并灭掉了吴国。范蠡深知勾践的本性，打败吴国后，他便自请离开，更名易姓，前往齐国做生意。临走前，他劝说文种：“狡兔死，走狗烹。大王不厚道，只能共苦难，而无法共富贵，该是功成身退的时候了。”文种不相信，后来果真被勾践所杀。

标新立异

【释义】

标：提出。提出了新的主张、见解等，也表示为了显示自己的与众不同而采用和往常不一样的方式来吸引他人的注意。

【出处】

南朝·宋·刘义庆《世说新语·文学》:“支道林在白马寺中，将冯太常共语，因及《逍遥》，支卓然标新理于二家之表，立异于众贤之外。”

【典故】

东晋时期，有个和尚叫支道林。支道林自幼聪明、悟性极高，饱读诗书，知晓诸子百家。二十五岁出家后，每次讲经时，他的分析总能够别出心裁，为其他僧人所不及。

有一次，支道林在建康白马寺和一群社会名流交谈，当这些人谈到《庄子·逍遥游》的时候，支道林见他们所谈所想的都引自郭象（西晋时期玄学家）和向秀（竹林七贤之一）的注解，毫无新意，便连连摇头打断他们的谈论，说出自己对《逍遥游》的见解。之后，支道林便根据自己的见解重新给

《庄子·逍遥游》作注，赋予了它新的意思。支道林的作注要超出郭象、向秀的解释，并树立起了一种新的见解，让人们很是惊讶。人们经过细思量后，更觉得支道林说得很有道理，超出了很多学者的认知。

后来，人们便使用支道林对《逍遥游》的注解了。

兵贵神速

【释义】

用兵贵在行动迅速。

【出处】

春秋·孙武《孙子·九地》：“兵之情主速。”

西晋·陈寿《三国志·魏书·郭嘉传》：“太祖将征袁尚及三郡乌丸……嘉言曰：‘兵贵神速。’”

【典故】

郭嘉，是曹操帐下的谋士，深受曹操的信任和重用。

曹操打败袁绍，杀掉袁绍的长子袁谭，袁绍的其他两个儿子袁尚和袁熙投奔到辽河流域的乌丸族首领蹋顿单于的帐下。曹操又想要带兵征讨袁尚和蹋顿，不过有些大臣并不赞同曹操的想法。他们认为曹操一旦带兵远征，荆州刘表可能会派遣刘备前来突袭。

郭嘉仔细分析了当时的局势，对曹操说：“您如今威慑天下，乌丸族依仗着地处偏远，肯定不会有所防备。如果我们发动突然攻击，必定可以消灭他们。如果拖延了时间，让袁尚他们休整过来，再加上乌丸族的响应，蹋顿必定会生出夺取冀州、青州的野心。刘表空有其表，甚为嫉恨刘备的才能，所以刘备不受他的重用，他肯定不会派遣刘备突袭。您这次尽管放心去征讨乌丸，不会有后顾之忧的。”

于是曹操带兵出征，到达易县时，郭嘉又谏言说："用兵贵在神速。如今远赴千里之外作战，物资众多，行军速度比较缓慢。如果乌丸族得知我们的情况，便会有所防备。不如把一些笨重的物资留下，轻装前行，以最快的速度推进，趁着乌丸族没有防备的时候发起进攻，肯定能够大获全胜。"

曹操听了郭嘉的计策，扔掉了笨重的物资，快速行军，直冲蹋顿的驻地。对于这突如其来的攻击，乌丸族应之不及，一败涂地。最后，蹋顿被杀，袁尚、袁熙逃到辽东后也被太守公孙康杀掉。

兵不血刃

【释义】

兵器上没有沾到血。形容战斗还没有开始就已经取得了胜利。

【出处】

战国·荀子《荀子·议兵》："故近者亲其善，远方慕其德，兵不血刃，远迩来服。"

唐·房玄龄等《晋书·陶侃传》："默在中原，数与石勒等战，贼畏其勇，陶侃讨之，兵不血刃而擒也，益畏侃。"

【典故】

郭默是东晋时期的屯骑校尉，作战骁勇，勇猛无比。但他生性骄横跋扈，谁都不放在眼里。有一次，他因为私怨杀掉了平南将军刘胤。之后，竟然还大胆地伪造诏书，污蔑刘胤造反。宰相王导虽然深知其中原因，但害怕朝廷没有力量惩戒他，最后不仅没有问罪，反而还升了他的官职。

名将陶侃得知这件事情后，一边给王导写信，一边上书朝廷，希望可以依法惩处郭默。信中有这么两句话："郭默杀害了州官，于是就升任他为州官；如果他杀害了宰相，难道也要让他做宰相吗！"

王导被这两句话深深触动，于是决定让陶侃带兵征讨郭默。郭默知道陶侃作战勇猛，很是厉害，又听说他亲自前来讨伐，心中万分着急，便想着先离开江州避难。不过，陶侃行军神速，郭默还没来得及行动，陶侃就已经兵临城下了。郭默想要依托城池固守，但又深知自己并不是陶侃的对手，担心城破之后自身性命难保；但如果开城投降，又害怕朝廷会治他一个杀人罪，左右为难，不知如何是好。

郭默手下的一个将领见大势已去，便背叛了郭默，合伙将他逮捕后开城投降。最后陶侃不战而胜，兵不血刃地夺得了这场战争的胜利，平定了这次叛乱。

冰山难靠

【释义】

无法长久的势力，不能依靠。

【出处】

北宋·司马光《资治通鉴·唐纪玄宗天宝十一年》："或劝陕郡进士张彖（tuàn）谒国忠，曰：'见之，富贵立可图。'彖曰：'君辈倚杨右相如泰山，吾以为冰山耳！若皎日既出，君辈得无失所恃乎？'"

【典故】

杨玉环因为深受唐玄宗李隆基的宠爱，使得杨家上下都官运亨通。杨玉环的堂兄杨国忠更是成了当朝宰相，手握重权，朝中很多官吏都争相巴结。

当时，有一个进士名为张彖，一直苦于没有做官的机会。他的朋友劝说他去拜见杨国忠，这样准能够有官职做。张彖却说："你们都认为杨国忠的地位会如泰山一般稳固，可我却认为他只不过是一座冰山罢了。一旦将来动乱，他便会犹如冰山遇到太阳一般垮掉。那个时候你们就要失去自己的靠山了。"没过多久，安禄山发动叛乱，攻下了京城长安，杨国忠跟随唐玄宗逃亡四川。行走到马嵬坡时，被士兵杀掉，杨贵妃也被缢死。最后，果真如张彖所说，杨国忠这座"靠山"倒了。

别开生面

【释义】

原意是凌烟阁里面的功臣画像因为时间长久都褪了色，经过曹霸重新描画之后才又生气焕发。现在形容开创了一种新形式。

【出处】

唐·杜甫《丹青诗》："凌烟功臣少颜色，将军下笔开生面。"

【典故】

曹霸是唐朝时期著名的画家，善于画人物和马，因此也受到唐玄宗的宠幸。

唐朝时期有一座非常有名的凌烟阁，里面挂着唐朝二十四位开国功臣的画像，是著名画家阎立本所画。因为年代久远，大部分画像已经剥落，没有了当时的风采。为此，唐玄宗召来曹霸，让他根据现有画像重新画过。曹霸考察了很多历史资料，又比照着模糊不清的功臣画像，认真琢磨，仔细构思，最后让二十四位功臣画像重新大放光彩，并以崭新的风格出现在世人眼前。

C

车水马龙

【释义】

原意指车如流水马如游龙。现在形容车马众多，连续不断的情景。

【出处】

南朝·宋·范晔《后汉书·明德马皇后纪》："前过濯（zhuó）龙门上，见外家问起居者，车如流水，马如游龙。"

【典故】

汉明帝的皇后马氏，是东汉名将马援的小女儿。

马氏十三岁时被选入宫，做了汉光武帝皇后身边的一名侍女。汉光武帝去世后，汉明帝刘庄即位，封马氏为贵人。因为马氏一直没有生育，便收养了一个儿子，名为刘炟（dá）。公元60年，马氏依靠着皇太后的宠爱，登上了皇后的位置。

马皇后是个知书达理之人，经常会阅读《春秋》《楚辞》等名作。有一次，汉明帝故意将大臣的奏折给马皇后看，并就此询问她的意见。马皇后读后，当场提出了比较中肯的建议，由此也让汉明帝刮目相看。但马皇后深知后宫干政的忌讳，所以自此后再也不参与朝政的事情了。

汉明帝去世后，汉章帝刘炟即位，尊称马皇后为皇太后。不久，一些大臣提出加封马太后弟兄的建议，马皇后却遵照汉光武帝"外戚家族不得封侯"的规定，极力反对，加封其弟兄的事情也就耽搁下来。

第二年夏天，发生了旱灾。朝中某些大臣就此上奏说，今年之所以会发生大旱，就是因为去年没有加封外戚。于是，他们再次上奏请求加封马太后的舅父，马太后依然不同意，并特意下诏书说："凡是上奏要加封外戚的人，都是想要谄媚于我，都是想要以此来加固自己的权力。天气大旱和加封外戚能有什么关系呢？一定要谨记前朝的教训，重用外戚最终会惹来大祸的。先帝之所以不让外戚担当重任，原因就在于此。如今，又如何让马氏家族走上这样的路呢？”

诏书上接着又说：“马家的舅父，每一个都非常富贵，我身为太后，生活尚且还非常简朴，后宫的其他嫔妃也比较简朴。我如此做的目的，就是要做个榜样，让外戚也能够时刻反省自己的行为。如今，他们不仅不反省，反倒埋怨我简朴。前几天我从娘家门口路过，前去拜见舅舅的人，车子如流水一般不停，马匹来来往往，好像一条游龙，很是招摇。他们家的仆人，穿戴整齐，衣着华贵。再看看我的车子，和他们真是相差甚远啊。我当时一直在克制自己，没有责怪他们。他们一心只图享乐，却不为国家考虑半分，我如何能让他们加官晋爵呢？”

车载斗量

【释义】

形容数量非常多，不值得奇怪。

【出处】

西晋·陈寿《三国志·吴志》：“聪明特达者，八十人，如臣辈车载斗量，不可胜数。”

裴松之注引《吴书》：“如臣之比，车载斗量，不可胜数。”

【典故】

三国时期，魏蜀吴三国鼎立。刚开始，吴国和蜀国联合起来对抗魏国，后来吴国和蜀国生了嫌隙，吴国杀了蜀国大将关羽，占领了荆州。刘备愤怒之下，率领七十万兵马，誓要为关羽报仇。吴国担心抵抗不了刘备的攻势，便派遣赵咨前去魏国，想要寻求帮助。

当时，魏文帝曹丕在位，有人对曹丕说：“听说赵咨在吴国的地位很高，东吴派他前来想必是有要事。”曹丕想要试探一下他，便命左右卫士抽出佩刀，端在胸前，然后召赵咨进殿。赵咨是个有胆识之人，看到魏文帝摆出的阵势并没有惧怕。他行过礼后，对曹丕说：“我家大王派我前来和魏王商讨一件大事。”不过，曹丕并没有直入正题，而是打断他说：“你叫什么名字？”赵咨回答：“我叫赵咨。”“你必定是孙权帐下的重臣了，否则他怎么会让你出使我的国家呢？”赵咨回答：“我并不是什么重臣，只是为我们大王做点小事罢了。”

曹丕说：“我听说孙权是碧眼虬髯，从来不会读书，是这样吗？”曹丕原本是要损一损孙权的，没想到赵咨回答：“魏王，为何这样说呀？我们的大王日理万机，从早到晚连休息的时间都没有。尽管这样，每日处理完政事后，还要读上几卷书。”曹丕说：“按照你的说法，你们大王读了这么多书，他都明白什么呢？”赵咨回答：“我们大王统率几万只战船，百万大军，带领着文武百官，这本身就是一门大学问啊。他有时候读《吴子兵书》，有时候读为人之道，有时候读修身之本，有时候读治国之要，可以说是无所不读。如果他不明白这些内容，又怎么可以治理好东吴这个国家呢？”

曹丕接着说：“你倒是个能说会道之人，不过你这一次来肯定是有求于我们魏国吧？我听说刘备率军要攻打吴国，你们大王派你前来，是害怕刘备吧，或者是担心我趁机出兵，和刘备左右夹击把吴国给消灭了？”

赵咨回答：“您这话可是说错了。我们大王并不惧怕任何力量。吴国有长江这个天然屏障，又有百万将士守卫。更何况，我们大王用人有道，比如吕蒙、鲁肃等，都是我们大王知人善任的结果。我们吴国的将士有很多，并不担心他国会趁机兴兵犯境。我只是受大王委托，前来给您分析局势的。”

听了赵咨的一番话，曹丕很是佩服，便问：“请问像你这样的人才，你们吴国多吗？”“像我这样的人，在吴国是不值一提的。光是称得上旷世奇才的，吴国就有八九十个。像我这样的，更是车载斗量，数不胜数。”曹丕听后，对他更为欣赏了。

惩前毖后

【释义】

批判之前犯下的错误，并从中吸取教训，以使得今后小心行事，不要再犯下类似的错误。

【出处】

春秋初期·《诗经·周颂·小毖（bì）》："予其惩而毖后患。"

【典故】

周武王去世后，年幼的周成王即位，周武王的弟弟周公姬旦辅助处理政事。

周武王的其他两个弟弟管叔鲜、蔡叔度对此深为不满，便四处造谣周公，说他想要伺机废掉周成王，霸占王位。周公听到此谣言后，为了躲避是非，离开京都避嫌去了。

周公离开后，管叔鲜和蔡叔度暗中和殷纣王的儿子武庚勾结，想要篡夺皇位。

周成王得到消息后，急忙召集大臣商议对策，有大臣说："这件事情只有周公能够解决！"周成王听后，立即让人将周公请了回来。周公亲率军队出兵讨伐叛贼，历经三年的苦战，终于平息了这场叛乱。此后，周公接着在朝中辅佐政事。周成王成人后，周公便让周成王自主处理政事了。

正式接管朝政的这天，周成王前往宗庙祭祖。在祭祖典礼上，周成王评判了之前的历史教训，并且还说："我要从之前所受到的惩罚中吸取教训，从今以后要小心谨慎地行事，免得再遭受到同样的祸患。"

成也萧何，败也萧何

【释义】

成事在于萧何，败事也在于萧何。形容事情的成功和失败都在于一个人身上。

【出处】

宋·洪迈《容斋续笔·萧何给韩信》："信之为大将军，实萧何所荐，今其死也，又出其谋。故俚语有'成也萧何，败也萧何'之语。"

【典故】

萧何是汉高祖刘邦的重臣，他曾经把韩信推荐给刘邦，使韩信成了刘邦帐下的一员名将，为大汉朝的建立立下了汗马功劳。后来，有人向吕后告发韩信谋反，吕后找来萧何商议对策，萧何便以庆祝平叛胜利为由，将韩信骗进宫。韩信刚一进宫，便被吕后以谋反罪名杀掉了。所以有“成也萧何，败也萧何”的说法。

乘龙快婿

【释义】

旧时指才貌双全的女婿。现在也用来称赞别人家的女婿。

【出处】

西晋·张方《楚国先贤传》：“时人谓桓叔元两女俱乘龙，言得婿如龙也。”

唐·徐坚《初学记·鳞介部》：“黄尚为司徒，与李元礼俱娶太尉桓温女，时人谓桓叔元两女俱乘龙，言得婿如龙也。”

【典故】

据说，秦穆公有一个小女儿名弄玉。弄玉公主十几岁便出落得亭亭玉立，只可惜性格有些孤僻，不愿和人交往。因为讨厌宫中烦琐的礼仪，她干脆闭门不出，独自在宫苑中吹笛吹笙。秦穆公见她如此喜爱笙，便让最好的工匠把西戎国进献的一块碧玉制作成玉笙，送给弄玉公主。自从有了这玉笙，公主每日吹奏的时间更久了，技艺也更加娴熟。

弄玉公主到了招驸马的年纪，秦穆公想要让邻国的王子做驸马，但弄玉公主却有自己的打算，她对秦穆公说，如若不是懂得音律之人，她便不嫁。秦穆公自小便对她疼爱有加，也只好依着她。

有一天晚上，在月色的陪伴下，弄玉

公主摆弄起笙来。这时，远处似乎有一阵仙乐，附和着弄玉的玉笙节拍。公主凝神一听，声音仿佛从远处传来的玉箫声。接连几夜，都是这样的情况。趁着空闲的时候，弄玉公主将这件事情告诉给秦穆公。秦穆公派孟明依据公主所述方向，前去寻找吹箫之人。就这样一直找到了华山，才打听到这里有一个名为萧史的人，擅长吹箫，箫声可传几百里。

孟明找到萧史，并将他带回宫中。

这天，正好是中秋佳节。秦穆公见萧史举止优雅，风度不凡，内心非常高兴，便请他现场演奏箫。一曲还未吹完，殿中的金龙、彩凤都好似在空中翩翩起舞一般，在场的大臣不约而同地赞叹："仙乐！真是仙乐啊！"

后来，萧史迎娶了弄玉公主，此后萧史便教给弄玉吹箫。十几年后，弄玉的箫声宛如凤凰的叫声，甚至有时会引来天上的凤凰。为此，秦穆公专门为她建造了一个凤凰台，萧史和弄玉住在里面，数年不下。

有天晚上，萧史对弄玉公主说："我非常想念华山的生活。"弄玉公主说："我自幼便厌烦这宫中的生活，我愿意和你一同前往，去山野中过一番清静的日子。"自此二人便在华山的中峰上隐居。

直到有一天，弄玉乘着彩凤，萧史跨着金龙，双双升空而去。当时的人们便将萧史称为"乘龙快婿"。

出尔反尔

【释义】

原意是你如何对待别人，别人就会如何对待你。现指自己说过的话又反悔，形容言行举止前后不一、反复无常。

【出处】

战国·孟子及其学生《孟子·梁惠王下》："出乎尔者，反乎尔者也。"

【典故】

战国时期，有一年，邹国和鲁国发生了战争，邹国战败，死伤不少。邹穆公对此很是愤怒，对孟子说："这一次战争，官吏死伤几十个，老百姓都眼睁睁地看着将领被杀，没有一个肯为他们拼命的，真是可恨。想要把这些人全部杀掉，可人数太多，杀也杀不完。如若不杀，又着实可恨，您说到底该如何做呢?”

孟子说:“有一年闹饥荒，年迈体弱的百姓被饿死，年少体壮的百姓逃荒在外，大王您的粮仓满满当当，国库也非常充盈。只可惜管钱粮的官员并没有将饥荒的严重性上报给您。他们不关心百姓的疾苦，甚至还会剥削、残害百姓，百姓如何不恨他们呢？当官员遭遇危险时，百姓自然也不会救他们。”

接着，孟子又将这件事情详细讲解给邹穆公听，后来又说:“孔子的弟子曾经说过，一定要警惕呀，你如何对待别人，别人也将如何对待你。而今百姓算是有了一个报复的机会，那也只是用相同的手段来对付那些将领罢了。”最后孟子还对邹穆公说:“由此可见，大王您不该责备他们。如若实行仁政，那么百姓就会拥戴他们的长官，并会为他们付出生命的。”

听了孟子一席话，邹穆公恍然大悟，开始实施仁政，邹国也逐渐强大起来。

出人头地

【释义】

指高人一等，形容德才出众，成就突出。

【出处】

北宋·欧阳修《与梅圣俞书》:“老夫当避路，放他出一头地也。”

【典故】

北宋嘉祐二年，欧阳修担任科举考试的主考官。在阅卷的时候，欧阳修被一个考生的文章深深吸引，他把文章给各位同僚看，也都赞赏不已。不过，欧阳修感觉这篇文章和自己的学生曾巩的风格相像。为了避嫌，他将这篇文章列为第二名。

放榜之后，欧阳修才知道这篇文章的作者并不是曾巩，而是苏轼。欧阳修非常欣赏苏轼的才华，他在给朋友的信中提到:“阅读苏轼的文字，让我有些汗颜。真是太痛快了，我应该给苏轼让路，让他高我一头才行。”

听说这件事情的人，认为欧阳修是在自谦，后来看了苏轼的文章后，他们才发觉欧阳修说的是对的。

出类拔萃

【释义】

形容一个人的品质、才能超出同类。

【出处】

战国·孟子及其弟子《孟子·公孙丑上》："出于其类，拔乎其萃，自生民以来，未有盛于孔子也。"

【典故】

有一次，孟子的学生公孙丑询问孟子："老师，伊尹（商朝丞相）、伯夷和孔子，是否可以并称为天下圣人呢？"

孟子说："当然不可以。"

公孙丑又问："这三位贤人有共同之处吗？"

孟子回答说："有。如伊尹愿意背负篡位叛逆的罪名，流放太甲，巩固商汤的社稷。这一件事情，孔子会这么做，伯夷也会这么做；伯夷忍受贫寒的生活，不愿背弃父亲的意志，放弃了爵位，孔子和伊尹也会这么做。如果这三个人做君主，都有能力一统天下，能够让天下诸侯依据规定前来朝见；如果让他们去做有违道理的事情，他们都会拒绝；如果让他们去杀害无辜之人，哪怕会因此而得到天下，他们也会拒绝的。这是他们的相同之处。"

公孙丑继续问道："他们同样都不会做坏事，那么他们有什么不同的地方吗？"

孟子回答说："不同的地方就有很大的差别了。孔子的弟子宰予说：'老师比尧、舜高明多了。'子贡说：'老师可以从一个国家的礼制来判断这个国家的政治情况，听一个国家的音乐就可以判断这个国家的品德水平。老师的治国思想是那些君主必须遵守的最高准则，谁违背了老师的治国思想，谁就无法治理好国家。'有若说：'凡是同类都可以相互比较，比如麒麟和其他走兽，凤凰和其他飞鸟，泰山和其他山丘，江海和水洼细流，前者都远远超过了后者。圣人和其他人也是同类，但圣人却远远超过同类人。自从人类诞生之后，没有人比老师更加伟大了。'伊尹和伯夷属于同一时代的贤人，但是和孔子相比，他们还是相差甚远，因为他们并没有千秋万代的治国思想。所以，从这一方面说，孔子比他们优秀多了。"

初出茅庐

【释义】

原意是第一次做某种事情。现在多指刚刚毕业或离家外出工作的人。也形容缺乏相关的经验。

【出处】

明·罗贯中《三国演义》第三十九回："直须惊破曹公胆，初出茅庐第一功。"

【典故】

东汉末期，刘备三顾茅庐请诸葛亮出山，拜为军师。不过刘备的拜把兄弟关羽、张飞却对此不以为然。

不久后，曹操派遣大将夏侯惇（dūn）带领十万大军攻打新野，刘备却只有几千兵马。他急忙找来诸葛亮商议对策。诸葛亮说："愿主公借我印剑一用，也好让众将听令。"于是，刘备将印剑交给诸葛亮，诸葛亮开始点将。

诸葛亮让关羽带领一千精兵在豫山埋伏，以起火为号，迅速出击。张飞则带一千人马在山谷埋伏，起火号令后，进攻博望城。关平、刘封带领五百人马，兵分两路埋伏在博望坡的后面，等敌军一到，就立即放火。又将赵云调来为先锋，刘备带领一千人马为后援。

关羽见诸葛亮如此安排，忍不住问道："我们全都去打仗了，先生做什么呢?"诸葛亮回答："我在城中等候。"张飞随即大笑道："我们众将士都拼命作战，先生你倒是很逍遥！”诸葛亮回答说：“印剑在此，违抗命令者，斩！”关羽、张飞便不再说什么了。

战斗中，各个将领依照诸葛亮的吩咐做事，将曹操军队打得溃不成军。诸葛亮初次用兵，便凭借着自己的神机妙算大获全胜。自此关羽、张飞等人也抛却偏见，对他非常尊重。

尺璧寸阴

【释义】

日影移动一寸的时间价值要比径尺的璧玉还要珍贵。表示时间非常可贵。

【出处】

西汉·刘安及其门客《淮南子·原道训》：“故圣人不贵尺之璧，而重寸之阴，时间得而易失也。”

唐·房玄龄等人《晋书·陶侃列传》：“侃性聪敏，勤于吏职……常语人曰：‘大禹圣者，乃惜寸阴，至于众人，当惜分阴，岂可逸游荒醉，生无益于时，死无闻于后，是自弃也。’诸参佐或以谈戏废事者，乃命取其酒器、蒱（pú）博之具，悉投之于江，吏将则加鞭扑。”

【典故】

东晋名将陶侃升任荆州刺史后，惹来权臣王敦嫉恨，便将陶侃调任广州刺史。

那个时候，广州地理位置偏远，陶侃上任后，政事较少，整日都很清闲。陶侃却并不想要这种悠闲的生活，他让人在院子里准备了上百块砖头。每天早上他将这些砖头搬到屋外的空地上，到了晚上再把砖头搬到院子里。每天都是这样，从未间断过。

衙役们很是奇怪，便问：“大人，每天把这些砖头搬进搬出的，您不累吗？您又为什么这么做呀？”

陶侃回答说：“虽然身在南方，但我却一刻都不敢忘记中原。如果现在懒散了，将来一旦有事发生，我就担负不起了。所以一定要用搬砖这个方法来磨炼自己的意志和筋骨。”

没过多久，陶侃又被调任荆州刺史。荆州公务繁忙，不过陶侃依然保留着搬砖的习惯。有人劝说他要以身体为重，陶侃说：“古时候的大禹是一个圣人，即便如此，他还是爱惜每一寸的光阴，我们这些普通人更要爱惜光阴才行。所谓‘尺璧非宝，寸阴是金’呀！”听到他的话，众人都深受教育。

沧海桑田

【释义】

大海成了桑田，桑田成了大海。形容世间万物变化巨大。

【出处】

东晋·葛洪《神仙传》：“麻姑自说云，接待以来，已见东海三为桑田。”

【典故】

从前有两位神仙，一个叫王远，一个叫麻姑。

有一次，他们二人相约去蔡经家里饮酒。到了约定日期，王远乘坐五条龙拉的车前往蔡经家，很是威风。王远降临在蔡经家里后，和蔡经寒暄了几句，便独自坐在院子里等待麻姑的到来。

等了很久，麻姑还不见踪迹。于是，他让自己的侍从去请麻姑。不一会儿，侍从回来对王远说：“麻姑让我向您致意，她说已经五百年没有见过您了。她正受命巡视蓬莱仙岛，稍后就来见您。”

没多久，麻姑从天而降。她看上去十八九岁的模样，长相俊俏，长发及腰，衣服上绣着美丽的花纹，光彩夺目。麻姑和王远相互寒暄之后，王远便吩咐开宴。

席间，麻姑对王远说：“自从接受天命以来，我曾经亲眼看到东海三次变成桑田。刚才在蓬莱仙岛巡视的时候，又见海水比之前浅了一半，难道又要变成桑田了吗？”

王远叹息说："是呀，圣人们说大海的水位在下降。不久之后，那个地方就要扬起尘土了。"

饮酒完毕，王远和麻姑各自驾车离去。

沧海遗珠

【释义】

原意指珍珠被采珠人遗漏。现在指人才被埋没。

【出处】

北宋·宋祁、欧阳修、范镇、吕夏卿等合撰《新唐书·狄仁杰传》："仲尼称观过知仁，君可谓沧海遗珠矣。"

【典故】

狄仁杰是唐代著名的政治家。狄仁杰小的时候，有一次他家中的仆人被人杀了，县衙派人前来家中调查，家人都忙着招待。狄仁杰却一动不动地坐在一边看书，县衙的人责备他，狄仁杰回答说："书中的圣贤我还应付不来呢，又哪来的时间招待你们这些庸俗之人？"后来，狄仁杰被举荐为汴州判佐，当时阎立本任职河南道黜陟（zhì）使，有人向他污蔑狄仁杰。阎立本召见狄仁杰，核实情况，之后感叹说："孔子曰：'观过知仁矣（观察一个人的过失，就可以知道这个人的人品）'，狄仁杰可以称得上是海曲之明珠，东南之遗宝了。"于是阎立本便举荐狄仁杰为并州都督府法曹。

长袖善舞

【释义】

原意指衣服的袖子越长，跳起舞来就越好看。形容有所依靠，事情就更容易成功。后来形容那些善于投机取巧、有财势耍手段的人。

【出处】

战国·韩非子《韩非子·五蠹（dù）》："鄙谚曰：'长袖善舞，多钱善贾。'此言多资之易为工也。"

【典故】

战国时期，秦国丞相范雎深得秦昭王的赏识，范雎任职丞相十多年，辅助秦国增强了中央权力，巩固了秦国政权，为秦国大一统奠定了基础。后来，范雎推荐的大将郑安平带兵攻打赵国，失败后带着两万秦军投降赵国；范雎的亲信河东郡守王稽被人指控和诸侯私通，并被处以重刑。这一连串的案件让范雎在秦昭王面前变得小心翼翼，生怕会出什么状况。范雎心知秦昭王已经对他起了嫌隙，便想着退身之策。

有一天，燕国人蔡泽求见，他对范雎说："我蔡泽具有雄辩之才。如果可以见秦昭王一面，必定可以夺掉你的相位。"

范雎问："你有什么能力夺取我的相位呢？"

蔡泽说："您并没有高明的见识。众所周知，君主英明、臣子耿直，是一个国家的福气；父亲慈爱、子女孝顺，丈夫诚信、妻子忠贞，是一个家庭的福气。可是，正直的比干却无法辅佐殷商长久地发展，深谋远虑的伍子胥也没能保全吴国，申生孝顺但并没能制止晋国的混乱。问题出在哪里呢？性命和名声都有的，属于最上等；有名声而没有性命的，属于中等；有性命但没有名声的，属于最下等。秦国大臣商鞅、楚国大将吴起、赵国大夫文种等，都是尽心尽力效忠国家之人，功劳赫赫，可却都惨遭杀戮，无法保全性命，真是可悲啊。而今您的名声、功劳并不如上述的三位，俸禄、地位和家产却远远超过了他们。再看看秦王信任您，并不如秦孝公信任商鞅、楚悼王宠信吴起、越王信任文种。到了这个时候，您还不知道进退之法，我担心您会受到比商鞅等人更深的祸患。您为什么不放弃丞相之位，选择一个更贤能的人任职呢？"

范雎很是赞赏，便将蔡泽举荐给秦昭王，让他取代自己担任丞相。秦昭王见了蔡泽以后，蔡泽长袖善舞，发表了好一通言论，让秦昭王非常满意，拜他为客卿。范雎趁机以病为由，辞去了相位。

司马迁对此感叹道："长袖子的人善于跳舞，有钱人善于做买卖。"

长门买赋

【释义】

陈皇后曾经以百金作为回报请司马相如作赋，由此感动了汉武帝，重新获得宠幸。后来形容文章的价值比较高，文采比较美。也作“千金买赋”。

【出处】

汉·司马相如《长门赋序》：“孝武皇帝陈皇后，时得幸，颇妒，别在长门宫，愁闷悲思，闻蜀君司马相如，天下工为文，奉黄金百斤，为相如、文君取酒，因于解悲愁之辞，而相如为文以悟主上，陈皇后复得亲幸。”

【典故】

馆陶公主拥立汉武帝登基，汉武帝即位后，迎娶馆陶公主的女儿陈阿娇为皇后。陈皇后膝下无子，性情刁蛮善妒。汉武帝的妹妹平阳公主经常会给武帝送美人，卫子夫就是其中之一。卫子夫深得汉武帝的喜爱，这让陈皇后心生嫉恨。有一段时间，卫子夫体弱多病，经查发现是陈皇后在宫中施行巫术所致。汉武帝大怒之下，将陈皇后贬至长门宫。

陈皇后整日以泪洗面。后来，馆陶公主给司马相如以及其夫人卓文君送去了百两黄金，希望他能够为陈皇后写一篇赋以打动汉武帝。司马相如不负所望，写出了流传千古的《长门赋》，将陈皇后的悲思写得淋漓尽致，让汉武帝备受感动。之后，汉武帝对陈皇后好了很多。

长城自坏

【释义】

指杀害守卫边疆的将士。

【出处】

唐·李延寿《南史·檀道济传》：“乃坏汝万里长城。”

【典故】

檀道济是南朝宋的名将，宋文帝时期，檀道济带兵和北魏作战，连战连胜，威名赫赫。檀道济班师回朝后，升任司空，手握重权，这也惹来了朝廷的猜忌。当时，宋文帝体弱多病，宋文帝的兄弟彭城王刘义康害怕如果宋文帝突然去世，没有人能够制服檀道济，于是便想要先下手为强，找机会除掉他。

有一次，宋文帝病重，刘义康便以北魏入侵为由，召檀道济入宫商议对策。檀道济刚到达京城，便被关入大牢。随后，刘义康让人逮捕了檀道济的儿子和心腹，连同檀道济共八人都被杀掉了。

檀道济被捕之后，很是生气，说："你们现在的做法，就是在自毁长城啊！"

檀道济被杀的消息传至北魏，他们都高兴地说："檀道济死了，其他就没什么可怕的了。"

公元450年，宋文帝北伐，反被魏军逼到了京城周围。宋文帝登上石头城的城墙，看着北魏的阵容，感叹道："如果檀道济还活着，敌人又怎会如此猖狂！"

长驱直入

【释义】

指军队向很远的目的地前进，然后径直插入敌军阵营。形容行军速度快并且顺利。

【出处】

东汉·曹操《劳徐晃令》："吾用兵三十余年，及所闻古之善用兵者，未有长驱直入敌围者也。"

【典故】

公元219年，蜀军大将关羽率军围攻襄阳，驻守在樊城的曹军大将曹仁，和蜀军大将关羽形成对峙。八月，连日暴雨，汉水成灾，关羽趁机引水淹没了曹军阵营，曹军损失惨重。曹仁还是坚持守卫樊城，没有撤退的念头。

曹操派遣大将徐晃带军前去营救曹仁，徐晃自知兵力不足，又大多是没有经验的新兵，所以不能和关羽硬碰硬，只好先驻扎在离樊城稍远的地方，伺机行动。徐晃让人用箭给樊城内的曹仁送信。此时曹操也在组织人马救援樊城，得知徐晃还未行动，便命令徐晃暂驻原地，等待援军到齐后再向樊城进军。

此时，刘备还有一部分兵力驻扎在和樊城距离不远的郾城，徐晃带兵来到郾城附近，挖掘陷阱，做出截断郾城驻军退路的阵势。郾城驻军中计，烧掉了自己的营寨，连夜撤出郾城。就这样，徐晃轻易拿下郾城。于是便两面夹击，逼近关羽大营。

关羽在围头和四冢两地都有驻军，徐晃佯装攻打围头，实际上是带兵攻打四冢。等关羽发现徐晃的计谋后，连忙亲率五千士兵赶去救援。徐晃率领曹军和关羽交战，关羽败退，最后襄阳、樊城得以解围。

曹操听说徐晃打败关羽的消息后，很是高兴，写了一篇《劳徐晃令》，让人送给徐晃。令中说道："吾用兵三十余年，及所闻古之善用兵者，未有长驱直入敌围者也。"

沉鱼落雁

【释义】

形容女子容貌美丽。

【出处】

战国·庄子《庄子·齐物论》："毛嫱（qiáng）、丽姬，人之所美也；鱼见之深入，鸟见之高飞，麋鹿见之决骤，四者孰知天下之正色哉?"

【典故】

沉鱼落雁、闭月羞花代表着中国历史上的四大美人。沉鱼指的是春秋时期的西施，落雁是西汉时期的王昭君，闭月是后汉的貂蝉，羞花是唐朝时期的杨贵妃。

沉鱼西施，是春秋时期越国人。相传，西施在溪边浣纱的时候，水中的鱼儿被西施的美貌所吸引，看得入迷竟然忘记了游泳，以至于沉入水中。

落雁王昭君，自幼长得面若桃花，聪明伶俐。诗人赞她为："飘飘秀色夺仙春，只恐丹青画不真。"相传，王昭君出塞的时候，满腹愁绪，为一解思乡之苦，便在马背上弹奏琵琶。曲目哀怨，连南飞的大雁都为之倾倒，以至于忘记了飞行，掉落在王昭君的周围。

沉默寡言

【释义】

性子沉静，不爱说话。

【出处】

后晋·刘昫《旧唐书·梁崇义传》："梁崇义，长安人，以升斗给役于市，有膂力，能卷金舒钩。后为羽林射生，从来瑱（tián）于襄阳，沉默寡言，众悦之，累迁为偏裨。"

【典故】

唐朝时期，长安人梁崇义投奔到名将来瑱帐下，后随着他来到襄阳。梁崇义在营中沉默寡言，将士们都认为他是个沉稳之人，于是他便慢慢地升任到偏将的地位。来瑱被人诬陷，一时间军中群龙无首，鉴于梁崇义的平日表现，大家拥立他为首领。不久后，朝廷封他为节度使。

乘人之危

【释义】

趁着别人危急的时候加以迫害和威胁。

【出处】

南朝·宋·范晔《后汉书·盖勋传》："谋事杀良，非忠也；乘人之危，非仁也。"

【典故】

东汉时期，盖勋成了郡太守的主要属官——长史。盖勋所在的郡县是好友凉州刺史梁鹄的管辖范围。

当时，在梁鹄的管辖范围内有一个横行霸道的武威太守，做尽了坏事，百姓深受其害而又敢怒不敢言。梁鹄的属官苏正和是个忠于职守之人，他依法彻查武威太守的事情。谁知，梁鹄却担心这件事情会牵扯出权贵，便不想让苏正和插手，甚至还想暗地里杀掉苏正和。万般纠结之下，梁鹄只能找好友盖勋商议方法。

巧的是，盖勋和苏正和是死对头，有人便趁机建议盖勋借此机会除去苏正和，谁知盖勋义正词严地说："为了私人恩怨而残害忠良，是为不忠；趁着别人危难的时候去危害别人，是为不仁。"

随后，当梁鹄找盖勋来商议除掉苏正和的事情时，盖勋打比方说："人们喂养鹰鸢，为的就是让它变凶猛，这样才能够为您抓捕猎物。而今它已经足够凶猛了，您却想要将它杀掉，那么之前又为何要养它呢？"

听了盖勋这么一番话，梁鹄改变了主意，没有杀苏正和。后来，苏正和听说了这件事，对盖勋十分感激，多次登门道谢，但盖勋就是避而不见。盖勋对人说："我阻止梁鹄杀苏正和，纯粹因为公事，和我们之间的恩怨没有关系。"

宠辱不惊

【释义】

受宠受辱都不在乎。形容不会因为个人得失而动心。

【出处】

晋·潘岳《在怀县》诗："宠辱易不惊，恋本难为思。"

【典故】

唐太宗时期，大臣卢承庆为官清廉，做事仔细，主要负责官员考察事宜。考察官员也有级别标准，大体上先分为上中下三等，然后每一级再细分为上中下。如最好的就是上上等，最差的就是下下等。

有一次，一个官员在运送粮食的过程中，因为翻船而使得很多粮食掉入水中，卢承庆给了他一个中下的评定。这个官员并没有生气，不仅承认了自己的错误而且还认为这种做法很合理。卢承庆认为这个官员认错态度良好，有责任心，于是把中下改为中中。得到这一消息后，这个运粮官也没有因此高兴。卢承庆认为他是一个宠辱不惊的人，于是又把评分改为中上，并在后来的考核中，有意提拔了他。

唇亡齿寒

【释义】

嘴唇没有了，牙齿就会感到寒冷。形容二者关系密切，相互依存。

【出处】

春秋·左丘明《左传·哀公八年》："夫鲁，齐晋之唇，唇亡齿寒，君所知也。"

【典故】

春秋时期，晋献公攻打虢（guó）国，要从虞国借道。

晋献公询问大臣的意见："如何才能从虞国借道呢？"大夫荀息回答："虞国的君主是个目光短浅、喜欢贪图小利之人。我们可以派人送去美玉和宝马，这样他必定会答应借道之事。"晋献公有些不舍，荀息接着说："虞国、虢国二者相依相存，虢国灭亡，虞国自然也无法独存。这样一来，您的美玉和宝马只是暂存在虞国君主那里罢了。”晋献公便采纳了荀息的建议。

虞国君主看到晋国送来的美玉和宝马，心中很是欢喜，当下就答应了借道的事情。虞国大夫宫之奇听说后，急忙劝阻说：“大王万万不可答应，虞国和虢国是唇齿相依的关系。我们两个小国家相互依存，是要彼此帮助的。万一虢国被晋国所灭，我们虞国也将自身难保了。俗语说：‘唇亡齿寒。’没有了嘴唇，牙齿也是保不住的。所以，大王千万不要答应晋国借道的请求啊。”

虞国君主说：“晋国是大国，他们特意送来美玉和宝马，表示交好之意。借道给他们有什么不可以吗?”宫之奇深知灭国日子不远了，无奈之下，带着一家老小离开了虞国。

最后，晋国借道灭掉虢国后，反过来又灭掉了虞国。

寸草春晖

【释义】

儿女的心力犹如小草那般微弱。形容父母的恩情重如泰山，难以回报。

【出处】

唐·孟郊《游子吟》：“谁言寸草心，报得三春晖!”

【典故】

唐朝诗人孟郊曾经写过一首《游子吟》，表达了一个慈母对即将离开的孩子的深深的爱。

慈母手中线，游子身上衣。

临行密密缝，意恐迟迟归。

谁言寸草心，报得三春晖！

才高八斗

【释义】

形容一个人才华出众。

【出处】

唐·李延寿《南史·谢灵运传》：“天下才共一石，曹子建独得八斗，我得一斗，自古及今共用一斗。”

【典故】

谢灵运是南朝宋时我国著名的山水诗作家，大多以描绘庐山、永嘉等地的山水为主，擅长刻画自然景物，开创了山水诗一派。

谢灵运的诗作带有很强的艺术性，注重形式美，深受当时文人的追捧和喜爱。人们争相抄送，流传甚广。宋文帝对他颇为赏识，征召他回都城任职，并且还将他的诗作和书法称为“二宝”。

谢灵运素来是一个自命不凡之人，有了宋文帝的赏识，使他更加狂妄自大起来。他曾经说过：“如果天下的文学之才有一石（十斗），其中曹植占了八斗，而我得一斗，其他人共分剩余的一斗。”

才疏意广

【释义】

才能有限却有很大的抱负。

【出处】

南朝·宋·范晔《后汉书·孔融传》：“融负其高气，志在靖难，而才疏意广，迄无成功。”

【典故】

山阳人张俭和孔融的哥哥孔褒素有交情，后来张俭因为揭发侯览的罪行而遭到通缉，于是前来投奔孔褒。当时孔褒不在家，十六岁的孔融见张俭落魄，便收留了他。事情败露后，张俭逃跑，官府抓捕了孔融一家。孔融说："是我收留的张俭，你们治我的罪吧。"孔褒说："张俭是前来投奔我的，并不是我弟弟的错，治我的罪吧。"孔融的母亲说："责任在我，你们治我的罪吧。"官府一时间无法决断。

孔融性情敦厚，喜欢结交士人，提携后辈。他经常说："坐上客恒满，樽中酒不空，我就没什么可担忧的了。"孔融喜欢评论时政，言辞激烈，后来因为激怒了曹操而被杀，时年56岁。

《后汉书》评论孔融："融负其高气，志在靖难，而才疏意广，迄无成功。"大诗人苏轼却不赞同这个观点，他说："以成败来评定人物，所以曹操被人称为英雄，而孔融则被人称为'才疏意广'，真是太可悲了。"

草菅人命

【释义】

把人命看得如草芥一般。形容统治者滥杀百姓，轻视生命。

【出处】

东汉·班固《汉书·贾谊传》："其视杀人若艾草菅（jiān）然。"

【典故】

秦始皇统一六国后，采纳韩非子的建议，以法治治理社会，崇尚刑罚。当时，他任命赵高为胡亥的老师。赵高内心阴险狡诈，手段毒辣，他教授给胡亥的都是杀人、割鼻等酷刑和手段，以致让胡亥也成了一个残酷暴虐的铁石君王。

后来，胡亥在丞相李斯和赵高的扶持下登上了帝位，称为二世皇帝，也就是历史上的"秦二世"。胡亥登基后，立刻下令让后宫中没有子女的嫔妃全部给秦始皇陪葬。胡亥担心自己的皇位受到威胁，便听从赵高的建议，杀掉了十二位公子和十位公主，受株连者更是数不胜数。一时间，朝中大臣人人自危。在胡亥的暴力统治下，人们都敢怒不敢言。

为了修筑阿房宫和骊山墓，秦二世征调了70万劳力，其间累死的不计其数。后来，为了不泄露墓内的秘密，秦始皇的灵柩一入墓，秦二世便下令封住墓门，那些修筑陵墓的民工全部被埋在墓中。70万百姓无一生还。

不仅如此，秦二世还加重赋税，残害忠臣，甚至有“税民深者为名吏，杀人众者为忠臣”的法令。一时间，集市尸首堆积如山，全国上下惶恐无比，百姓苦不堪言。

没过多久，深受残害的百姓一举爆发，农民起义揭竿而起，胡亥的暴政最终也走向了灭亡。

汉朝学者贾谊在总结秦二世的教训时写道：“胡亥今日即位，而明日射人，忠谏者为之诽谤，深计为止妖言，其视杀人若艾草菅然。”

草木皆兵

【释义】

将草木都当成了敌军。形容一个人的神经紧张到了极点，有些疑神疑鬼。

【出处】

唐·房玄龄等《晋书·苻坚载记》：“坚与苻融登城而望王师，见部阵齐整，将士精锐；又北望八公山上草森皆类人形，顾谓融曰：‘此亦劲敌也，何谓少乎?’怃（wǔ）然有惧色。”

【典故】

东晋时期，秦王苻坚掌控住了北部中国。公元383年，苻坚带领90万兵力攻打晋朝，晋朝大将谢石、谢玄率领八万兵力奋力抵抗。苻坚知道晋军兵力薄弱，便想仗着自己强大的军力，来个速战速决。

不料，苻坚25万的先锋部队被晋军突袭成功，损失惨重，士气大挫。这时，苻坚登上寿春城，看到晋军队伍整齐，军容威严，士气高涨，再看看北边的八公山，只见山上晃动的草木，犹如埋伏好的晋国士兵。苻坚对自己的弟弟苻融说："晋军的队伍很强大呀，怎么会说他们的兵力不足呢?"

第一次的失败给苻坚心头埋下了阴影，他下令让军队依靠淝水北岸驻扎，想要依据有利的地理优势来扭转战局。此时，晋军将领谢玄提出，让秦军向后退一些，以便他们渡河作战。苻坚暗笑他们不懂得军事常识，便想趁晋军渡河的时候发动攻击。所以就很爽快地答应了晋军的请求。

谁知，撤退的命令一下，后方秦军以为秦国战败，一时混乱不堪，难以控制。晋军便趁着这个机会迅速渡河出击。最后，苻坚受伤，弟弟苻融阵亡。这也是历史上比较著名的以少胜多的战役——淝水之战。

重蹈覆辙

【释义】

形容不知道吸取教训，又走上了失败的老路。

【出处】

南朝·宋·范晔《后汉书·窦武传》："今不想前事之失，复循覆车之轨。"

【典故】

东汉时期，汉桓帝宠幸宦官，致使宦官权势滔天，陷害忠良无数。当时，大将军窦武的女儿是汉桓帝的皇后，窦武为侯爵。看到宦官的此番做法，窦武非常愤慨，便上书汉桓帝说："如果您任由宦官这么胡作非为下去，必定会像秦二世那般，导致宦官造反，失去江山。陛下应该吸取教训，万不可重蹈覆辙啊。"

经过窦武的提醒，汉桓帝才认识到了自己的错误，处置了专权的宦官，释放了被诬陷的忠臣。

梁上君子

【释义】

躲在梁上的君子，泛指窃贼。

【出处】

南朝·宋·范晔《后汉书·陈寔（shí）传》："时岁荒民俭，有盗夜入其室，止于梁上。寔阴见，乃起自整拂，呼命子孙，正色训之曰：'夫人不可以不自勉。不善之人未必本恶，习以性成，遂至于此。梁上君子者是矣！'"

【典故】

陈寔是个公正之人，当地有了争论不休、难断是非之事，便会让他去判个明白。他也一定会据理分析是非，直到双方再无异议。有些人甚至说："宁愿被当官的责罚，也不愿意被陈先生说不是。"

有一年，当地收成不好，百姓生活困难。有一个小偷半夜闯进陈寔的家中，躲在他们的房梁上。陈寔暗中发现，便假装起来整顿衣服，随后又把自己的子孙叫来，对他们训诫说："人不可以不自我勉励，不善良的人他的本性并不一定是坏的。坏的习惯往往是平日里不注重自身修养造成的，最终才会走到这个地步。房梁上的先生便是这样的人。"

小偷知道自己已经被陈寔发现，只好从房梁上跳下来，连连向陈寔请罪。陈寔耐心地告诉他："看你的样子，并不是一个坏人，应该改掉这个坏毛病，重新做人。不过想想你现在的行为也是因为贫困所致吧。"说完，便吩咐人给他拿了两匹绢。

自此，县中再没有出现过偷盗的人。

D

打草惊蛇

【释义】

原意是打草惊动了草丛里的蛇。指惩戒了甲而使得乙有所警觉。后来多指做事情不谨慎，而让对方有所戒备。

【出处】

北宋·郑文宝《南唐近事》：“王鲁为当涂宰，颇以资产为务，会部民连状诉主簿贪贿于县尹。鲁乃判曰：‘汝虽打草，吾已蛇惊。’”

【典故】

唐朝时期，有一个叫王鲁的小官，收受贿赂，不守法纪。有一次，有人给衙门呈递了一纸诉状，上面控诉王鲁的部下接受贿赂，违反纪律。王鲁看了看诉状上的罪名，和他平日行为一模一样。王鲁边看边说：“这明明说的就是我呀。”

王鲁越思量越害怕，都不知道该如何批这个诉状了，最后在状子上写了八个字：“汝虽打草，吾已蛇惊。”意思是说，你这么做的目的是为了打草，但是我却如同躲在草丛里面的蛇一样，受到了惊吓。

最后，王鲁以等待上级处理为由，搪塞过去了。

大公无私

【释义】

指做事情没有私心。现在多指抛却个人利益，为集体利益考虑。

【出处】

秦·吕不韦《吕氏春秋·去私》:“孔子闻之曰:‘善哉!祁黄羊之论也,外举不避仇,内举不避子。祁黄羊可谓公矣。’”

【典故】

祁黄羊,又叫祁奚,是春秋时期晋国的大夫。

有一次,晋平公问祁黄羊:“南阳县缺一个县令,你看任命谁比较合适呢?”祁黄羊立即回答说:“解狐最合适。”晋平公问道:“解狐是你的仇人呀,你为何要推荐他呢?”祁黄羊说:“你问的是谁适合当县令,而不是问我的仇人是谁。”于是,晋平公任命解狐为南阳县的县令。解狐也果然如祁黄羊所说,堪当大任。

不久后,晋平公又问祁黄羊:“朝中缺少一个武官,谁比较适合呢?”祁黄羊说:“祁午比较适合。”晋平公奇怪地说:“祁午不是你的儿子吗?你怎么举荐自己的儿子呢?不怕别人议论吗?”祁黄羊说:“大王您问的是谁可以胜任武官,而不是问我的儿子是不是祁午啊。”于是,晋平公任命祁午为武官。

孔子听说了这件事情,对祁黄羊很是称赞,说:“祁黄羊说得真是太好了!凡是他举荐的人,都是适才所用,并不是对谁有偏见就不举荐他;也不会因为避嫌而不举荐自己的亲人。像祁黄羊这般的人,才称得上真正的‘大公无私’啊。”

大器晚成

【释义】

原意是铸造器物时,越大的器皿会越晚成型。现在指越是有大才能的人越会晚成功。

【出处】

西晋·陈寿《三国志·魏志·崔琰传》:“琰从弟林,少无名望,虽姻族犹多轻之,而琰常曰:‘此所谓大器晚成者也,终必远至。’”

【典故】

崔琰是袁绍身边的一个门客,自小痴迷武艺,到 23 岁时才开始学习《论语》等著作。

崔琰有一个堂弟，名为崔林，年轻的时候既没有什么名望也没有什么成就，亲戚朋友都瞧不上他，不过崔琰对他却十分器重。崔琰经常对人说：“有大才能的人需要很长时间才能够成大器，崔林将来一定会成大器的。”后来，崔林当上了冀州主簿、御史中丞，魏文帝时还做过司空，果然应了崔琰的话。

大义灭亲

【释义】

为了维持正义，不徇私情，即便是自己的亲属也会使之受到应有的惩罚。

【出处】

春秋·左丘明《左传·隐公四年》：“大义灭亲，其是之谓乎。”

【典故】

春秋时期，卫国州吁杀掉了哥哥卫桓公，自立为国君。

石厚是州吁的心腹，为了帮助州吁巩固地位，他向自己的父亲——卫国大夫石碏（què）请教策略。石碏说：“诸侯即位，都需要得到周天子的认可。只要周天子认可了，他的地位也就巩固了。”石厚说：“州吁是抢了他哥哥的君主位，如果周天子不认可，那可怎么办呢？”石碏回答：“陈桓公深受周天子的信任，而陈国和卫国又是邻邦，如果州吁能够前去求助陈桓公，陈桓公应该会答应帮忙的。”

石厚将父亲的建议告诉州吁。于是州吁和石厚带着很多礼物前去拜见陈桓公，石碏暗中让人给陈国大夫送去了一封信，信中写道：“我年事已高，已经没有力气再做什么事情了，而且卫国又太小。州吁和石厚杀害了卫桓公，还请将他们抓起来。”所以，州吁一到陈国就被陈桓公抓起来了。后来，卫国派人杀掉了州吁，又考虑到石厚是石碏的儿子，想要饶他一命。但石碏拒绝了这一提议，亲自带人杀掉了石厚。

史官将石碏的做法称为“大义灭亲”。

大腹便便

【释义】

便便（pián pián）：肥胖的样子。原意指人的肚子比较肥大，长得身宽体胖。现在指腹内空虚，也指不劳而获的人。

【出处】

南朝·宋·范晔《后汉书·边韶传》：“韶口辩，曾昼日假卧，弟子私嘲之曰：‘边孝先，腹便便。懒读书，但欲眠。’”

【典故】

汉桓帝时期，陈留郡有一个读书人，名边韶，字孝先，教授了几百个学生。边韶很有口才，几乎没有他答不上来的问题。这个人有一个小毛病，就是喜欢打瞌睡，再加上他身宽体胖，肚子比较大，睡觉的样子很是搞笑。

有一次，他又打起了瞌睡，他的学生为此编了顺口溜：“边孝先，腹便便。懒读书，但欲眠。”意思是说，边孝先，大肚皮，懒于读书，只想睡觉。边韶醒后，很快就知道了这个顺口溜，立即作答道：“边为姓，孝为字，腹便便，王经笥（sì）。便欲眠，思经事。寐与周公通梦，静与孔子同意。师而可嘲，出何典籍？”意思是说，边是我的姓氏，孝是我的字，大肚皮，是装着五经的竹箱子。只想要睡觉，去思索五经的事情。梦中和周公相会，安静时可与孔子相通。嘲笑自己的老师，这又是出自什么典籍呢？

大逆不道

【释义】

封建时期指谋反、作乱等比较重大的罪行。凡是违反当时道德伦理要求的悖逆行为，都可以称为不道或无道。

【出处】

西汉·司马迁《史记·高祖本纪》：“天下所不容，大逆无道。”

东汉·班固《汉书·杨恽传》：“为妖恶言，大逆不道，请逮捕治。”

【典故】

秦朝灭亡之后，刘邦和项羽为了争夺政权，展开了长达五年的楚汉之争。

有一次，项羽在阵前喊话，要跟刘邦一决胜负。刘邦说：“刚开始我和你都听命于楚怀王，并约定谁先占领关中谁就称王。可是我占领关中后，你却违背了我们之间的约定，想让我去巴蜀做汉王。这是你的第一条罪过；你去支援赵军的时候，杀掉了上将军宋义，自立为上将军，这是你的第二条罪过；你违背了楚怀王的命令，擅自劫持各诸侯兵马，这是你的第三条罪过。”紧接着，刘邦又说了项羽烧掉秦宫、挖掘秦皇坟墓、收敛钱财、杀死已经投降的秦王子婴、活埋二十万秦国民众等，说到第十条罪状的时候，刘邦说：“作为臣子，你杀掉了自己的君主，又杀掉了已经投降的人，为政不公平，对待约定不守信，是为天下所不容，属于大的叛逆。你犯下了这些罪状，我带着仁义之兵前来征讨你，你又有什么脸面向我发出挑战呢！”

倒行逆施

【释义】

做事情违背常理，不择手段。现在多形容一个人的所作所为违背时代潮流或是百姓意愿。

【出处】

西汉·司马迁《史记·伍子胥列传》：“吾日暮途远，吾故倒行而逆施之。”

【典故】

春秋时期，楚国大臣伍子胥的父亲和哥哥被楚平王杀害，伍子胥逃往吴国。

后来，伍子胥带兵攻打楚国的都城郢。那个时候，楚平王已经去世了，但伍子胥为了报父兄之仇，下令让人挖出了楚平王的尸体，狠狠鞭打了三百下，一解心头之恨。伍子胥的好友申包胥看到他的种种作为，派人对他说："身为一个楚国人，你现在的做法实在是太过分了。"伍子胥回复说："我年龄已经大了，时日不多了。我一心想着报仇，这也是没有办法的事情，所以做了违背常理的事情。"

道听途说

【释义】

路途听说的。形容没有根据的传闻。

【出处】

春秋·孔子弟子及其再传弟子《论语·阳货》："道听而途说，德之弃也。"

东汉·班固《汉书·艺文志》："小说家者流，盖出于稗官，街谈巷语，道听途说者之所造也。"

【典故】

春秋时期，齐国有个叫毛空的人，喜欢传播一些没有根据的谣言。

有一次，毛空听说了一只鸭子和一块肉的故事，于是便将其告诉给艾子。毛空说："有一户人家养了一只鸭子，一天可以生一百多个蛋。"艾子说："这是不可能的事情。"毛空说："应该是两只鸭子下了一百多个蛋。"艾子又说："这也不可能。"毛空又辩解说："或许是三只吧。"艾子自然不相信。毛空就一次次地增加鸭子的数量，最后增加到了十只。艾子说："你将鸭蛋的数量减少一些不就可以了吗？"毛空回答："肯定不行！宁可增加不可减少。"

毛空又对艾子说："据说上个月天上掉下来一块肉，十丈宽，十丈长。"艾子连连摇头："怎么会有这样的事情，不可能。"毛空接着说："或许是二十丈长吧。"艾子问道："世界上哪有十丈长、十丈宽的肉啊？而且还是从天上掉下来的，掉到什么地方了？你亲眼见过吗？你刚才说的鸭子又是谁家的？"

最后，毛空只好支支吾吾地说："这些都是我从街上听来的。"

道旁苦李

【释义】

形容没有用的人或物，被人所抛弃。

【出处】

南朝·宋·刘义庆《世说新语·雅量第六》："王戎七岁，尝与诸小儿游，看道旁李树多子折枝，诸儿竞走取之，唯戎不动。人问之，答曰：'树在道旁而多子，此必苦李。'取之信然。"

【典故】

相传，王戎七岁的时候，曾经和小伙伴一起游玩，看到了路边的李树上结满了李子，压弯了枝条。小伙伴们都争相上前采摘，只有王戎一个人不为所动。有人问他，他回答说："道路边的李树多果实却没有人采摘，果实一定是苦的。"摘下来品尝，果然如王戎所说。

呆若木鸡

【释义】

呆：傻，发愣。呆得像木头鸡。形容因为震惊、恐惧而发愣的模样。

【出处】

战国·庄子《庄子·达生》："几矣。鸡虽有鸣者，已无变矣，望之似木鸡矣，其德全矣；异鸡无敢应者，反走矣。"

【典故】

战国时期，周宣王喜欢斗鸡。为了能够取得斗鸡场上的胜利，他特意请来了齐国一个训鸡能手——纪渻（shěng）子，帮忙训鸡。周宣王的好胜心比较强，没过几天就派人前来询问情况，纪渻子说："还没有训好，它看到对手就跃跃欲试，沉不住气。"

又过了几天，周宣王再次派人询问，纪渻子回答："还不到时候，虽然鸡不乱动了，但还是不够沉稳。"

再过了几天，纪渻子派人来禀报："请告诉周宣王，鸡已经训好了。"等到斗鸡的时候，对方的鸡又跳又叫，纪渻子训的鸡却像个木鸡一样，一点动静都没有。其他的鸡看到这只鸡的呆样竟然都吓跑了。

后来，周宣王每回和别人斗鸡，总能够取得最终的胜利。

对牛弹琴

【释义】

形容给不懂事理的人讲道理，通常会徒劳无功。

【出处】

东汉·牟融《理惑论》："公明仪为牛弹清角之操，伏食如故。非牛不闻，不合其耳矣。"

【典故】

公明仪是古时的音乐家，他每次弹琴的时候，都能够引来很多鸟儿和蝴蝶。有一次，他看到一头水牛在吃草，于是便对着牛弹奏了一曲《清角之操》，但水牛却无动于衷地走开了。公明仪因此叹气说："对牛弹琴，一窍不通。"

对症下药

【释义】

原意指医生要依据患者的症状给药。现在指要根据事物的实质问题，采取适当的措施。

【出处】

西晋·陈寿《三国志·魏志·华佗传》："府吏倪寻、李延共止，俱头痛身热，所苦正同。佗曰：'寻当下之，延当发汗。'或难其异，佗曰：'寻外实，延内实，故治之宜殊。'即各与药，明旦并起。"

【典故】

东汉时期，我国著名的医学家华佗曾经给两个人看病：一个名为李延，一个名为倪寻，两个人都有头痛发热的症状，看过很多医生都无济于事，最后找到了华佗。华佗给他们作了诊断后，开了两个药方。给李延开的是发散的药，给倪寻开的是泻药。李延和倪寻一看，心里有些疑惑：明明是一样的病症，为什么会开两种药呢？二人有些不放心，便就此事询问华佗。

华佗回答说："你们的症状虽然相同，但是病因却不一样。倪寻的病是因为伤食引起的，李延的病则是受寒引起的。一个内部一个外部，病因不同，用药自然也不一样了。"

两人听后放下心来，吃药后没多久病就好了。

后来，根据这个故事产生了"对症下药"这一成语。

多多益善

【释义】

指某样东西或是某种人才等越多越好。

【出处】

西汉·司马迁《史记·淮阴侯列传》："上问曰：'如我能将几何？'信曰：'陛下不过能将十万。'上曰：'子有何如？'曰：'臣多多而益善耳。'

【典故】

刘邦称帝后，封韩信为楚王。有人诬陷韩信想要谋反，刘邦采用陈平的计策，逮捕了韩信并将他押回洛阳。后来刘邦知道韩信并没有谋反之意，便只把他贬为淮阴侯。韩信对此很是不满，刘邦自然也知道韩信的心思。

有一天，刘邦将韩信召进宫来，问韩信："像我这样的人，可以统帅多少士兵呢？"韩信说："陛下，您最多可以率军十万。"刘邦又问："那你又能统帅多少兵马呢？"韩信回答说："自然是越多越好。"刘邦笑着说："你统帅兵马越多越好，可是为什么你又被我控制呢？"韩信回答："陛下无法统帅士兵，但却擅长统帅将领，这便是我能够被陛下控制的原因了。而且陛下统帅将领的能力是天生的，并不是努力之后就可以得到的。"

多行不义必自毙

【释义】

做多了不义的事情，最后一定会自取灭亡。

【出处】

春秋·左丘明《左传·隐公元年》：“多行不义，必自毙，子姑待之。”

【典故】

起初，郑武公迎娶了申国君主的女儿武姜为妻。武姜生了郑庄公和公叔段，庄公出生时难产，让武姜受到了惊吓，因此她非常讨厌郑庄公，而喜欢公叔段。武姜多次请求郑武公改立公叔段为太子，但武公都没有答应。后来，郑庄公即位后，武姜又请求把制作为公叔段的封邑。庄公说：“制是险要之地，之前虢叔便死在了那个地方。除了这里，其他的地方我都答应。”于是武姜又请求将京邑封给公叔段，庄公答应了。

大夫祭仲谏言说：“封地超过三百丈，就是国家的祸害。依据先王的规定，大的封地都城不能超过国家都城的三分之一，中等的不可以超过五分之一，小的不能超过九分之一。而今京邑的面积并不符合规定，违背了先王的制度，您会承受不住的。”庄公回答说：“是武姜让我这么做的，我又怎能不同意呢？”祭仲说：“武姜什么时候满足过呢？不如早早将公叔段处置了，阻止他的势力蔓延。一旦势力蔓延，对付起来就难了。蔓延的野草都很难除去，更何况是你那个刁蛮受宠的兄弟呢？”庄公说：“做多了不义的事情，一定会自取灭亡的，您就等着看吧。”

咄咄怪事

【释义】

形容不符合常理，无法解释的怪事。

【出处】

南朝·宋·刘义庆《世说新语·黜免》：“殷中军（殷浩）被废在信安，终日恒书空作字，扬州吏民寻义逐之，窃视，唯作‘咄咄（duō duō）怪事’

四字而已。”

【典故】

东晋时期，扬州刺史殷浩和大将桓温不睦，王羲之劝说他要以国事为重，不可给敌人可乘之机，可殷浩非但不听，还带兵北伐，屡战屡败，最后被贬为平民，流放到了信安。

殷浩遭流放后，整日在空中比划着写字，当地的官民都比较好奇，便跟在他身后观看，最后发现，他一直写的是“咄咄怪事”四个字。

咄咄逼人

【释义】

言辞尖刻，让人难堪。形容态度比较傲慢，气焰嚣张。

【出处】

东晋·卫铄（shuò）《与释某书》：“卫有一弟子王逸少，甚能学卫真书，咄咄逼人。”

【典故】

东晋时期，玄学盛行。名流之士时常聚在一起，谈论玄道。桓玄、顾恺之、殷仲堪是当时有名的人士，三人关系非常好，经常在一起喝酒、聊天。

有一天，三人在殷仲堪家中饮酒，酒过三巡后，空中突然传来一阵乌鸦叫声，桓玄便提议说：“我们每人说一句话，这句话中不能有‘危险’，却要包含危险的事。谁说得不好，就要罚酒。你们觉得如何？”顾恺之和殷仲堪都答应了。

比赛开始，桓玄说：“矛头淅（xī）米剑头炊。把矛头折断拿来淘米，把剑用来当炊火棍。军队溃散，国之将亡，你们说危险不危险？”

殷仲堪接着说：“百岁老翁攀枯枝。老人爬树本就危险，枯枝又不结实，危险吧。”

顾恺之说道：“我比你们的都危险，井上辘轳卧婴儿。婴儿睡在井上，你们想想，他随时都有掉到井里的危险。”

桓玄和殷仲堪赞道：“好，确实很危险。”

殷仲堪旁边的一个参军忍不了了，便说：“我能不能也说句危险的话呢？”

三人表示赞同。参军张口说道："盲人骑瞎马，夜半临深池。盲人骑着一匹瞎眼的马，半夜走到深池边。你们说危险吗？"

殷仲堪的眼睛有一只是瞎的，听了参军的话，感叹说："你这句话有些咄咄逼人啊，实在让我难堪啊。"

得陇望蜀

【释义】

原意指已经得到了陇地，还想着去占领西蜀。形容那些贪得无厌、贪心无度之人。

【出处】

南朝·宋·范晔《后汉书·岑彭传》："人苦不知足，既平陇，复望蜀，每一发兵，头鬓为白。"

【典故】

东汉初期，隗嚣割据在陇地，公孙述割据在蜀地，二人相互勾结，自立为王，对抗朝廷。建武八年，光武帝刘秀和大将军岑彭带兵攻下天水地区，岑彭和将军吴汉将隗嚣围困在西城。公孙述派兵前来救援，在上邦驻扎。光武帝刘秀给岑彭下了一道诏书："如果两城都攻下，就可以带兵南下攻破西蜀。人就是苦于不知足，既得到了陇地，又想要蜀地。"

得意忘形

【释义】

因心意得到满足而失了常态。

【出处】

唐·房玄龄等人《晋书·阮籍传》："嗜酒能啸，善弹琴。当其得意，忽忘形骸。"

【典故】

阮籍是魏晋时期著名的诗人。阮籍是一个心怀远大抱负之人，一心想要在政治上有所作为。但心中对执政的司马集团很是不满，又不敢发表自己的意见，只能明哲保身，不问时事。平日里就和几个好友（嵇康、山涛、向秀、王戎、阮咸、刘伶）聚会作诗，世人称之为竹林七贤。高兴的时候就放声高歌，不高兴的时候就大哭一场。在他们七人当中，最为疯癫的要数阮籍了。阮籍喝醉的时候，经常是哭笑无常。所以史官描述他为“当其得意，忽忘形骸”。

得其所哉

【释义】

找到了适合他的地方。形容找到了比较理想的去处。

【出处】

战国·孟子及其弟子《孟子·万章上》：“昔者有馈生鱼于郑子产，子产使校人畜之池。校人烹之，反命曰：‘始舍之，圉圉焉；小则洋洋焉，攸然而逝。’子产曰：‘得其所哉！得其所哉！’”

【典故】

有一次，有人送给郑国大臣子产一条鱼，子产便让人把它养在池塘里。

这个人转身却把鱼吃掉了，而且骗子产说：“依照您的吩咐，我将鱼放养在池塘中。刚放进去时，它还是有气无力的样子。不一会儿便摇着尾巴游动起来，不知道游到哪里去了。”子产连连说道：“去了它该去的地方，去了它该去的地方。”

雕虫小技

【释义】

技艺微小或是微不足道。

【出处】

唐·李延寿《北史·李浑传》：“雕虫小技，我不如卿；国典朝章，卿不如我。”

唐代·李白《与韩荆州书》：“至于制作，积成卷轴，则欲尘秽视听，恐雕虫小技，不合大人。”

【典故】

韩朝宗是唐朝大臣，喜欢向朝中举荐人才。

大诗人李白年少时曾给韩朝宗写了一封信，想要谋得一份差事，信中有："恐雕虫小技，不合大人。"意思是说，恐怕我的文章都是一些不值一提的小技能，不足以让大人欣赏。

掉臂不顾

【释义】

摆动着手臂，头也不回。形容毫无眷恋的样子。

【出处】

西汉·司马迁《史记·孟尝君列传》："日暮之后，过市朝者，掉臂而不顾。"

【典故】

齐闵王听信谗言，罢免了大臣孟尝君，孟尝君的三千门客也都离去。后来，孟尝君官复原职，前来迎接的只有冯谖一人。孟尝君感慨道："我生平喜欢养士，对待他们更是不敢有半点差错。我被罢免后，宾客纷纷离去；现在我官复原职，他们还有何脸面回来呢？如果他们回来，我一定会好好羞辱他们一下。"

冯谖郑重地在马车前向孟尝君行跪拜礼。孟尝君急忙下车将他扶起来说："先生是在替他们道歉吗？"

冯谖说："不是，只是您的话说错了。事情的发展都有其必然的归宿，人情也有它原本的面貌。您明白这个道理吗？"

孟尝君说："我不明白。"

冯谖很诚恳地看着孟尝君，说："有生命就有死亡，这是事情发展的必然归宿。富贵的人门客众多，贫贱的人朋友稀少，这就是人情原本的面貌。您难道没有见过那些赶集市的人吗？早上他们都匆匆忙忙地赶来；日落的时候他们即便是从集市边经过，也只是甩着胳膊，看也不看集市一眼。这并不是因为他们喜欢早上的集市而厌恶晚上的集市，而是因为他们想要的东西在傍晚时已经没有了。您被罢免，宾客自然都会离开。您不能因为这样就埋怨士人，希望您能够和从前一样对待他们。”

对于冯谖的提醒，孟尝君很是感激，于是又重新接纳了那些宾客。

掉以轻心

【释义】

对事情漫不经心，不当回事儿。

【出处】

唐·柳宗元《答韦中立论师道书》：“故吾每为文章，未尝敢以轻心掉之。”

【典故】

唐朝中期，拜师求学受到了人们的抨击，谁敢收学生、谁敢拜老师，都会遭到别人的非议。

柳宗元任职永州司马的时候，一个叫韦中立的年轻人想要拜柳宗元为师。柳宗元很感动于他的魄力，于是给他写了一封回信——《答韦中立论师道书》。信中说道：

“少见多怪，这是经常有的事情。我原本是不相信蜀犬吠日的，直到来到永州之后，才明白永州很少有下雪的情况，所以下雪的时候狗会对着雪狂叫，这才算相信了。”

“古时男子二十岁的时候要行冠礼，数百年后这一习俗已经不流行了。近来有一位名叫孙昌胤的年轻人行了冠礼，受到他人的嘲笑。”

“上面这两个故事，都说明了世俗的顽固。在这样的风气下，你还能够冲破束缚，想要拜我为师，我是非常感动的，所以把自己的写作体会告诉你。我年轻的时候认为只要文辞好就可以写出好文章，后来才知道好文章是有思想、有深度的。所以，不论我写什么样的文章，都不敢掉以轻心。一心想要像《书》那样朴实，想要像《诗》那样恒久，想要像《礼》那样合理，想要像《春秋》那样是非分明，想要像《易》那样变化多端……”

韦中立受到柳宗元的启发，学习突飞猛进，后来考中了进士。

独当一面

【释义】

可以单独负责某一方面的工作。

【出处】

西汉·司马迁《史记·留侯世家》："而汉王之将，独韩信可属大事，当一面。"

【典故】

张良是刘邦帐下的谋士，为刘邦出了不少良策。

有一次，刘邦、项羽在彭城交战，刘邦大败而归，撤退到下邑。对此，刘邦很是生气，他对张良说："谁能够帮我争得这口气，我就将关东让给谁，你快告诉我，谁可以做到呢?"张良说："九江的英布原本是西楚的猛将，而今因为和项羽不和，准备联合大将彭越和齐国背叛项羽。彭越和英布二人是可以利用的。至于将领，只有韩信能够夺得此项大功，独当一面。如果大王您把关东交在他们手上，一定可以打败西楚，出了这口气。"

刘邦采纳了张良的计策，任命韩信为统帅，最后果然将项羽打败了。

堤溃蚁穴

【释义】

小小的蚂蚁窝，就可以使堤岸溃决。形容如果不注意小事，就会引发大事。

【出处】

战国·韩非子《韩非子·喻老》："千丈之堤，以蝼蚁之穴溃；百尺之室，以突隙之烟焚。"

三国·魏·应璩（qú）《杂诗》："细微可不慎，堤溃自蚁穴。"

【典故】

战国时期，魏国相国白圭在防洪方面非常有成绩，他擅长建筑堤坝防洪，并且勤于查看。就算发现一个如蚂蚁窝那样小的洞，也会立即让人补上，防止它漏水，以使得小洞扩大，变成大洞，造成大的洪水灾害。白圭担任魏相期间，魏国从来都没有发生过水灾。

由此，《韩非子》中说："千丈之堤，以蝼蚁之穴溃；百尺之宝，以突隙之烟焚。"

低首下心

【释义】

形容屈服顺从。

【出处】

唐·韩愈《鳄鱼文》："刺史虽驽弱，亦安肯为鳄鱼低首下心，伈伈睍睍（xǐn xǐn xiàn xiàn），为民吏羞，以偷活于此邪？"

【典故】

唐代大文学家韩愈因为惹怒了唐宪宗而被贬为潮州刺史。上任之后，韩愈探访民间疾苦，听说在深潭恶谷之处有鳄鱼，时常出来危害人畜，致使百姓生活不得安宁。于是，韩愈写了一篇《祭鳄鱼文》，让部下带着文章和一只猪、一只羊，投进鳄鱼所在的深潭里，让鳄鱼吃个痛快。后又限鳄鱼七日之内全部离开此地，去南部的大海中生活。如果不肯，韩愈就会让精干的射手，射死它们。

《祭鳄鱼文》中有一句"刺史虽驽弱，亦安肯为鳄鱼低首下心"，意思是说我虽然是个弱者，但也不会在鳄鱼面前屈服顺从。

断头将军

【释义】

宁愿断头也不投降，形容坚决抵抗，宁死不屈。

【出处】

西晋·陈寿《三国志·蜀书·张飞传》："卿等无状，侵夺我州，我州但有断头将军，无有降将军也。"

【典故】

三国时期，刘备进入益州后，立刻带兵攻打刘璋，张飞和诸葛亮等分别带兵平定了沿江各个郡县，击败了刘璋的大将巴郡太守严颜。张飞责问严颜：“大将军到达这里，你为何不投降反而要抵抗？”严颜回答说：“你们没有道理，侵占我州郡。我们州只有断头将军，没有投降将军。”张飞一怒之下想要让人砍了他的头。严颜神色淡然地说：“砍头就砍头，为何要发怒呀。”张飞佩服他的勇气，便将他留下了。

断章取义

【释义】

不顾及全篇内容，只摘取其中一段的意思，指的是引用不符合原意。

【出处】

春秋·左丘明《左传·襄公二十八年》：“赋诗断章，余取所求焉。”

【典故】

春秋时期，齐国大夫崔杼和庆封设计杀害了齐庄公，拥立杵臼为君主，称之为齐景公。齐景公封崔杼为右相，庆封为左相。齐庄公被杀后，他的心腹卢蒲葵和王何外逃。卢蒲葵逃跑之前对弟弟卢蒲嫳（piè）说：“我逃走后，你要想尽办法取得崔杼和庆封的信任，在合适的时机把我叫回国，为齐庄公报仇。”

卢蒲嫳没有辜负哥哥的嘱托，很快成了庆封的家臣。为了赢得庆封的信任，卢蒲嫳设计让崔杼的几个儿子相互争夺权势而杀掉了崔杼一家。如此，大权便全部掌握在庆封的手中，庆封也因此倍加重视卢蒲嫳。后来，庆封迷恋女色，便将大权交给了自己的儿子庆舍。

卢蒲嫳又极力说服庆封，召哥哥卢蒲葵回国，庆封应允了。卢蒲葵回国后，做了庆舍的护卫。卢蒲葵是个勇猛之人，又特意在庆舍面前献殷勤，没多久便赢得了庆舍的信任，还娶了庆舍的女儿庆姜为妻。不久之后，卢蒲葵说服庆舍召回了王何，和他一起做了庆舍的侍卫。自此，卢蒲葵和王何便经常私下谋划，联络对庆氏诸多不满的人，想要除掉庆氏，为齐庄公报仇。

卢蒲葵的妻子庆姜是个识大义之人，知道卢蒲葵的计划后，答应帮助丈夫完成这一计划。庆封出猎那天，庆姜说服自己的父亲庆舍跟随齐景公一起前往太庙祭祀，卢蒲葵便趁着祭祀的时候下手。庆舍临死前，用酒壶砸死了王何，卢蒲葵则带人消灭了庆氏的余党。等庆封得知消息想要救援时，都城已经被卢蒲葵控制了，庆封只好出逃到鲁国。

事情发生后，有人问卢蒲葵说："庆氏和卢氏都属于姜氏的后代，你怎么会迎娶自己的同宗呢？"

卢蒲葵说："庆舍都不避讳同宗的问题，我为何要避讳呢？就好比有人对《诗经》断章取义，以表示自己的意思。我也只是拿我想要的罢了，管什么同宗呢？"

洞见症结

【释义】

看到问题的关键。形容观察敏锐，能够看到关键问题。

【出处】

西汉·司马迁《史记·扁鹊仓公列传》："扁鹊以其言饮药三十日，视见垣一方人。以此视病，尽见五脏症结，特以诊脉为名耳。"

【典故】

扁鹊是我国古代著名的医学家，曾跟随民间医生长桑君学习了十多年，积累了丰富的经验，知道很多秘方和偏方。长桑君临终之前将自己收藏的秘方和医书全部交给了扁鹊，并且送给扁鹊一服药。扁鹊连续吃了三十天，就可以洞见病人的五脏症结，对症下药，进而成了一代名医。

东施效颦

【释义】

东施：越国的一个丑女。西施：中国四大美人之一。形容盲目模仿别人，不仅没有模仿好，反而让自己出了丑。现在有时也用作自谦，表示自己根底比较差，没有学到别人的长处。

【出处】

战国·庄子《庄子·天运》："故西施病心而矉（pín）其里，其里之丑人见而美之，归亦捧心而矉其里。其里之富人见之，坚闭门而不出；贫人见之，挈妻子而去之走。"

【典故】

春秋时期，越国有一个美女，名西施。西施有心口痛的毛病，病情发作时，双手捂住胸口，眉头紧锁，楚楚动人，惹人怜爱。西施的隔壁有一个名为东施的丑女，她见西施捂着胸口皱着眉头的模样很是好看，便想：难怪人们都说西施好看，原来是要做出这种姿势的。

于是，东施便模仿西施发病时的模样，结果使她变得更加丑陋了。人们看到她都绕道而行。

东山再起

【释义】

再次担任要职，后来也指失势之后再次得势。

【出处】

唐·房玄龄等人《晋书·谢安传》："隐居会稽东山，年逾四十复出为桓温司马，累迁中书、司徒等要职，晋室赖以转危为安。"

【典故】

谢安是东晋宰相，自幼好学，学识颇丰。谢安年轻的时候不喜为官，经常以有病为由辞官回家，隐居在浙江会稽的东山。谢安和王羲之是好朋友，二人经常一起游山玩水，写诗作文。朝廷深知谢安的学问，便想要征召他为吏部侍郎，但被他拒绝了。后来，征西大将军司马绍的女婿桓温请谢安出山任职司马，百般推脱无果后，只能应召。这个时候的谢安已经四十多岁了。

谢安任职那天，一些朝中官员前来送行。有一位中丞对谢安说：“过去你高卧东山，几次违背朝廷的征召意图，不愿意出来为官，想不到现在却出来了。”“东山再起”一词便是从这个故事中演变出来的。

东家之丘

【释义】

据说孔子的西邻不知道孔子的学问。后来形容身边的有名人物。

【出处】

西晋·陈寿《三国志·魏书·邴原传》：“崧曰：‘郑君学览古今，博闻强识，钩深致远，诚学者之师模也。君乃舍之，蹑屣千里，所谓以郑为东家丘者也。君似不知而曰然者，何?’”

【典故】

东汉时期，有一位学者邴原以学识和品格著称。邴原年轻的时候曾经打算拜孙崧为师。孙崧对他说：“并不是我不收你为徒，而是我无法胜任这项工作。离你不远的地方有一位康成先生，他是很有学问的老师，博学多识、通晓古今，是现在学子们的楷模，你为什么要舍近求远呢?”这位康成先生就是经学大师郑玄。

于是邴原又拜郑玄为师，成了有名的儒学家。不过，刚开始邴原并不知道在自己周围存在着这么一个有名的学问家，所以才会千里迢迢地去拜孙崧为师。当时人们称邴原把郑玄当成“东家之丘”了。

东食西宿

【释义】

贪心的人想要得到各个方面的好处。

【出处】

汉·应劭《风俗通》：“俗说齐人有女，二人求之。东家子丑而富，西家子好而贫。父母疑不能决，问其女，定所欲适……女便两袒，怪问其故。云：‘欲东家食，西家宿。’”

【典故】

齐国有户人家有个女儿，有两家人前来提亲。东家的儿子长得丑但却比较富裕，西家的儿子长得好却比较贫穷。父母犹犹豫豫不能决定，于是便询问女儿的意见，让她自己决定。父母对女儿说：“你如果羞于说出口，就不用明说，只需伸出一只胳膊，指个方向让我们了解你的意思就行。”谁知他女儿伸出了两条胳膊，父母奇怪地询问原因，女儿说：“我想要在东家吃饭，西家住宿。”

东门黄犬

【释义】

因为做官惹来祸患，想要抽身而退时，却为时已晚矣。

【出处】

西汉·司马迁《史记·李斯列传》载：“秦二世二年七月，丞相李斯因遭奸人诬陷，论腰斩咸阳市。临刑谓其中子曰：‘吾欲与若复牵黄犬俱出上蔡东门逐狡兔，岂可得乎！’”

【典故】

秦朝丞相李斯被人诬陷造反而锒铛入狱，宦官赵高负责审理这件案子。赵高素来和李斯不对付，于是便趁着这个机会逮捕了李斯的家人、宾客，最后把李斯屈打成招判了死刑。行刑前，李斯对次子说：“多想再和你一起牵着黄狗去上蔡东门外打猎啊。”

冬烘先生

【释义】

形容昏庸浅陋的知识分子。

【出处】

五代·王定保《唐摭（zhí）言》卷八：“主司头脑太冬烘，错认颜标作鲁公。”

【典故】

唐朝时期，有一个主考官名为郑薰，他在评判试卷的时候，看到了颜标的试卷。通读一遍后，发现并没有什么出彩之处，可是他认为颜标是颜真卿的后代，理应得到激励，于是便判定他为状元。直到谢恩的那一天，郑薰才发现自己认错了人。后人对此评价说："主司头脑太冬烘，错认颜标作鲁公。"

党同伐异

【释义】

拉拢和自己同派的，排挤和自己意见不同的。

【出处】

南朝·宋·范晔《后汉书·党锢传序》："自武帝以后，崇尚儒学，怀经协术，所在雾会。至有石渠分争之论，党同伐异之说。"

【典故】

汉武帝时期，汉武帝采纳了董仲舒"罢黜百家，独尊儒术"的建议，想要通过文化上的专制达到政治上的统一。为了加强这一主张，汉武帝设置了专门传授儒家学说的五经博士，主要负责讲述《诗》《春秋》《易》等五部儒家经典。弟子们每年需要考核一次，学会一经的就能够入朝为官，成绩好的还可以做大官。

到了汉宣帝时期，儒家思想已经成了主流。汉宣帝刘询想要让五经博士萧望之教授太子，但是因为当时儒家弟子对五经还有不同的见解，所以刘询准备用一场辩论做决定。这场辩论赛由萧望之主持。

公元前51年，在藏书楼兼讲经处的石渠阁，展开了一场大规模的辩论。在辩论的过程中，儒家学子拉拢和自己观点一样的人，排挤和自己观点不一样的人。对此种情况，范晔称之为"党同伐异"。

当头棒喝

【释义】

形容严厉警告某人，促使他猛然警醒过来。

【出处】

宋·释普济《五灯会元·黄檗（bò）运禅师法嗣·临济义玄禅师》："上堂，僧问：'如何是佛法大意?'师亦竖拂子，僧便喝，师亦喝。僧拟议，师便打。"

【典故】

黄檗是佛教禅师，门下有众多弟子。黄檗收新弟子时有一条规矩，就是不问缘由地给对方当头一棒，抑或是大喝一声，然后再提出问题，并且让对方快速作答。每提出一个问题，就会有一次"当头棒喝"。

黄檗这样做的目的就是要考验对方的虔诚和对佛教的领悟度，告诫对方一定要全力以赴地研究佛学，弄明白佛法中的奥妙。

当务之急

【释义】

当下任务中最紧要的事情。

【出处】

战国·孟子以及其弟子《孟子·尽心上》："知者无不知也，当务之为急；仁者无不爱也，急亲贤之为务。"

【典故】

弟子问孟子说："现在需要知道和去做的事情有很多，到底该做什么呢?"

孟子回答："智者无所不知，但最应该做的就是最急需做的事情，并不是面面俱到。比如每个人都爱仁德，但最先要爱亲人和贤者。再比如，圣主尧舜也不能认识所有的事物，但他们必须去做当前最为紧要的事情。尧舜的仁德也无法热爱一切，但他们知道要去热爱亲人和贤人。"

随后，孟子接着说道："父母去世，作为子女不去服三年的丧期，反而很讲究三个月、五个月的丧期礼节；他们在长者面前狼吞虎咽，喝汤时发出声音，却又去讲究用牙齿咬断干肉等，这就是舍本逐末，不了解当前应该知道和去做的是什么事情。"

点金成铁

【释义】

将好文章改坏，也形容把好事办成了坏事。

【出处】

宋·释道原《景德传灯录·真觉大师灵照》：“问：‘还丹一粒，点铁成金；至理一言，点凡成圣。请师一点。’师曰：‘还知齐云点金成铁吗?’曰：‘点金成铁，未之前闻。至理一言，敢希垂示!’”

【典故】

北宋文学家王安石很是欣赏南朝梁诗人王籍《入若邪溪》一诗中的“蝉噪林逾静，鸟鸣山更幽”二句，便在自己的《钟山绝句》一诗中将其改为“一鸟不鸣山更幽”，还曾经对黄庭坚炫耀。不过在黄庭坚看来，王安石的这一做法完全就是点金成铁。

点石成金

【释义】

将原来的文章稍加润色，使之变得更加出色。也形容对人稍加指导，令其幡然醒悟。

【出处】

汉·刘向《列仙传》：“许逊，南昌人。晋初为旌阳令，点石化金，以足逋赋。”

【典故】

晋朝时期，有一个县令名许逊。许逊有着高深的道术，能够施符作法，帮别人驱鬼治病，深受百姓们的爱戴。

有一年，百姓交不起租税，许逊很同情他们，便使用点石成金的法术，将百姓们的租税全部免去了。后来，他不喜官场争斗，辞官隐去。

斗酒学士

【释义】

酒量比较大的文臣。

【出处】

北宋·宋祁、欧阳修、范镇、吕夏卿等合撰《新唐书·王绩传》："以前官待诏门下省，故事，官给酒三升。或问：'待诏何乐邪?'答曰：'良酝可恋耳。'侍中陈叔达闻之，日给一斗，时称'斗酒学士'。"

【典故】

隋末唐初诗人王绩才高八斗，嗜酒如命，自称一天可以喝五斗酒，所以取号为"五斗先生"。只要有人邀请他喝酒，不管邀请人贵贱贫富，他一律应邀。

隋文帝时期，王绩考中了举人，原本是可以留在京城做官的，但是他嫌弃京城规矩多，便以有病为由，自请去别的地方为官，做了扬州六合县的县令。在任期间，王绩整日杯不离口，喝得神志不清，所以出了很多错误，屡遭责问。王绩不仅没有反省自己的错误，反而将县丞俸禄全部堆放在县衙门外，自己趁着夜色乘船逃走了。

隋朝灭亡唐朝兴起后，王绩以隋朝遗老的身份做了待诏门下省的差事，整日乐不思蜀。他的弟弟对此很不理解，王绩说："别看我这个官职没有多少俸禄，又是很无聊的差事，但是每天会发放三升好酒，我要的就是这三升好酒。"王绩的好朋友陈叔达听说了这件事情便说："三升好酒可留不住王绩。"于是命人给王绩每天准备一斗好酒，王绩还因此得了一个绰号，叫“斗酒学士”。

唐太宗时期，太岳府史焦革家中擅长酿酒，酒香四溢，王绩得知后，便要辞官跟着焦革当差。一开始焦革并不同意，但经不住王绩的软磨硬泡，最后给他安排了一个闲职。没几个月，焦革去世，焦革的妻子还是依旧给王绩送酒，从未间断过。

一年后，焦革的妻子也去世了，王绩整日抱着空酒瓶叹息：“这是上天不让我喝美酒啊。”于是辞官隐去。

E

恶贯满盈

【释义】

原意指的是罪恶多得如同穿钱一样，穿满了一贯还有很多。现在形容一个人罪大恶极到应该受惩罚的地步。

【出处】

战国·《尚书·泰誓》："商罪贯盈，天命诛之。"

【典故】

商朝末期，商纣王昏庸无道，极其暴虐，百姓生活水深火热。当时，西伯侯姬昌极力反对商纣王的暴政，主张实行仁政。于是，纣王派人将他抓了起来。之后，姬昌的儿子姬发继承爵位，联合各诸侯，讨伐商纣王。

两军在牧野交战。因为姬发率领的是仁义之师，所以深受百姓的拥戴，进而给予了他们最大的支持。对于商纣王的军队，百姓却是深恶痛绝的。最后，商纣王打了败仗，自焚而死，商朝就此灭亡。

姬发曾经对着全军将士立誓，并列举了商纣王的种种恶行，说商纣王把坏事做尽了，是一个罪大恶极之人，应该得到应有的惩罚。

尔虞我诈

【释义】

相互猜忌，相互欺骗。形容勾心斗角，耍弄手段。

【出处】

春秋·左丘明《左传·宣公十五年》："我无尔诈，尔无我虞。"

【典故】

春秋时期，楚国称霸中原。

有一次，楚庄王派遣大夫申舟出使齐国，并告诉他从宋国经过的时候，不必向宋国君主借路。申舟知道，这样做必定会惹怒宋国，甚至会给自己带来杀身之祸。但楚庄王偏要让申舟这样做，并且说如果他被宋国杀死，自己会带兵征讨宋国，为申舟报仇。申舟只能听从君命，临行前将儿子申犀托付给楚庄王。

不出申舟所料，宋国大夫华元得知情况后，认为楚庄王很是无礼，便对宋文公说："从我们宋国经过却又不借路，楚国是把宋国当成附属国了呀。做楚国的附属国，宋国相当于亡国；杀掉楚国使者，楚国带兵攻打宋国，最坏结果也不过是亡国。与其这样，不如处死楚国使者。"于是宋文公处死了申舟。

楚庄王听到消息后，立刻召集兵马，下令征讨宋国。一年之后，楚国还没有攻下宋国的都城。楚国军队锐气大减，楚庄王决定撤兵回国。

申犀得知后，跪在楚庄王的马前，说："我父亲当初知道自己要死，但还是没有违抗您的命令。而今，您要抛弃之前所说的话吗？"楚庄王无言以对。此时，申叔时献计说："可以下令士兵在此处建筑房屋、耕种田地，让宋国认为我们要长期驻扎在此，这样一来他们肯定会自动投降的。"

楚庄王采纳了申叔时的策略。宋国人见此情景都有些恐惧，华元鼓舞士气：宁愿为国捐躯，也不可屈膝投降。

有一天深夜，华元偷偷来到楚国营地，进了楚国主帅子反的营帐，将子反叫起来说："我们君主让我把宋国目前的情况告诉你：粮食已经吃完，百姓甚至交换自己的孩子为食。柴草已经烧光，大家都在用路边的尸骨做柴火。即便如此，想要让我们签订屈辱的条约，我们宁死也不会接受的。如果你愿意撤兵三十里，你说怎么办就怎么办。"

子反听了这番话，当下就和华元订下约定，并将这件事情告诉楚庄王。楚庄王原本就有退兵的意思，听后自然满口答应。第二天，楚庄王下令撤兵三十里，宋国、楚国和平如初。华元前往楚国军营订立盟约，并作为人质前往楚国。

盟约上写着："我不欺骗你，你也不用防备我！"

二桃杀三士

【释义】

把两个桃子分给三个壮士吃，三个壮士因为争抢桃子而自相残杀。形容借刀杀人。

【出处】

三国·蜀·诸葛亮《梁甫吟》："一朝被谗言，二桃杀三士。"

【典故】

春秋时期，齐景公朝中有三个勇士，名为公孙接、古冶子、田开疆，并称为"齐国三杰"，深受齐景公的信任。不过，此三人自恃功高，性情傲慢，对君主的统治造成了很大的威胁。齐国相国晏婴担心这"三杰"会做出危害国家的事情，于是力谏齐景公杀掉他们。不过齐景公爱惜人才，久久没有表态。

后来，鲁昭公出访齐国，齐景公设宴款待，"三杰"手握佩剑站在堂下，表情傲慢。晏婴见此，心生一计，决定利用这个机会除掉"三杰"。

酒过三巡之后，晏婴说："园子里的桃子熟了，摘几个来请两位国君尝尝吧。"齐景公立刻让人去摘。晏婴接着说："金桃是很难得的，还是让臣亲自去摘吧。"不一会儿的工夫，晏婴献上了六个硕大新鲜、香气扑鼻的桃子。齐景公问："就结了这么几个吗？"晏婴说："其他几个没太熟，所以只摘了这六个。”

鲁昭公和齐景公一人拿了一个桃子。齐景公说道：“这个桃子实在是难得，叔孙大夫也吃一个吧。”叔孙谦虚地说：“我可比不上晏婴相国。相国对内治理国政，对外说服诸侯，功劳比我大，理应让晏婴相国吃。”齐景公见状便说：“那你们二人一人赏赐一杯酒，一个桃子吧。”晏婴和叔孙连忙谢恩。此时，盘中还有两个桃子。

晏婴提议说：“请君主召唤群臣，谁的功劳最大，就把桃子赏给谁吃，怎么样呢？”齐景公很是赞同。

公孙接说：“有一回，我跟着君主打猎，中途蹿出来一头猛虎，是我打死了老虎，救了君主。这样的大功，难道不该吃一个金桃吗？”晏婴说：“冒死救主，功劳可比泰山，可以赏赐一杯酒，一个桃子。”于是，公孙接接过美酒桃子，站在一边，神色得意。

田开疆接着说：“当初我奉命带兵征讨徐国，出生入死，杀掉敌方名将，俘虏了五千多士兵，使徐国向我们齐国称臣，即便是临近的郯国和莒国也望风顺服。这样大的功劳，理应吃一个桃子。”晏婴又连忙将最后一个桃子递给田开疆。

古冶子见状，气急败坏地说：“当初我护送君主过黄河的时候，有一只大鼋（yuán）咬住了君主的马腿，将马拖到了乱流中，是我在汹涌的河水中杀死了大鼋，护住了君主的性命。难道不该吃桃子吗？你们快把桃子还给我。”齐景公回答说：“当初河水湍急，如果不是将军保护，恐怕我的命已经没了。这是大功，应该吃一个桃子。”

晏婴急忙回应说：“古将军也有功劳，只是桃子已经没有了，只能等树上的桃子熟了之后再让您品尝了。还是先饮一杯美酒吧。”

公孙接、田开疆二人见古冶子动了气，心知不妥，便说：“我们都不如你勇猛，我们的功劳也不如你大，我们却先拿了桃子而没有让给你，真是太贪婪了。唯有一死，才能够显示我们的勇气和义气。”说罢，二人拔剑自刎。

古冶子见此情形，很是悲痛，也拔剑自刎了。

鲁昭公看到此种情景，有些震惊，好大一会儿才说：“听说这三位将军都是勇士，可惜却为了一个桃子葬送了性命。”齐景公沉默不语。晏婴却不慌不忙地说："他们都是有勇无谋的人，我们国家智勇双全、可以担任国相的有几十个，像他们这样的匹夫就更多了。少几个也无所谓。各位不要挂怀，继续饮酒吧。"

二竖为虐

【释义】

形容病势严重，没办法医治。

【出处】

春秋·左丘明《左传·成公十年》："公疾病，求医于秦。秦伯使医缓为之。未至，公梦疾为二竖子，曰：'彼良医也，惧伤我，焉逃之？'其一曰：'居肓（huāng）之上，膏之下，若我何？'"

【典故】

有一次，晋景公得了重病，听说秦国有一个医术高明的大夫，名缓。于是便派人将他请来。

缓还没来，晋景公做了一个梦，梦中见到了两个小孩，一个小孩说："听说良医要来了，担心他会伤到我们，我们该逃到哪里去呢？"另一个小孩说："躲到肓的上面，膏的下面，这样不管他医术如何高明，都拿我们没办法。"

缓来到后，诊断完对晋景公说："您的病没办法医治了。病根在肓的上面，膏的下面，用灸法无法医治，扎针还起不到效果，使用药力也没用。这种病我是治不好了。"

晋景公很是惊诧，自己梦中的情景竟然在缓这里验证了。晋景公连连点头说："确实医术高明啊！"说完之后，命人给缓准备了一份厚礼，送缓回秦国了。

没过多久，晋景公因病去世。

F

分道扬镳

【释义】

指志趣不同的人，各走各的路。

【出处】

北齐·魏收《魏书·河间公齐传》：“洛阳我之丰沛，自应分路扬镳（biāo）。自今以后，可分路而行。”

【典故】

南北朝时期，北魏有一个人名元齐，是有才之人，深受皇帝的敬重，封他为河间公。

元志是元齐的儿子，自幼聪慧，博览群书，性情飞扬孤傲。孝文帝很是欣赏他，封他为洛阳令。后来，孝文帝迁都洛阳，元志也就由洛阳令成了京兆尹。元志自恃才高，很瞧不上朝中那些学问不高的权贵。

有一次，御史中尉李彪的马车和元志的马车相对而行。按理说，元志的官职比李彪的官职低，要给李彪让路，但元志却偏偏不让。李彪见此情况，责备元志说：“我是御史中尉，官职比你高，你为何不给我让路？”元志回答说：“我是洛阳的父母官，你在我这里，也只不过是洛阳的一个住户罢了，哪有父母官给住户让路的道理？”二人争执不下，最后竟然当街吵了起来。

这一吵就吵到了孝文帝那里。李彪说，身为御史中尉，洛阳的地方官怎能和他平起平坐。元志则辩驳说，他是都城的地方官，凡是在洛阳居住的人都在他掌管的户籍里，又如何给御史中尉让道呢。

孝文帝觉得他们两个人都比较有理，不知要评定哪方的错，只好说：“洛阳是我的都城，我觉得你们各有道理。你们可以各走各的路，谁也不要干涉谁，这样不就可以了吗？”

分庭抗礼

【释义】

抗原作“伉”（kàng）。原意指宾主相见，分别站在庭的两边，相互行礼。而今形容地位平等，彼此对等的关系。

【出处】

西汉·司马迁《史记·货殖列传》：“（子贡）所至，国君无不分庭与之抗礼。”

【典故】

有一次，孔子和他的弟子在杏树下休息。弟子们在一边各自读书，孔子则在树下抚琴。快弹奏完曲子的时候，走来了一位白头渔翁。这渔翁就坐在孔子不远处，左手抱着自己的膝盖，右手托着下巴，仔细听孔子的弹奏。一曲终了，渔翁摆了摆手，召来了子贡和子路，问：“那个弹琴的是什么人呢？”

子路回答说：“我们的老师，鲁国著名的学者孔夫子呀。”渔翁又问道：“这个孔姓之人是做什么的？是在君主或者是王侯那里做事吗？”子路无法回答。子贡说道：“老师并不为官。他主张仁义，推行礼乐，对上忠于君主，对下教化百姓，这便是他所行的事情。”渔翁听后，叹息说：“他的做法，真是摧残人心，劳乏筋骨，也危害了自己的真性，他离大道可是太远了。”说完便离开了。

子贡立即将此事告诉给孔子，孔子听后说：“这是个圣贤之人啊！”于是他赶忙追了过去，见渔翁正要划船离开，孔子急忙摆手说：“先生请留步，孔丘求学访贤多年，现在已经69岁了，还从未受到过高人指点。而今有幸遇到了先生，还希望先生不吝赐教。”

渔翁也不客气，他说：“天子、诸侯、大夫、百姓，如果这四者都可以摆正自己的位置，做到自己的本分，天下自然就能够整理好；如果乱了次序，无法尽职尽责，天下就会动乱。而你对上没有君侯的职位，对下也没有臣子的本分，却独自尊崇礼乐，制定人伦，想要以忠信、礼乐来教化百姓，岂不是有些不自量力了吗？”

孔子接着问道：“您说我危害了自己的真性，到底是什么意思呢？什么是真性呢?”渔翁回答说：“真性，就是本性。所谓强哭者悲而不哀，强怒者严而不威，强亲者笑而不和；真哭哀而无声，真怒戚而无色，真亲和而无笑。真性体现在人间情理上，侍奉亲人则慈孝，侍奉君主则忠贞，饮酒则欢乐，处散则悲哀，一切都自然而然。”孔子听后，如同发现了丢失的珍宝般，很是喜悦，他虔诚地对渔翁说：“我愿意做您的学生，不知先生家住何处?”渔翁笑了笑，没有回答，随即便乘船离开了。

渔翁离开后，孔子久望着他的背影。此时，子路有些不满地说：“我跟随您这么多年，头一次见到这么傲慢的人。以前即便是和天子诸侯见面，也是分庭抗礼。而今您对这个渔翁却谦卑有加，真是不可理解。”

孔子有些生气地说：“仲由（子路），你真是难以教化啊，看到长者不敬是为失礼，遇到贤者不尊是为不仁。失礼不仁就是祸乱的根源啊。这位老者是一个精通事理的贤人，我又如何和他分庭抗礼呢?”

分崩离析

【释义】

四分五裂。形容一个国家、团体等分崩瓦解。

【出处】

春秋·孔子弟子及其再传弟子《论语·季氏》：“远人不服而不能来也，邦分崩离析而不能守也。”

【典故】

春秋时期，鲁国大夫季康子权势很大，甚至已经超过了君主鲁哀公。为了扩大自己的势力，季康子想要吞并颛臾（zhuān yú）这个小国家。

当时，孔子的学生子路和冉有都是季康子的谋臣，他们二人认为很难劝服季康子，于是便向老师孔子求救。孔子认为是冉有的主意，冉有回答说：“这是季康子的主意，我和子路二人想要劝阻他。”

孔子说：“既然你们是季康子的谋臣，确实要想尽办法制止他。”

冉有接着说：“不过，颛臾国的实力越来越强大，如果现在不攻打的话，恐怕以后也会是个祸患。”

孔子说：“你这可就说错了。治理一个国家，不必去忧虑土地、人口有多少，而是应该去考虑让百姓安居乐业的方法。百姓安居乐业，国家就会越来越富强。这个时候再用仁义礼乐来吸引远处的百姓，也让远处的百姓安居乐业。你们二人现在辅佐季康子，却让远处的百姓离心而不愿归附，百姓心有异议而不和，国家分裂而无法集中。自己的国家都处于分崩离析的状态，还想着用武力去攻打颛臾。季康子的麻烦恐怕不是颛臾，而是在萧墙之内啊。"

奋不顾身

【释义】

奋勇直前，不顾个人安危。

【出处】

西汉·司马迁《报任少卿书》："常思奋不顾身以殉国家之急。"

【典故】

李陵，字少卿，是汉武帝时期的大将军，擅长骑射，懂得兵法，深受汉武帝的重用。李陵率军抵御匈奴入侵的时候，因寡不敌众，最终投降了匈奴。听说李陵投降的消息后，汉武帝异常愤怒，朝中各大臣也都愤愤不平。

太史令司马迁却并不这么认为，他对汉武帝说："臣素来和李陵没什么交集，但我认为他是一个讲义气、孝顺父母、团结士兵的人，为了国家安全，他肯将个人生死置之度外。这一次，李陵率领五千兵士和几万匈奴兵对阵，最后在弹尽粮绝、毫无退路的情况下才选择了投降，这也是可以谅解的。而且在我看来，李陵并非真的投降，他想要等待合适的时机再回报朝廷。"

汉武帝认为司马迁是在为李陵辩解，便将他关入大牢，受了"宫刑"。接着，汉武帝又杀掉李陵全家。李陵得知后非常伤心，放弃了伺机逃走的打算，在匈奴娶妻生子，到死都没有再踏入故土半步。

奉公守法

【释义】

秉公办事，遵纪守法。形容依照规矩办事。

【出处】

西汉·司马迁《史记·廉颇蔺相如列传》:“以君之贵，奉公如法则上下平，上下平则国强。”

【典故】

赵国名将赵奢原本是一个下层官员，只负责田赋的征收工作。赵奢是一个秉公办事、遵纪守法之人。有一次，相国平原君的家人不缴税，赵奢便杀掉了平原君家的九个管事的人。平原君知道后，非常生气，下令要处死赵奢。

赵奢一点也不害怕，并且还对平原君说:“虽然您地位显赫，但是您的管家却不缴纳田赋，这样下去就损害到了国家的法律，甚至还会影响到国家的威信。如若大家都纷纷效仿，那么赵国就会渐渐地衰败下去，迟早会被别国灭亡的。以您现在的身份，如果在遵纪守法方面起到带头作用，那么赵国肯定就会越来越强大，而您也会越来越受别人的尊重。”

平原君认为赵奢说的有道理，不仅将他释放，而且还把他举荐给赵王，封给了他更高的官职。

凤毛麟角

【释义】

凤凰的毛，麒麟的角。指比较珍贵、稀少的人或事物。

【出处】

南朝·宋·刘义庆《世说新语·容止》:“大奴固自有凤毛。”

唐·李延寿《北史·文苑传序》:“学者如牛毛，成者如麟角。”

【典故】

谢超宗是南朝宋时期著名的文人，著名山水诗人谢灵运之孙。谢超宗曾经担任新安王刘子鸾的常侍，负责书写一些重要的函件。新安王的母亲去世后，谢超宗写了一篇悼词，呈递给孝武帝。孝武帝对他的文笔很是赞赏，对身边人说:“谢超宗真是有凤毛呀，谢家又出了一个谢灵运。”右将军刘道隆是个不学无术之人，听到孝武帝的这番话，以为谢超宗家里藏有什么宝贝，便前去谢家寻找。

谢超宗疑惑地说:“家境贫寒，能有什么宝贝呢?”

刘道隆回答："早上侍奉皇上时，皇上说你有凤毛。"谢超宗的父亲名谢凤，刘道隆的一句"凤毛"触犯了谢超宗父亲的名讳。

谢超宗慌慌张张地跑到室内躲起来。刘道隆以为他给自己找凤毛去了，便在院内等待。一直到天黑也没见谢超宗出来，最后只能扫兴地走了。

这个故事成了千古笑谈。凤毛麟角由此而来。

风吹草动

【释义】

风一吹，草就会摇动。形容微小的变动。

【出处】

《敦煌变文集·伍子胥变文》："偷踪窃道，饮气吐声。风吹草动，即便藏形。"

【典故】

楚平王时期，大臣伍奢因不满楚平王沉迷于酒色，而惹来杀身之祸，连同伍奢的大儿子都被抓起来杀掉了。伍奢的二儿子伍子胥出逃他国。一路上，只要有些风吹草动，伍子胥就惊惧不已。

有一天，伍子胥到达江边，遇到一个渔翁。渔翁帮他渡河，又给他找来吃的，给他准备了一顿很丰盛的餐食。吃完之后，伍子胥拜谢离去。没走多远，便又折身回来，解下腰间佩剑，递给渔翁，说："这是我祖传三世的宝剑，想要把这把剑赠给您，希望您不要泄露我的行踪。"

渔翁回答："我救你只是因为你是国家的忠臣，并不图什么回报，而今你却把我看作是贪图小利之人，我只能以死示高洁了。"最后渔翁投江而死。

风烛残年

【释义】

原意指风中摇曳的蜡烛随时都有可能被吹灭。形容人到了随时可能死去的晚年。

【出处】

东晋·王羲之《题卫夫人笔陈图后》："时年五十有三，或恐风烛奄及，聊遗教于子孙耳。"

【典故】

元代著名诗人刘因，才华出众，曾经任职承德郎、右赞善大夫。刘因早年丧父，母亲一手把他抚养长大，教导他做人的道理。所以，刘因对母亲也是十分的孝顺。

刘因做官时政务繁忙，但他还是会抽时间回家照料年迈的母亲。有一次，母亲卧病在床，刘因看到满脸皱纹、疲惫不堪的母亲，潸然泪下。为了尽心照顾母亲，他决定辞去官职。邻居对此很不理解，对他说："朝廷如此器重你，荣华富贵享之不尽，你为何要辞官呢?"刘因回答："母亲已经九十高龄了，她现在就好比是'风中残烛'，朝不保夕啊。我怎能把她一个人留在家里，自己却在外享受荣华富贵呢?"

风马牛不相及

【释义】

原意指齐国、楚国距离很远，即便有牛马走失，也不会跑到彼此的国境内。形容事情彼此毫不相干。

【出处】

春秋·左丘明《左传·僖公四年》："君处北海，寡人处南海，唯是风马牛不相及也。"

【典故】

春秋时期，齐国称霸中原，国力强盛。

公元前656年，齐桓公率领八国军队攻打蔡国，蔡侯逃到了楚国，希望楚国能够提供救援。齐桓公又带兵直奔楚国。楚成王得知消息后，一边部署兵力防御齐国，一边派遣大夫屈完前往齐国军营谈判。屈完是个能言善辩之人，他见到齐国国相管仲后，责备他说："齐国在北边，楚国在南边，两国相距这么远，走失的牛马都不会跑到彼此境内去。没想到你们的兵马现在竟然要践踏我们的土地。这是什么原因呢?"

管仲回答："之前召康公曾经对我们的先君太公说：'为了辅助周王室，五侯九伯，你都有权力征讨。'召康公还划定了征讨的范围：东至海边，西至黄河，南到穆陵，北到无棣。而今你们楚国应该向周王室进贡的包茅并没有交纳，致使周王室的祭祀无法供给，我们是前来征收贡品的。此外，周昭王南巡没有回来，我们前来彻查这件事情。"屈完回答："没有向周天子进贡包茅，确实是我们的过失，我们一定会改正的。至于周昭王没有返回，您还是去水边问问吧。"屈完此次回去后，齐桓公继续带兵前进，最后抵达召陵。

楚成王再次派遣屈完前去谈判，齐桓公为了彰显自己的威力，邀请屈完和自己一同坐车去检视兵马。屈完看完后，自知敌方兵马强壮。齐桓公得意地对屈完说："你看，如此强大的军队，又有谁可以阻止呢？"屈完不紧不慢地说："如果只靠武力的话，我们楚国有方城（楚长城）为依靠，有汉水为壕沟，即便你们的军队再多，也未必能够攻下。"

屈完态度平淡，言辞却比较强硬。齐桓公见状，认为楚国早就准备万全，恐怕一时难以攻下。再说楚国已经认了错，答应向周天子进贡包茅，齐国也未丢失脸面。于是，中原八国和楚国订了盟约后，撤兵回去了。

风声鹤唳

【释义】

将风声、鹤声当成敌军的叫阵声，怀疑敌军来了。形容惊慌失措、疑惑恐惧。

【出处】

唐·房玄龄等《晋书·谢玄传》："闻风声鹤唳，皆以为王师已至。"

【典故】

公元383年，前秦君主苻坚亲率大军，想要南下攻打东晋。东晋孝武帝命令谢玄为先锋，集结徐州等地的军队，和其叔父征虏将军谢石一起抵抗秦军，兵力共有八万。谢玄首战告捷，击败了秦军的先行部队，截获了敌军的物资。

苻坚自认自己兵力强壮，足以战胜晋军。他让部队在寿阳驻扎，并在淝水沿岸列阵，想要和晋军决一死战。

谢玄分析了当时的形势，敌强我弱，要想以少胜多并不容易。其后，谢玄派遣使者前往秦军阵营，对苻坚说：“你们大老远的过来，驻扎在淝水岸边，想必是要速战速决的。请贵军往后退一些，好让我们的军队渡过淝水前来和你们决战，这也是一件大快人心的事啊！”苻坚一心想着快点解决战斗，不顾将领反对，答应了使者的请求。

于是，苻坚下令撤退。谁知，秦国士兵收到撤退的命令后，误认为前方打了败仗，阵脚大乱，一时难以控制。这个时候，谢玄趁机带着精兵渡过淝水，对秦军迎头痛击，秦军溃散而逃、狼狈不堪，跳河死的更是不计其数。秦军连夜逃跑，路上听到风声、鹤声都以为是追来的晋军。最后，在谢玄的带领下，晋军以少胜多，打败秦军。这便是历史上著名的“淝水之战”。

赴汤蹈火

【释义】

敢走入热水，踏入烈火中。引申为不顾艰难险阻，一心奋勇直前。

【出处】

战国·荀子《荀子·议兵》：“以桀诈尧，譬之若以卵投石，以指挠沸，若赴水火，入焉焦没耳。”

晋·嵇康《与山巨源绝交书》：“长而见羁，则狂顾顿缨，赴汤蹈火。”

【典故】

嵇康，竹林七贤之一。曹魏时期，司马氏专权，嵇康不满司马氏的统治，隐居在山阳。嵇康的好友山巨源（竹林七贤之一）在朝中做官，嵇康因此不愿意再和他来往。山巨源升任散骑常侍后，想要请嵇康出山，担任他原先的吏部侍郎一职，被嵇康拒绝了。

不久后，嵇康给山巨源写了一封绝交信，信中列举了老子、柳下惠、东方朔等贤人，并表示自己“志气可托，不可夺也”。并以禽鹿作比，说鹿是很少被驯服的动物，如果束缚住它，那它必定会狂躁不安，即便是赴汤蹈火也在所不惜；即便是用黄金的马嚼来装扮它，用美食来饲养它，它还是会思念田野树林的，以此表示坚决不愿入朝为官的志向。

此外，嵇康还经常发布一些讥讽朝政的文章，也惹来司马氏家族的嫉恨。

景元三年（262 年），因钟会的诽谤、诬陷，司马昭将嵇康逮捕入狱，不久后被处死。

负隅顽抗

【释义】

凭借山势险要的地方，顽固抵抗。现在指依靠着某种有利条件，抵抗到底或是垂死挣扎。

【出处】

战国·孟子及其弟子《孟子·尽心下》：“有众逐虎。虎负嵎（yú），莫之敢撄。”

【典故】

冯妇是晋国的一个猎人，擅长和老虎搏斗。后来冯妇成了善人，不再和老虎搏斗了，而他的名字也渐渐被人们遗忘了。

有一次，某座山里面有一只猛虎，经常伤害路人。几个年轻的猎人联合去捕捉老虎，老虎被逼进了深山处。老虎背靠着一个山势险要的地方，面对着众人，瞪着眼睛，和猎手们对峙，猎手中没有敢上前捕捉的人。

就在这个时候，冯妇从这里路过，猎手们见了便请求冯妇帮助打虎。经过和老虎的一番搏斗，冯妇终于将猛虎打死，为百姓除了害。年轻猎手们都欢呼雀跃，但是当时的一些读书人却讥讽他又做起了打虎的行当。

负荆请罪

【释义】

背着荆条给对方道歉。指向人主动认罪，请求责罚和原谅。

【出处】

西汉·司马迁《史记·廉颇蔺相如列传》："廉颇闻之，肉袒负荆，因宾客至蔺相如门谢罪。"

【典故】

秦、齐、楚、燕、韩、赵、魏七国，是历史上有名的"战国七雄"。其中，秦国力量最为强大，经常欺负弱小的赵国。

有一次，赵王派遣大臣蔺相如前去秦国交涉。蔺相如凭借自己的勇敢机智，给赵国挣得不少的面子，致使秦国再也不敢轻视赵国了。赵王欣赏蔺相如的才能，封他为"上卿"（相当于宰相），位在大将军廉颇之上。

廉颇很是不服，他想：我为赵国四处征战，立下了汗马功劳，功劳不比蔺相如大？蔺相如就是一张嘴，能有什么本事？为何会位于我之上？廉颇越想越气，甚至还放言称："改日碰到蔺相如，我一定会给他点颜色看看，看他能奈我何？"

蔺相如听到这些话，立即吩咐自己手下的人，见到廉颇的人要及时避开，万不可和他们争吵。有一次，蔺相如坐车外出，正好看到廉颇的车子迎面而来，他便赶忙让车夫把车子停在小巷子里，等廉颇的车队过去，蔺相如才让车夫继续赶路。车夫很是气愤，蔺相如却说："强大的秦国我都没有害怕，怎么会害怕廉将军呢？我认为，强大的秦国至今不敢攻打赵国的原因，就是因为赵国有我和廉将军。如果我和廉将军相互争斗而无法和睦相处，就如同两只老虎争斗，必有一方受伤。到时，秦国肯定乘虚而入攻打赵国。我之所以避让廉将军，实在是为了国家着想啊，不能计较个人恩怨。"

这番话传到廉颇的耳中，廉颇羞愧难当。他脱掉上衣，让人在他背上绑了荆条，前往蔺相如府上请罪。二人自此成为刎颈之交。

覆水难收

【释义】

原意指泼在地上的水很难再收回去。形容事情已经成定局，很难再改变，或是难以再挽回。

【出处】

南朝·宋·范晔《后汉书·何进传》：“国家之事易可容易？覆水不收，宜深思之。”

宋·王楙（mào）《野容丛书·二八·心坚石穿覆水难收》：“太公取一壶水倾于地，令妻收入。乃语之曰：‘若言离更合，覆水定难收。’”

【典故】

汉灵帝去世后，何进拥立少帝刘辩，独揽朝政大权。何进和何太后有矛盾，为了避免何太后干预朝政，他和袁绍密谋，要以诛杀宦官为由，让董卓带兵在关中上林苑驻扎。弟弟何苗对何进说：“制定国家大计，哪有那么容易！泼出去的水，就不可能再收回来了。你应该三思而行，万不可和太后、宦官闹僵啊。”

何进不听，后来何进计划败露，被宦官杀死。

妇人之仁

【释义】

妇女的慈软心肠。旧时轻视妇女之意，形容做事优柔寡断，不识大体。

【出处】

西汉·司马迁《史记·淮阴侯列传》：“项王见人，恭敬慈爱，言语呕呕，人有疾病，涕泣分食饮，至使人有功，当封爵者，印刓（wán）弊，忍不能予，此所谓妇人之仁也。”

【典故】

楚汉相争时，刘邦自认自己不如项羽，韩信回答说：“的确，在我看来，大王也不如项王。不过，我在项王手下做过事，知道项王的秉性，不如就此说说。从勇猛来看，项王的确是个人物，只要他大吼一声，就能镇住千百人；不过项王并不会用人，所以他再勇猛也没有用。从仁慈上来说，项王对人很和善、慈爱，说话的时候也是呜呜咽咽。手底下有人生了病，他会哭着分发自己的食物。不过，一遇到那些有功的人，按理应该论功行赏，但他却拿着大印摩来摩去，甚至摩烂了都没有赐予他人。这样的仁慈，正是所谓的妇人之仁啊。”

傅粉何郎

【释义】

何郎：曹操的养子，何晏。原意指何晏面容白皙，好像搽了粉一样。后来代指美男子。

【出处】

南朝·宋·刘义庆《世说新语·容止》：“何平叔美姿仪，面至白，魏明帝疑其傅粉。”

【典故】

三国时期，曹操的养子何晏长得很是俊美，面容白皙，是当时有名的美男子。

魏文帝曹丕认为何晏的美是搽粉的缘故，便想要找个机会亲自验证一下。在一个烈日炎炎的中午，魏文帝命人以设宴招待为由将何晏宣进宫。宴席上，魏文帝又让下人给何晏端来两碗非常热的鸡汤面。

何晏一边吃一边不停地擦汗，脸色越擦越白。魏文帝这才心服口服地说：“不愧是美男子呀，我是没有什么疑心了。”

此时，何晏才明白了魏文帝招待自己的用意。

G

感恩图报

【释义】

对别人的帮助心怀感激，并且想方设法地加以报答。

【出处】

宋·曾巩《寄欧阳舍人书》："其感与报，宜若何而图之。"

【典故】

春秋时期，吴国大将伍子胥想要带兵攻打郑国。郑国的君主郑定公说："谁可以让伍子胥退兵，我一定会重重嘉奖他。"可惜朝中没有一个大臣有办法。几天后，有一个年轻的打渔郎对郑定公说："我可以让伍子胥不攻打郑国。"郑定公听后，问道："那你需要多少兵马？"打渔郎摆摆手说："我只需要我的划船桨就可以了，兵马食物都不需要，我就可以让伍子胥带着军队返回吴国。"

之后，打渔郎跑到吴国的阵营去见伍子胥。

他一边唱歌一边敲着船桨："芦中人，芦中人，渡过江，谁的恩？宝剑上，七星文，还给你，带在身。你今天，得意了，可记得，渔丈人？"伍子胥听到后，又看到了打渔郎手里的船桨，便问道："年轻人，你是谁呀？"打渔郎回答说："你看到我手中的船桨了吗？这是我父亲划船时用的桨，他还用这根桨救过你的命啊。"伍子胥听后说："我想起来了！之前我逃难的时候，被一个渔人救过，我一直想要报答他。你竟然是他的儿子，你来这里做什么呢？"

打渔郎说："当然是因为你们吴国要攻打郑国的事情了。我们的君主说：'谁让伍将军退兵，谁就可以得重赏。'还希望伍将军看在我父亲曾经救过您的份上，不要再攻打郑国了。这样我也可以得到一些赏赐。"

伍子胥有些感慨道："你的父亲救了我，我才有了今天的位置。我又怎敢忘掉他的恩惠呢？我会帮你的。"说完，伍子胥便退兵了。打渔郎将这个好消息告诉郑定公，郑定公赏赐给他一百里地。郑国上下得知这个消息后，也非常高兴，并称打渔郎为"打渔的大夫"。

伍子胥为了报答打渔郎父亲的救命之恩，便依照打渔郎的请求撤兵，使得打渔郎得到了郑定公的赏赐，这就叫"感恩图报"。

肝脑涂地

【释义】

原意指死得很惨，肝血脑浆溅一地。后也形容愿意竭尽忠诚，不害怕任何牺牲。

【出处】

西汉·司马迁《史记·刘敬书孙通列传》："大战七十，小战四十，使天下之民肝脑涂地，父子暴骨中野。"

【典故】

汉武帝时期，大汉朝和匈奴摩擦不断，双方各自派遣使者互探虚实。汉武帝派遣苏武出使匈奴，被匈奴扣为人质。匈奴单于曾多次诱降，但苏武宁死不屈，最后单于把他流放到北海边放羊。匈奴故意挑选了一群公羊，对他说："公羊生小羊的时候，你就可以回去了。"

有一回，归降匈奴的汉朝大将李陵劝说苏武投降，苏武说："我们父子两人虽然对大汉朝没有功劳和成就，但我们家人都受到过皇上的恩惠，有了将军的职位。我们兄弟几个都在皇帝身边效力。我一心要肝脑涂地、粉身碎骨地报答这份恩情，只要一有机会，就应该拼命地去效忠。"

李陵感叹说："苏武真不愧是忠臣啊！"19 年之后，匈奴和汉朝交好，苏武重回汉朝。

各自为政

【释义】

各自依照自己的主张行事，不相互配合。形容不以大局为重，各搞一套。

【出处】

春秋初期·《诗经·小雅·节南山》："不自为政，卒劳百姓。"

春秋·鲁·左丘明《左传·宣公二年》："畴昔之羊，子为政，今日之事，我为政。"

【典故】

郑国和宋国素来不合，两个国家经常发生战乱。

有一次，郑国又要带兵攻打宋国，宋国派遣大将华元为主帅，带军迎战敌人。双方兵马交战之前，华元为了鼓舞士气，下令宰杀牛羊，慰劳三军将士。忙乱中，在分配肉食时却忘了给华元的马夫一份，马夫心中很是恼火，心想：自己做牛做马，却连份肉食都没有得到。马夫越想越生气，最后竟然怨恨起了华元。

两军交战时，马夫对华元说："分发羊肉的事情您说了算，而驾车的事情是我说了算。"说完，马夫便刻意将马车驾往郑国阵列，致使华元被郑军逮捕。宋国军队也因为马夫的这一举动失去了主帅，自乱阵脚，不战而败。

苟延残喘

【释义】

苟：勉强；延：延续。勉强延续临死前的喘息。形容勉强维持生存。

【出处】

宋·欧阳修《与韩忠献王》："遽来居颍，苟存残喘，承赐恤问，敢此勉述。"

明·马中锡《中山狼传》："今日之事，何不使我得早处囊中，以苟延残喘乎？"

【典故】

春秋后期，有一次，晋国大夫赵简子在中山狩猎，射中了一只狼。狼中箭之后拼命逃跑，赵简子在后面驱车追赶。

这时，狼遇到了一个名为东郭先生的过路人，只见他赶着一头驴，驴身上还驮着一袋书。这头狼对东郭先生说：“先生您是专门济困扶危吗？之前毛宝放生了一只乌龟，后来乌龟将他载过了江，让他免受战乱的祸害；隋侯救了一条蛇，后来蛇衔来珠子报答他。请您把我装进您的书袋，让我得以苟延残喘吧。我之后一定会像龟蛇那般报答您的。”经不起狼的请求，东郭先生只能将它装进书袋里，帮着它瞒过了赵简子的追击。

赵简子一行人离开后，东郭先生将狼放了出来。此时，狼对东郭先生说：“我现在有些饿了，您帮忙帮到底，让我把您吃掉吧。”这时，有一个农夫刚好路过，农夫问明缘由后，便以不相信书袋可以装下狼为由，让狼重新躲一次。狼再次躲进书袋，农夫赶忙抡起锄头，几下便把狼打死了。

苟延残喘一词大多带有贬义成分，经常被用来形容不好的事情，现在有时也用于人的自嘲等。

瓜田李下

【释义】

原意指路过瓜田的时候，不要弯下腰来提鞋，以免让人误以为你在偷瓜；走在李子树下的时候，不要举手整理帽子，免得让人怀疑你在摘李子。现在指君子要和那些有争议的人和事保持距离，以免招来不必要的猜疑。也指容易引起猜疑的地方。

【出处】

晋·陆机《君子行》：“君子防未然，不处嫌疑间，瓜田不纳履，李下不整冠。”

唐·李延寿《北史·袁翻传》：“瓜田李下，古人所慎。”

【典故】

北齐人袁翻，为人谨慎，处世沉稳，才华出众。袁翻为官清廉，从不收受贿赂，别人赞他为“清郎”。

有一次，袁翻去考察地方官吏，途径兖州，好友邢邵为兖州刺史。为了给袁翻送行，邢邵赠给他一匹白绸。袁翻谢绝说：“我这一次路过，和之前不一样。瓜田李下，是古人最为谨慎的呀。你难道忘了吗：路过瓜田的时候不能弯腰提鞋子，走过李树下的时候不要伸手理帽子。就是为了躲避偷瓜、摘李的猜疑。你的心意我领了，但东西却不能收，万不可给人留下话柄啊。”

邢邵了解袁翻的性格，便没再勉强他。

管中窥豹

【释义】

从竹管内看豹子，只能看到豹子身上的一小块斑纹。形容看事物只看一部分，见识狭小，所见不全面。

【出处】

南朝·宋·刘义庆《世说新语·方正》：“此郎亦管中窥豹，时见一斑。”

【典故】

王献之是东晋书法家王羲之的儿子，也是我国著名的书法家。

王献之自幼就有大志。有一次，王献之跟着哥哥王徽之、王操之去见宰相谢安。王徽之、王操之和谢安聊了不少话，王献之则一直在旁边默默不语。三人走后，有人问谢安：“这三个孩子哪个最好？”谢安回答：“最小的那个最好。”

那人又问：“为什么呢？”

谢安说：“献之的话虽然不多，但绝不是腼腆之人。他的两个哥哥喜欢夸夸其谈，聊的都是家长里短。献之必定是一个胸怀大志的孩子，所以我才说他最好。”

还有一次，王羲之的几个学生在一起玩博弈游戏，年仅几岁的献之在一旁观看，他突然对一个学生说：“你这一次是赢不了了。”这些学生见献之年纪这么小，竟然能够看出其中的输赢，便对他说：“你这小孩子就好比从竹管内看豹子，也能够看清豹子身上的一块斑纹呀。”意思是说，虽然不懂，但也知道一点点。

后来，便有了“管中窥豹”这个成语。

管宁割席

【释义】

形容朋友间的情谊一刀两断，不再往来。

【出处】

南朝·宋·刘义庆《世说新语·德行》：“管宁、华歆（xīn）尝同席读书，有乘轩冕过门者，宁读如故，歆废书出看。宁割席分座，曰：‘子非吾友也。’”

【典故】

管宁和华歆是好朋友，二人经常一起读书、吃饭，情同手足，感情深厚。

有一次，二人正读书时，有官员轿子从门外经过，华歆想要去看。管宁说：“你去吧，我不去。”于是，华歆便跑出去观看，管宁依旧专心读书，没有理会。华歆回来后，向管宁描述官员的威风气势，羡慕之情溢于言表。

管宁认为华歆是个贪慕虚荣之人，便割断二人同坐的席子，对华歆说：“你不再是我的朋友了。”

功亏一篑

【释义】

亏：欠缺；篑：盛土的筐子。堆积九仞高的山，即便只差一筐土也无法完成。形容做事情只差最后一步没有完成。

【出处】

战国·《尚书·旅獒》：“为山九仞，功亏一篑。”

【典故】

周武王推翻商朝，建立周朝。周朝在周武王的治理下，迅速发展壮大。四方诸侯国皆带着礼物前来朝贺，即便是远离镐（hào）京的西戎人，也送来一条身长四尺、大尾长毛的名犬当作贺礼。周武王见这条狗比较稀奇，便很高兴地收下了。

跟随周武王南征北战的召公，是个贤能之人，深知周王朝江山的来之不易。他对周武王说："天下初定，四海臣服，远近、大小的国家都前来朝贺，并带来丰厚的礼物，这当然是您的圣德所致。但是根据臣的见解，玩物是没有贵贱之分的，重要的是人的德行。德行高，物品才显得珍贵；没有德行，物品也会变得低贱。一个贤明的君主，不管什么时候都不应该沉湎（miǎn）于声色。"

周武王心知召公所指，便说："我只是收下了一条狗，事情没有那么严重。"

召公说："我只是有些担心罢了。俗语说：'玩人丧德，玩物丧志。'把人当成玩物来戏弄，有损于德行；把物品当作珍宝来赏玩，会消磨人的志气。不是本地的犬马牲畜，不必饲养；那些对人们衣食住行没有益处的奇珍异兽，也不必收留。"

周武王认为召公说得很有道理，又问道："鸟兽之类的可以不收，可诸侯国送来的贡品，总不能再退回去吧？"

召公回答："可以收下贡品，但数量还是有点多，不如这样：把一部分的贡品赠给同姓的诸侯，以此来表示您的诚信。对于天子

来说，最重要的是要有一批贤人帮助治理国家，如果没有贤人，这个国家早晚会崩溃。君主应该做群臣的表率，每时每刻都要注意自己的言行举止是否合理恰当，不能忽视小的细节。我们都明白，大德是由小德积累而来的，这就好比建筑百尺高的土山，需要把土一筐一筐地堆上去，哪怕差一筐土，也无法达到百尺高的地步，这难道不是太可惜了吗？您是周朝的开国君主，万不可犯功亏一篑的错误，不然后悔莫及啊。”

听了召公这番话，周武王很是感激。根据召公的提议，把奇珍异兽放归大自然，将大部分的贡品全部分给了诸侯。各诸侯感恩戴德，一心辅助周武王治理天下。周朝日益强盛，百姓安居乐业。

过犹不及

【释义】

事情做过头了，和做得不够是一样的，都是不合格的。

【出处】

春秋·孔子弟子及其再传弟子《论语·先进》：“子贡问：‘师与商也孰贤？’子曰：‘师也过，商也不及。’曰：‘然则师愈与？’子曰：‘过犹不及。’”

【典故】

孔子的弟子子贡问孔子：“子张和子夏两个人，谁贤明一些？”孔子回答：“子张经常超过了周礼的要求，子夏经常达不到周礼的要求。”子贡说：“子张超过周礼的要求岂不是更好？”孔子说：“超过和达不到是一样的。”

古调不弹

【释义】

不再弹奏古时的调子。形容过时的东西已经不受他人的欢迎了。

【出处】

唐·刘长卿《听弹琴》诗：“泠泠（líng líng）七弦上，静吹松风寒。古调虽自爱，今人多不弹。”

【典故】

唐朝诗人刘长卿写过一首诗——《弹琴》，其中有这样两句：古调虽自爱，今人多不弹。

后来，他在另一首诗中又写了两句诗：清琴有古调，更向何人操。

前面两句的意思是："虽然我喜爱古调，但是现在的人弹奏得已经不多了。"后两句的意思是："这清琴虽然可以弹奏古调，但又给谁弹奏呢？"

人们从中引申出"古调不弹"一词。

顾曲周郎

【释义】

原意指周瑜精通音乐。现在指那些精通音乐的人。

【出处】

西晋·陈寿《三国志·吴书·周瑜传》："瑜少精意于音乐，虽三爵之后，其有阙误，瑜必知之，知之必顾，故时有人谣曰：'曲有误，周郎顾。'"

【典故】

周瑜是三国时期的吴国名将，字公瑾，通音乐，有很高的音乐鉴赏能力。

据说，周瑜在听别人演奏的时候，即便已经喝多了酒，只要演奏人有一丝的差错，他都能够察觉出来。当别人出现差错时，周瑜就会回头看一下演奏者，示意他弹奏错了。所以，当时流行一句话为"曲有误，周郎顾"。后来就有了"顾曲周郎"一词。

刚愎自用

【释义】

为人固执，听不进他人的建议。

【出处】

春秋·左丘明《左传·宣公十二年》："其佐先縠，刚愎不仁，未肯用命。"

【典故】

春秋时期，楚庄王带兵围攻郑国，三个月后，郑国投降，楚军准备回国。

此时，晋国前来救援郑国的大军赶到。晋军统帅为新上任的荀林父，副帅为先縠。荀林父见郑国和楚国已经议和，便想着收兵回国。

不过先縠并不同意撤兵，他对荀林父说："晋国以作战英勇出名，所以才会称霸诸侯。如果这个时候撤兵，就是胆小懦弱的表现。你们撤退吧，我是宁死不退的。"于是，他自己带着一小部分军队渡过黄河，追击楚军去了。

楚国大臣伍参主张迎战，令尹孙叔敖主张议和。孙叔敖说："我们之前攻打了陈国，又刚刚攻打了郑国，该休息休息了。如果和晋军作战而无法取得胜利，是否要吃掉伍参的肉呢？"伍参反驳说："如果我们胜利了，你就是一个没有谋略的人。如果我们失败了，我的肉也是在晋军那里，你怎么能够吃得到？"

楚庄王还是决定撤兵回国。伍参再次对楚庄王进言："晋军主帅是新任命的，还不能真正号令士兵。副帅先縠是一个刚愎自用、不仁不义之人，他必定不会听从荀林父的命令。副帅是这个样子，晋军士兵又该听从谁的号令呢？这一次交战，晋军必败。再者说，您是一国之君，晋军主帅只是个臣子，一个君主被敌人的臣子吓跑，您以后又该如何面对臣民呢？"

后来，楚庄王听从伍参的建议，领兵出战，最后楚国大胜。

光彩夺目

【释义】

色泽鲜艳，耀眼夺目。

【出处】

北宋·张君房《云笈七签》卷一百十三："乃令左右引于宫内游观，玉台翠树，光彩夺目。"

【典故】

西晋文学家石崇，富可敌国，生活奢侈无度。石崇家的厕所修建的精美绝伦，里面有很多香水、香膏供客人使用。一个小小的厕所，会有十多个女仆在旁侍候。女仆都穿着锦衣，打扮得非常艳丽，排队侍候客人上厕所。客人上完厕所后，女仆还要为客人换上新衣，然后再出去。这些换下来的衣服，之后就不能再穿了。这让很多客人非常尴尬，大多不好意思如厕。

晋武帝司马炎的舅舅王恺，也是有名的富翁。他们争相攀比，都想要压过对方的风头。

于是，二人都竭尽全力地、尽可能多地使用华贵的东西来装点自己的马车和衣服。王恺饭后会用糖水洗锅，石崇用蜡烛烧火；王恺制作了四十里的紫丝屏障，石崇便让人制作五十里的织锦屏障；王恺使用赤石脂涂抹墙壁，石崇干脆用花椒涂抹墙壁。

对于他们二人的较劲，晋武帝心知肚明，还暗地里资助王恺，给他一些奇珍异宝。

有一次，晋武帝赏赐给王恺一株两尺多高的珊瑚树，枝条繁茂，非常罕见。王恺很是得意，想着这一次必定可以胜过石崇。

这天，王恺特意将这株珊瑚树拿给石崇看，神色好不得意。谁知，石崇冷笑一声，拿起一把铁锤，将珊瑚树打得粉碎。王恺很是愤怒，高声嚷道："你在做什么，这可是皇上赏赐的，你赔得起吗？"

石崇不以为然地说："这有什么？我赔给你一株更好的。"

说着，他命人从家中取来几十株珊瑚树，各个都有三四尺高，光是枝条光彩夺目的就有六七株。王恺看了之后，就知道自己又输了。

H

好逸恶劳

【释义】

贪图安逸享乐，不喜欢劳动，特指好吃懒做之人。

【出处】

南朝·宋·范晔《后汉书·郭玉传》:“其为疗也，有四难焉：自用意而不任臣，一难也；将身不谨，二难也；骨节不强，不能使药，三难也；好逸恶劳，四难也。”

【典故】

东汉时期，郭玉为太医，为人仁义，医术高明。不过，在他治病史上，有一个很奇怪的现象：为穷苦百姓治病，通常是药到病除；为达官贵人治病，却通常是毫不见效。汉和帝就此询问原因，郭玉说：“给达官贵人看病，有四个难处：喜欢自作主张而不听臣的建议，这是一个难处；态度不谦和，这是第二个难处；骨节不强壮，无法发挥药力，这是第三个难处；喜欢安逸厌恶劳动，不配合治疗，这是第四个难处。”

以逸待劳

【释义】

指养精蓄锐，等待敌人全盘出动、疲于奔命时，再伺机而动，以不变应万变，以静制动，给自己创造战机。

【出处】

春秋·孙武《孙子·军争》："以近待远，以佚待劳，以饱待饥，此治力者也。"

【典故】

西汉末期，陇甘地区的隗嚣背叛刘秀，转而投靠了在四川称帝的公孙述。刘秀很是恼怒，派兵攻打隗嚣，最后被隗嚣打败。

刘秀又派遣大将军冯异，前去攻占栒邑地区。隗嚣得知消息后，下令部属行巡立即前往栒邑，占领有利地形。这件事情被冯异的下属知道后，都劝说冯异，不要和行巡正面交锋。冯异坚定地说："我们一定要占领栒邑，以逸待劳。"于是，冯异下令军队急速行进，最后赶在行巡军队到达之前，占领了栒邑。

随后，冯异下令封锁消息，关闭城门，偃旗息鼓，让士兵就地休整。当行巡的部队赶到城下时，城楼上突然鼓声大噪，竖起了冯异的帅旗。行巡的部队对此毫无防备，吓得四处溃逃。冯异大开城门，带兵追击，打败了敌军。

之后，以逸待劳便指让自己的部队养精蓄锐，以等待远来的敌军，达到一举灭敌的目的。

后来居上

【释义】

指后来的超过了先前的。现在多用来赞美后起之秀超过了前辈。

【出处】

西汉·司马迁《史记·汲郑列传》："陛下用群臣，如积薪耳，后来者居上。"

【典故】

西汉汉武帝时期，汲黯任职东海太守，因政绩出色，朝廷调任他为主爵都尉，负责地方官吏的任免工作。

有一次，汉武帝想要实行儒家推行的仁政，来为百姓多办一些好事情。谁知，汉武帝的话还没有说完，汲黯便说："陛下心里是那么的贪婪无度，表面却还要做出推行仁政的样子，这又是何必呢？"汉武帝顿时脸色大变，当即宣布罢朝。汉武帝回宫后，便对周围的人说："汲黯这个人真是太粗俗直白了。"

从那之后，汲黯的官职就再也没有提升过。他做主爵都尉时，公孙弘、张汤还都在一些不起眼的位置上做官。后来，公孙弘坐上了丞相，张汤也成了御史大夫，可是汲黯却还守着那个官职，没有得到一点晋升。

有一天，汲黯对汉武帝说：“陛下使用大臣，和摆放劈好的柴火一样，‘后来者居上’啊！”汉武帝自然听出汲黯的话外音，他对其他的大臣说：“人不能不学习呀，你们听汲黯的话，真是越来越不靠谱了！”

后起之秀

【释义】

指后来成长起来的优秀人物。

【出处】

南朝·宋·刘义庆《世说新语·赏誉》：“卿风流俊望，真后来之秀。”

【典故】

东晋名士王忱年少有才，很受亲友的喜爱。他的舅舅范宁，是当时著名的经学家，很器重王忱。每次有名士前来拜访，都会让王忱跟着一起招待。

有一次，王忱来探望舅舅，遇到了张玄。张玄早就听说过王忱的大名，一直想要和他聊聊。不过，张玄比王忱大，为了显示自己的辈分，便端坐在凳子上等着王忱主动跟他打招呼。王忱见张玄这个模样，认为他恃才傲物，没把自己放在眼里，也不主动上前招呼。就这样，二人对坐了一会儿，便怏怏离去。

事后，范宁责怪王忱：“张玄是个名士，你为何不和他好好谈谈呢？”

王忱说：“如果他真想要和我交谈，完全可以来找我聊啊。”范宁听后，不仅没生气，还称赞王忱：“你果然是与众不同，不愧是后起之秀。”

后生可畏

【释义】

形容年轻人超过了前辈。

【出处】

春秋·孔子弟子及其再传弟子《论语·子罕》：“后生可畏，焉知来者之不如今也。”

【典故】

孔子周游各国时，遇到了三个小孩子，有两个在玩耍，一个站在一边看。孔子很奇怪，便问站着的那个小孩，为什么不和他人一起玩呢？小孩很认真地说：“激烈的打闹可能会伤到他人的性命，拉拉扯扯也有可能会伤到他人的身体。即便只是撕破了衣服，也不是什么好事。所以我没有加入他们，这并没有什么可奇怪的。”

没多久，这个小孩用泥土垒了一座城堡，自己在里面坐着，并没有给孔子让路的意思。孔子又问道：“你为何不避让车子呢？”小孩回答：“我听说，车子应该绕着城池走，没听说过城池还要给车子让路的。”孔子心想：这个小孩子如此会说话，真是了不起啊。于是称赞说：“你这么小，懂的道理可不少呀。”小孩说：“人们说，鱼出生三天后就可以游泳，兔子出生三天后就能够下地奔跑，马出生三天后就可以跟着母马行路，这些都是很自然的事情，有什么大惊小怪的呢？”孔子接着说：“我到现在才知道，如今的少年真是了不起啊。”

还有一次，项橐（tuó）问孔子说：“听说您是一个很有学问的人，所以特地前来请教。”孔子说：“请说。”项橐问道：“什么水里没有鱼？什么火中没有烟？什么树上没有叶？什么花儿没有枝？”孔子听后，有些疑惑：“你可真是奇怪，江河湖海中，什么水中都有鱼；柴草灯烛，什么火都有烟；至于那些植物，没有叶子就无法成树，没有枝条也无法开花。”项橐听后，哈哈大笑，说道：“井水中没有鱼，萤火没有烟，枯树没有叶子，雪花没有枝条。”孔子连连叹气说：“后生可畏呀！我愿意拜你为师。”

囫囵吞枣

【释义】

囫囵（hú lún）：整个儿。吃枣子的时候不加咀嚼，整个儿都咽下去。形容对事情不加以分析和思考。

【出处】

宋·圆悟禅师《碧岩录》卷三：“若是知有底人，细嚼来咽；若是不知有底人，一似浑仑吞个枣。”

【典故】

有人曾经说：“吃一点梨子，对人的牙齿有好处，不过一旦梨子吃多了，就会伤到脾；枣子正好与它相反，吃多了虽然有利于脾，但却会伤到牙齿。”有一个人听到了，不假思索地说：“吃梨子的时候，只嚼不咽，这样还能够伤到脾吗？吃枣子的时候，不嚼，而是一口吃下，这样就能够保护牙齿了呀。”另一个人听到后，便开玩笑地说：“你这不就是囫囵吞枣吗？”周围的人都笑了。

户限为穿

【释义】

门槛被踩破了。形容进出的人很多。

【出处】

唐·张彦远《法书要录》：“智永禅师住吴兴永欣寺，人来觅书者如市，所居户限为穿穴。”

【典故】

智永禅师是南北朝陈朝时期著名的书法家，练字三十多年，写坏了十瓮笔，练过八十万字。很多人都找他题字，他屋子的门槛都被踩破了，只能用一层铁皮包起来。

狐假虎威

【释义】

狐狸借着老虎的威风。形容仗势欺人。

【出处】

西汉·刘向等《战国策·楚策一》：“虎求百兽而食之，得狐……虎以为然，故遂与之行。兽见之皆走，虎不知兽畏己而走也，以为畏狐也。”

【典故】

有一只饿虎，捉到了一只狐狸，刚准备把狐狸吃掉，狐狸开口说：“你不要得意，以为自己是百兽之王，就想要把我吃掉。你应该明白，天地已经任命我为王中之王，谁要是吃了我，肯定会受到最严厉的惩罚。”老虎有些半信半疑，不知道要不要吃掉狐狸。

狐狸一看老虎犹豫了，心中大喜，神气十足地说道：“你不相信我说的话？好吧，你跟我来，你走在我后面，看看那些遇到我的野兽，是不是都吓得抱头鼠窜。”老虎赞同这个主意，便跟在狐狸后面，一探究竟。

一路上，所有见到它们的动物都大惊失色，四处溃逃。老虎见到这样的情况，相信了狐狸的话，把它放掉了。其实老虎并不知道，野兽怕的并不是狐狸，而是自己。狐狸只是借了自己的威势而已。

画饼充饥

【释义】

在地上画个饼来消除饥饿。现在指以空想的方式来安慰自己。

【出处】

西晋·陈寿《三国志·魏志·卢毓传》：“选举莫取有名，名如画地作饼，不可啖（dàn）也。”

【典故】

三国时期，魏国有一个官员，名为卢毓（yù），深受魏文帝曹丕的器重，后升任吏部尚书。

有一次，魏文帝对卢毓说：“国家有没有可用的人才，关键就在你身上了。选拔人才的时候，不可以只关注那些有名望的，名望只不过是地上画的一张饼，只能看看，却无法食用。”卢毓回答：“依靠名望自然是无法衡量一个人的才能，不过却能够发掘一般的人才。因为他们修养好，行为好，而且又有名望，所以并不应该厌恶他们。我认为，应该进行考核，看他们是否有真才实学。如今考试律法已经废除，只依靠名声来升降官职，确实难辨真伪，混淆虚实。”魏文帝听后，又重新制定了考试律法。

画蛇添足

【释义】

给蛇画上足。形容做了多余的事情，不仅无益，而且还会适得其反。

【出处】

西汉·刘向《战国策·齐策二》："蛇固无足，子安能为之足？"

明·施耐庵《水浒传》第一百十回："将军功绩已成，威声大震，可以止矣。今若前进，倘不如意，正如'画蛇添足'也。"

【典故】

楚国有一个人把祭祀之后的酒肉分给下人吃。酒只有一壶，几个人分喝的话并不过瘾。如果让一个人喝，又不知如何选择。有个人提议说："我们每人在地上画条蛇，谁画得快就让谁喝。"所有人都赞同这个主意，开始画蛇比赛。

有个人画得非常快，不一会儿就画好了。他拿过酒壶，见周围人还都没有画好，又自作聪明地给蛇画了四只脚。此时，还有一个人也画完了，他一把将酒壶拿过去，哈哈大笑说："蛇是没有脚的，你画了脚就不是蛇了。这壶酒理应归我喝。"于是这人便"咕咚咕咚"地把酒喝完了。

画龙点睛

【释义】

原意形容画家张僧繇（yáo）的画作神妙。后来形容写文章或说话的时候，总能够在关键时候有几句点明实质的话，让内容更加丰富有力。

【出处】

唐·张彦远《历代名画记·张僧繇》："金陵安乐寺四白龙不点眼睛，每云：'点睛即飞去。'人以为妄诞，固请点之。须臾，雷电破壁，两龙乘云腾去上天，二龙未点眼者见在。"

【典故】

著名画家张僧繇擅长画龙，活灵活现。

有一次，张僧繇和友人去一座寺庙里游玩，住持邀请他在寺院的墙上画条龙，他答应了。龙刚画了一半，天空雷声轰轰，似乎要下暴雨。刚刚画完，墙上的龙突然昂起头来，想要从墙壁中挣脱。众人大惊，张僧繇赶忙又在龙身上画了一条锁链，这才安静下来。

还有一次，张僧繇受邀去金陵的安乐寺画龙，很多人前来围观。张僧繇飞快地在墙壁上作画，不久四条龙便在墙上显现了。令人奇怪的是，这四条龙都没有眼睛。于是有人问道："你的龙为什么不画眼睛？"张僧繇说："如果画上眼睛，它们就会飞走的，所以不可以画。"旁观人哈哈大笑，认为张僧繇说大话，都要求他把龙的眼睛画上。

无奈，张僧繇只能答应。他刚给其中两条龙画上眼睛，就听晴空中突然电闪雷鸣，一阵狂风吹过，那两条点睛的龙乘风而起，飞上天去。墙上只剩下两条没有画眼睛的龙。此时人们才相信了张僧繇的话，他画的不是假龙而是真龙。

挥汗如雨

【释义】

天气非常炎热，大家挥出流出的汗，如同下雨一般。形容天气比较炎热，后来也形容干活的时候比较卖力。

【出处】

西汉·刘向等《战国策·齐策一》："连衽（rèn）成帷，举袂（mèi）成幕，挥汗成雨。"

【典故】

齐国大夫晏子曾经出使楚国。晏子身材矮小，楚国人想要羞辱他，便在城门的旁侧开了一个小门，让晏子出入。晏子不入，并且说："去狗国出使的人才会从狗洞里进入，而今我出使的是楚国，并不能从这个小洞中进去。"于是，迎客的人只能带着晏子从正门进入了。

晏子拜见楚王。楚王说："齐国没人了吗？让晏子你做使臣。"晏子严肃地回答说："齐国的都城临淄有人家七千五百户，人们一起张开袖子，就能够把天遮住；一起挥洒汗水，就如同下雨一般；行人肩靠着肩走路，脚尖碰到脚后跟，又为何说齐国没有人才了呢？”楚王接着又说：“既然这样，为何派你出使楚国呢？”

晏子回答说：“齐国根据出使对象的不同来派遣使臣，一些贤能的使臣会被派到贤能的国家，一些不肖的人会被派遣到不肖的君主那里。我是最不肖的人，所以被派遣到楚国来了。”

讳疾忌医

【释义】

隐瞒自己的病情，不愿意医治。形容害怕别人批评，隐瞒自己的错误和缺点。

【出处】

宋·周敦颐《周子通书·过》：“今人有过，不喜人规，如护疾而忌医，宁灭其身而无悟也。”

【典故】

有一次，名医扁鹊去见蔡桓公，对蔡桓公说：“你生病了，如今病只位于皮肤的纹理之间，如果不赶快医治，病情就会加重。”蔡桓公笑笑说：“我没有病。”扁鹊离开后，蔡桓公对左右人说：“这些医生，就喜欢给没有病的人看病，好将这些当成自己的功劳。”

十天之后，扁鹊又去拜见蔡桓公，说他的病已经到了肌肉了，如果不及时治疗，还会继续加重的。蔡桓公不听。

又十天后，扁鹊再次入宫，说蔡桓公的病已经到了肠胃中，如果不及时医治，恐怕会有麻烦。蔡桓公依旧不理。

再过了十天后，扁鹊见了蔡桓公，这一次他并没有说什么。扁鹊离开后，蔡桓公派人询问。扁鹊回答："病在皮肤的时候，是熨烫的力量能够治愈的；病在肌肉的时候，是针石的力量可以治愈的；病在肠胃的时候，火剂的力量可以治愈；病如果到了脊髓里，我就无可奈何了。大王的病已经到了脊髓，所以我不再说话了。"

五天之后，蔡桓公病发，想找扁鹊医治。扁鹊逃到秦国，蔡桓公不久身亡。

邯郸学步

【释义】

学邯郸人走路。形容模仿不成，反倒失去了自己原本的长处。

【出处】

战国·庄子《庄子·秋水》："且子独不闻夫寿陵余子之学行于邯郸与？未得国能，又失其故行矣，直匍匐而归耳。"

【典故】

相传，燕国寿陵地区有一个少年，听说赵国的邯郸人走路非常好看，他便千里迢迢地赶往赵国都城邯郸，去学习他们的步法和姿态。

少年到了邯郸后，见这里的人走路确实比家乡人优美得多。

从哪儿开始学起呢？刚开始，少年先观察别人走路，回到住处时再凭借记忆练习。后来，他干脆每日跟在邯郸人后面模仿，但却总是学不像。少年思来想去，认为是自己习惯的原因。于是他决定放弃之前的步法，重新学习，一举一动全部都按照邯郸人的样子来。

谁知，这样一来结果更糟糕了。少年学习走路时思考的因素很多：要注意手脚移动的位置，要注意上身的摆动幅度，要注意每走一步的距离等。少年越学越累，几个月下来不仅没有学到邯郸人的步法，还把自己原来的步法忘掉了。最后他只能爬着回到自己的家乡。

黄粱一梦

【释义】

指虚幻无法实现的梦想。后来形容荣华富贵如同做梦一样，短暂而又虚幻；美好的事物也不过是昙花一现，转瞬即逝；或者是梦寐以求的事情落空。

【出处】

唐·沈既济《枕中记》："怪曰：'岂其梦寐耶?'翁笑曰：'人世之事亦犹是矣。'"

【典故】

有一个书生，多次考试都未中举。这年，他再次进京赶考，住宿在一家宾馆里。他遇到一个叫吕翁的人，二人相谈甚欢，书生给他讲了自己的遭遇。吕翁拿出一个枕头，对书生说："你睡觉的时候把它枕在颈下，就能够称心如意了。"二人说话时，店家正在煮小米饭。

书生因为身体困乏，便枕着吕翁送的枕头，稀里糊涂地睡着了。

梦中，他来到一个不知名的地方，娶了一个如花似玉的女子。女子家境富有，还帮他做了大官。他和女子也有了子女，生活幸福美满。子女的生活也都一帆风顺，书生更是得意，还做了当朝宰相。后来，书生的子女有了子女，他便赋闲在家，安享天年，活到八十多岁才安然死去。

梦醒后，书生的嘴角还带着微笑。环顾四周，发现只不过做了一场短暂的美梦。这场梦太短暂了，短暂到店家的小米粥还没有煮好。

书生有些失落，吕翁开导他说："不要去在意那些虚无缥缈的东西，人生的荣华富贵本就如这场梦一样，很短暂的。你应该看开些。"

怀璧其罪

【释义】

身藏璧玉，所以获罪。原意指因为财物而引来的祸患。现在指因为才能而遭人嫉妒或迫害。

【出处】

春秋·左丘明《左传·桓公十年》：“初，虞叔有玉，虞公求旃（zhān）。弗献。既而悔之，曰：‘周谚有之：匹夫无罪，怀璧其罪。吾焉用此，其以贾害也？’乃献之。又求其宝剑。叔曰：‘是无厌也。无厌，将及我。’遂伐虞公。故虞公出奔共池。”

【典故】

虞叔得到一块璧玉，虞公想要，虞叔没有给。随后虞叔对自己的决定后悔了，说：“周朝有句谚语说：‘匹夫无罪，怀璧其罪。’”于是便把璧玉献给虞公。虞公又向虞叔索求宝剑，虞叔说：“真是贪得无厌啊。如此的贪婪，恐怕会给我带来祸患。”于是发兵征讨虞公，虞公出逃到共池。

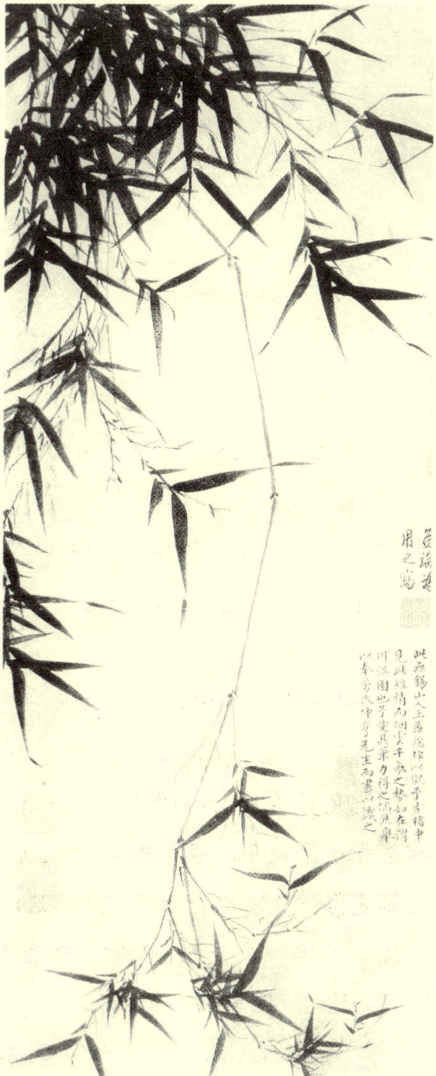

J

家喻户晓

【释义】

喻：明白；晓：知道。家家户户都知道。形容人尽皆知。

【出处】

东汉·班固《汉书·刘辅传》："天下不可户晓。"

宋·楼钥《缴郑熙等免罪》："而遽有免罪之旨，不可以家谕户晓。"

【典故】

《列女传》中曾记载过这样一个故事：有一个名为梁姑的女子，有一次，家里着了大火。当时她哥哥的一个孩子和自己的两个孩子，都在屋子里。于是，她便冒着大火闯进去，本来想要救哥哥家的孩子，但是慌乱之中抱出来的是自己的孩子。这个时候，大火已经燃烧得很厉害了，屋内也无法再进人。梁姑急得一直跺脚，大哭道："这怎么可以呀？我这个样子岂不是要背上自私的骂名了吗？我岂能成为'户告人晓'的恶人，我还有什么脸面去见他人啊？"于是，她不顾别人的阻拦，纵身进入火海中，再也没有出来。

此处的"户告人晓"指的是家家户户相互传告，每个人都知道的意思。后来就慢慢演变成了"家喻户晓"。

家徒四壁

【释义】

家中只有四面墙壁。形容穷困潦倒，一无所有。

【出处】

西汉·司马迁《史记·司马相如列传》:“文君夜亡奔相如，相如乃与驰归成都，家居徒四壁立。”

【典故】

才子司马相如家境并不好。

有一天，大财主卓王孙邀请他到家中吃饭，顺便让司马相如表演一下琴技。卓王孙有一个女儿，名文君，也是一个喜欢音乐之人。司马相如的琴技打动了卓文君，让卓文君对他十分倾心。结果，当天晚上，卓文君就跟随司马相如回家。

到了司马相如家中一看，屋内除了四面墙壁，什么都没有。二人生活得异常艰辛，后来在朋友的帮助下，他们开了一家酒店。

价值连城

【释义】

形容物品的价值很高。

【出处】

西汉·司马迁《史记·廉颇蔺相如列传》:“赵惠文王时，得楚和氏璧。秦昭王闻之，使人遗赵王书，原以十五城请易璧。”

【典故】

楚国人卞和给楚厉王献了一块没有经过雕琢的璞玉，是在荆山发现的。

楚厉王传给大臣们看，大臣们一致认为这只是一块很普通的石头，就连宫中的玉匠也是这样认为的。楚厉王很是生气，认为卞和戏弄了他，便命人砍掉了卞和的左脚。

楚武王即位后，卞和又将璞玉献给楚武王。结果，楚武王命人砍掉了他的右脚。自此，卞和再也不敢进宫献宝了。一直到楚文王继位。卞和抱着璞玉在荆山痛哭了三天，惊动了楚文王。楚文王派人查探情况，卞和说:“我并不是为自己哭，我难过的是，明明是天下无双的宝玉，却被人看作是普通的石头，就这样被白白埋没了；明明是真诚的人，却被砍去了双脚，这个世道实在是太不公平了。”

楚文王听后，召卞和进宫，让玉匠剔除璞玉外面的杂质。经过玉匠的雕琢，一块晶莹剔透的玉璧出现在众人眼前。果然是稀世珍宝，价值连城。楚文王将这块玉璧看作是国宝，并称其为“和氏璧”。

箭在弦上

【释义】

原意是箭搭在了弦上。形容形势非常紧迫，不得不采取下一步的行动。

【出处】

三国·魏·陈琳《为袁绍檄豫州》注引《魏志》：“矢在弦上，不可不发。”

【典故】

陈琳是建安七子之一，是一个非常有才学的人。陈琳原本在袁绍帐下担任书记官，曾经帮助袁绍写了一篇讨伐曹操的檄文，檄文中列举了曹操的种种罪行。后来，曹操打败袁绍后，陈琳又归顺到曹操帐下，曹操便说起当初陈琳写文辱骂自己的事情。

陈琳回答说：“那个时候也是形势所逼，万不得已，就好比箭在弦上，不得不发出去。”曹操是个爱惜人才的人，见陈琳解释清楚了这件事情并且也承认了自己的错误，便没有再追究他的过错，而且还委任给他官职。

渐入佳境

【释义】

原意指甘蔗的下端比上端甜。从上吃到下，越吃越甜。后来形容境况渐渐好转或是兴趣慢慢地浓厚。

【出处】

唐·房玄龄等《晋书·顾恺之传》：“恺之每食甘蔗，恒自尾至本，人或怪之。云：‘渐入佳境。’”

【典故】

顾恺之是东晋名士，也是我国著名的画家、诗人。

有一次，顾恺之跟着桓温去江陵地区视察。到达江陵的第二天，有地方官员前来拜见，并带来了当地特产——甘蔗。桓温命人将甘蔗分给众人，都说很甜。

此时，顾恺之正欣赏外面的美景，没有注意到眼前的一切。桓温想要和他开个玩笑，他拿了一根长长的甘蔗，走到顾恺之面前，将甘蔗的末梢递给他。顾恺之看都没看，便径自啃了起来。

桓温问顾恺之："这甘蔗甜不甜？"旁人也都站在一边嬉笑地看着他。顾恺之这才注意到自己啃的是甘蔗的末梢，为了解除尴尬，顾恺之说道："你们不要笑，吃甘蔗就应该从末梢开始。这样就会越吃越甜，渐入佳境啊。"

众人都佩服他的随机应变，哈哈一笑，事情也就过去了。

江郎才尽

【释义】

江郎：中国南朝文学家江淹。原意指江淹少时有才学，晚年却作不出佳句。形容一个人的才情退减。

【出处】

唐·李延寿《南史·江淹传》："淹乃探怀中得五色笔一以授之。尔后为诗绝无美句，时人谓之才尽。"

【典故】

江淹年少时颇有才学，是很有名望的文学家，他的作品很受当时人的追捧。只是，随着年岁的增长，江淹的文章却远远不如年轻时候写得好了，诗作平淡无味，提笔也久久写不出一个字。即便灵感来了，写出来的文句也比较枯涩，没有可取之处。

就此，有一个传说：江淹曾经在禅灵寺的河边休息，梦到一个名为张景阳的人，张景阳向他讨要一匹绸缎，江淹便将怀中的几尺绸缎送给了他，自此江淹的才学便大不如从前了。还有一个传说，江淹在冶亭睡觉的时候，梦到一个名为郭璞的人，向他索要毛笔，并对他说："文通兄，我的毛笔在你这里已经很久了，该把它还给我了。"江淹便把怀中的五色毛笔还给了他。

从这之后，江淹才思枯竭，再也写不出好的作品了。

骄兵必败

【释义】

骄傲的军队一定会打败仗。

【出处】

东汉·班固《汉书·魏相传》："恃国家之大，矜人民之众，欲见威于敌者，谓之骄兵，兵骄者灭。"

【典故】

西汉时期，车师国侵扰汉朝边境，汉宣帝决定派遣侍郎郑吉等人，将一大批获得免刑的罪人送往渠犁城地区，让他们在那里开垦荒地，囤积粮食，为攻打车师国做准备。到了秋收季节，粮食大丰收后，汉宣帝便派兵攻打车师国。

车师国君主只好向匈奴求援，谁知匈奴迟迟不发兵，车师国无奈之下只能投降汉军。战争结束后，郑吉留下三百名士兵在当地驻守，自己带兵回国了。谁知，匈奴兵得知汉军返回的消息，便立即组织骑兵突袭车师国，郑吉只好又快速赶来救援。最后因为敌众我寡，郑吉的军队被匈奴军围困。郑吉派人向汉朝廷求助。

汉宣帝得知这个消息后，立刻召集百官商议对策。赵充国认为，趁着匈奴势力尚且薄弱，应该派兵攻打其右翼，迫使他从车师国退兵。丞相魏相却有不同的建议，他说："近些年，匈奴并没有侵犯我国边境，如今如果为了车师国去攻打它，这是说不通的。况且边境百姓生活无依无靠，有些地方甚至还在以草充饥。在这样的情况下，如何轻易发兵作战呢？再加上近年国内连连遭遇灾害，百姓基本的生活都成了问题，一些官吏在其位而不谋其政，使得社会风气也出了问题，案件不断。所以在我看来，目前最重要的就是整顿朝纲，任用贤人。如果坚持出兵攻打匈奴的话，即便最后胜利了，也会给我们国家带来无穷的祸患。依仗着国家人多便穷兵黩武，这就是骄傲的军队，这样的军队一定会打败仗的。"

汉宣帝采纳了魏相的建议，只派遣了一小部分军队前往车师国，帮着郑吉的部队顺利返回渠犁地区。

骄奢淫逸

【释义】

原意指骄横、奢侈、荒淫、放荡这四种恶习，后来形容一个人的生活奢侈放纵，荒淫无度。

【出处】

春秋·左丘明《左传·隐公三年》："骄奢淫佚，所自邪也。"

【典故】

春秋时期，卫国君主卫庄公比较溺爱宠姬生下的儿子州吁。州吁成人后，生活极为放纵奢侈，四处招惹是非，骄横霸道。卫庄公对他听之任之，任由他胡作非为。

卫国大夫石碏劝说卫庄公："我听说，喜爱孩子的父亲，应该以道义来教育他，以防他走上邪路。骄横、奢侈、荒淫、放荡的恶习，都是邪恶。之所以会产生这些恶习，便是因为父母过度宠溺。"

卫庄公不听从他的建议，州吁也越来越放纵自己。不久之后，卫庄公因病逝世，太子姬完登基为君主，就是卫桓公。第二年春天，州吁杀死卫桓公，篡夺了皇位。

州吁是一个残暴至极之人，名声很坏，百姓们对他更是恨之入骨。州吁篡位不到一年，石碏便联合陈国的君主，施计将州吁杀死了。

狡兔三窟

【释义】

窟：洞穴。原意是狡猾的兔子会为自己准备好几个藏身的洞穴。现在形容隐蔽的地方或方法比较多。

【出处】

西汉·刘向《战国策·齐策四》："狡兔有三窟，仅得免其死耳。"

【典故】

春秋时期，齐国宗室大臣孟尝君，喜欢收养门客，不分地位高低，只要有一技之长的，他都会以礼相待。由此，孟尝君好客的事情越传越广，越来越多的人都来投靠他。

有一次，一个叫冯谖（xuān）的人前来投靠孟尝君。孟尝君见他衣衫褴褛，脚上还穿着草鞋，腰间挂着一把没了剑鞘的剑，心知是个穷苦的人，便问他："先生找我有什么事？"冯谖说："我已经穷得无法生存了，所以到您这里找口饭吃。"孟尝君又问道："那您有什么本事呢？"冯谖说："我什么本事都没有。"孟尝君笑了笑，不再说什么，但也让他住下了。

孟尝君的下属见冯谖如此穷困潦倒，又没有什么过人的本事，便都瞧不起他，将他安排在下等房间里，给他吃粗茶淡饭。几天后，孟尝君问："冯谖现在做什么？"下属回答："每天就弹着自己的破剑，还唱'剑啊，我们回去吧，这里没有鱼虾。'"孟尝君认为，如果这句话传出去，会让别人非议自己。于是便派人将冯谖安排到了中等房间里，每天给他鱼虾吃。

又过了几天，冯谖又开始唱："剑啊，我们回去吧，这里出门没有车马。"孟尝君听说了这件事情，又叮嘱下属给冯谖准备一套车马。谁知道，没过多久，又有人告诉孟尝君，说冯谖又开始唱"剑啊，我们回去吧，这里没钱无法养家。"孟尝君此时有些生气，心想，一个毫无本事的穷鬼，却这么不知足。不过，为了笼络人心，孟尝君还是让人给冯谖的母亲送去了一些银两，补贴家用。自此，冯谖再也不唱了。

一年之后，孟尝君的名气越来越大，最后成了齐国的丞相。这时，他的门客已经有三千多人了。虽然孟尝君位居高职，但是要养活这么多人也并非一件容易的事情。他思来想去，想到在薛城还有一笔高利贷没收，于是便决定派人去收高利贷，补贴养士的花销。这时，有人推荐冯谖，冯谖二话没说就答应了。临行前，他问孟尝君："债务收上来之后，需要我买点什么吗？"孟尝君说："你看家里缺什么，就买什么吧。"

冯谖到达薛城后，富贵人家还了高利贷，那些贫苦百姓因还不起高利贷而跑得无影无踪。冯谖用收上来的钱买了酒肉，置办了几十桌酒菜，邀请了所有的债户前来，并且说：不管贫民还是富翁都要来。

到了聚会那天，所有的债户都来了。冯谖热情款待他们。酒肉之后，冯谖向债户们一一询问清楚欠债的情况，并烧掉了那些实在还不起钱的人的欠条。债户们又惊又喜，都不知道发生了什么事情。冯谖说："孟尝君借钱给你们，是看到大家穷困而无以度日，原本他是不想要来收债的，只是他还要养活一大批门客，所以才派我来收债。如今，还得起的已经还了，暂时还不起的也已经定好了期限，实在还不起的，孟尝君说连本带利全都送给你们了。所以，我烧掉了那些还不起债务的人的债条，这是孟尝君给的恩惠，还希望大家不要忘记啊。"这一番话，让所有人对孟尝君都非常的感激。

孟尝君听说了这件事情，不由怒从中来，立即让人叫回冯谖，说："我让你去收利，你把收上来的钱全都买了酒肉去招待债户，还烧掉了还不起的人的债券，你这是做的什么事情！"冯谖不紧不慢地说："您别着急，如果不用办酒席的方式，又如何能招来全部的债户呢？不把债户招来，又哪知道谁能够还得起谁又还不起呢？如今，还得起的还了，暂时还不起的也有了期限。那些还不起的，即便再过个十年，他们还是还不起。索性烧掉他们的债券，落得个好名声。现在，薛城百姓都对您感恩戴德呢。我临行前，你嘱咐我家中缺什么就买什么，我见您这里山珍海味、奇珍异宝样样都有，唯独缺了穷人的情义。所以，我把情义给您买回来了。"孟尝君听后，也只能说："先生下去休息吧，这件事情就算了。"就此，便开始冷淡冯谖。

后来，齐国君主废掉了孟尝君的相位，孟尝君只能回到薛城生活。薛城百姓听说孟尝君将要到来的消息后，列队夹道欢迎，扶老携幼地绵延了几十里路。这个时候，孟尝君才真正明白了冯谖的话，便连连对冯谖表示感谢。冯谖说：

“狡兔都有三个洞穴藏身，而您现在才只有一个洞，还无法高枕无忧啊。请让我再给您去找两个洞吧。”孟尝君答应了。

随后，冯谖前往魏国，拜见魏惠王，对他说：“齐国废黜了他的大臣孟尝君，哪一位诸侯能够先迎接他，哪个国家就能够富庶且昌盛。”于是魏惠王派遣使者带着千斤黄金，百辆车子，前去欢迎孟尝君，并想要任命他为魏国的丞相。冯谖又先行赶到孟尝君身边，对他说：“千斤黄金，百辆车子，这都是比较贵重的聘礼了。想必，齐国君主已经听说了这件事情。”就这样，魏国使者来回请了三次，都被孟尝君拒绝了。

这件事情被齐湣王得知后很是惊恐，连忙派遣太傅带着千斤黄金、两辆绘着纹饰的车子、一把剑和一封书信，前去拜见孟尝君，并致歉说：“我没有福气，误信了小人而得罪了您。我不值得您来辅佐，希望您能够念及祖庙的情分，回到都城治理百姓吧。”冯谖对孟尝君说：“您可以向齐王请求赐给您先王留下来的祭祖使用的礼器，允许您在薛地建造庙宇。”宗庙建成之后，冯谖对孟尝君说：“如今三个洞穴我都帮您建好了，您可以高枕无忧了。”

孟尝君再次得势后，之前走掉的那些门客又要前来投靠他，这让孟尝君很生气，他对冯谖说：“我落难的时候，他们没有给我一点帮助，全靠先生帮我渡过难关。而今我得势，他们又有何脸面来见我呢？如果谁要再来见我，我非骂他一顿不可。”冯谖说：“公子不必这样，您现在是相国，正是需要人扶持的时候，万不可因为此事赌气。赶走了宾客，谁又能为您办事呢？倒不如和从前一样，以礼招待他们，这样也能够显示您的肚量。”

于是，孟尝君听从冯谖的话，最终得到了很多门客的支持。

金玉其外，败絮其中

【释义】

从外面看是金是玉，里面却都是破棉絮。形容空有其表，内里破败。这个成语经常被用来形容华而不实的人或事。

【出处】

明·刘基《卖柑者言》：“观其坐高堂，骑大马，醉醇醴（lǐ）而饫（yù）肥鲜者，孰不巍巍乎可畏，赫赫乎可象也？又何往而不金玉其外，败絮其中也哉?”

【典故】

杭州地区有一个卖水果的小贩，深得贮藏柑橘的奥妙。他贮存的柑橘，即便经过一年的时间，也不会腐烂。柑橘的表面依然有光泽，质地如玉石般光滑，颜色金灿灿的，很受市人的喜欢。

明初大臣刘基也曾在这里买过柑橘，他打开一看，柑橘的内部干枯得如同破棉絮一般，于是他对小贩说：“你出售的柑橘，是要让别人放在器皿中供奉祖先、侍奉宾客的吗？还是想要以它的光鲜外表来迷惑瞎子和傻瓜呢？做这样的骗人生意，实在是太过分了。”

卖柑橘的小贩说：“我做这样的生意已经好多年了，我依靠它来谋生。我卖，别人买。从开始到现在，还从未听到过什么不满的话语，却唯独满足不了您的要求。世间做骗人勾当的人不在少数，岂止我一个人呢？您有没有想过这个问题，那些拿着佩剑坐着虎皮椅子的人，威风凛然的样子，宛如捍卫国家的勇士，但他们真的能够发扬孙武、吴起的谋略吗？那些戴着高帽，腰间拖着长带的人，好像是朝中的重臣，他们真的可以创建伊尹、皋陶的基业吗？盗贼猖獗不懂得抵抗，百姓贫苦不知道解救，官员狡诈不知道整治，法纪败坏不知道整顿，只是白白浪费了国家的粮食和财力，却又不知羞耻。再看看那些高坐在庙堂上的人，出门骑着高头大马，每顿都有佳肴美味。这里面哪一个不是声名显赫的大人物，让人生畏，哪一个不是威严赫赫，可以效仿的呢？可是不管走到哪里，又有哪一个不是外表看上去像金玉而内里却是破棉絮呢？如今您不去对这些事情分辨解析，却单来追查我的柑橘。”

刘基听了此番话，有些无言以对。

井底之蛙

【释义】

井底的青蛙只能看到井口般大的一片天。形容那些见识狭窄、目光短浅之人。

【出处】

战国·庄子《庄子·秋水》：“井蛙不可以语于海者，拘于虚也。”

【典故】

在一口废井下住着一只青蛙。有一天，青蛙在井边遇到了一只从大海里过来的乌龟。青蛙对乌龟夸耀："你看，我住在这里很快乐啊！高兴的时候，就跑到井栏边跳跃一会儿；累的时候，就回到井底休息。有时候也可以自由自在地泡在水里，或者在软绵绵的泥巴里散步，也是非常舒服的事情。再看看那些虾米和蝌蚪，哪个也比不上我。而且，我是这口井的主人，在这里生活自在极了，你为什么不经常到井里来游赏呢？"

乌龟听了之后，倒也真想进去看看，谁知刚迈了左脚，右脚就被绊住了。乌龟连忙向后退，并对青蛙说："你应该去看看大海。大海很广阔，何止千里；大海很深邃，又何止千丈。古时，十年有九年发大水，大海里的水却并没有涨多少；后来，八年中有七年大旱，大海里的水也没有浅多少。由此可见，大海根本不受旱涝的影响。在大海里居住，那才是真正的快乐呢！"

青蛙听了乌龟的话，便呆呆地怔住了，不再说一句话。

精卫填海

【释义】

精卫：古时神话中的鸟名。精卫衔来木石，一心要把大海填平。旧时形容仇恨很深，一定要报仇。现在形容意志坚决，不害怕困难。

【出处】

先秦·《山海经·北山经》："炎帝之少女名曰女娃。女娃游于东海，溺而不返，故为精卫，常衔西山之木石，以堙（yīn）于东海。"

【典故】

相传，精卫鸟原本是炎帝的小女儿，名女娃。炎帝每日往返于东海和家之间，女娃很想跟着父亲去看看东海的模样，但炎帝总是以公事繁忙为由，不带她去。

这天，女娃自己乘坐小船朝着东海的方向划去。谁知，途中遇到了风暴，小船被大海掀翻，女娃葬身于东海，再也没有回来。女娃死后，化作一只精卫鸟。她怨恨大海夺去了自己的生命，一心想要报仇雪恨。所以，她经常衔着西山的小木石，将其丢入东海，想要把东海填平。东海讥讽她说："算了吧，即便你不休不止地干一百万年，也不会把大海填平的。”

精卫鸟大声说：“即便要耗费一千万年，一万万年，即便是到了世界末日，我也要把你填平。”

东海问道：“你为何如此恨我？”

精卫鸟说：“因为你夺去了我的生命，将来还会剥夺更多人的生命。我要一直干下去，总有一天会把你填平的。”

精诚所至，金石为开

【释义】

诚心到了，就可以感动天地，让金石裂开。形容专心做事，就能够解决所有的难题。

【出处】

战国·庄子《庄子·渔父》：“真者，精诚之至也，不精不诚，不能动人。”

汉·王充《论衡·感虚篇》：“精诚所至，金石为开。”

【典故】

西汉大将李广，精于骑射，作战勇猛，人称“飞将军”。

有一次，李广去冥山南麓打猎，草丛中伏着一只猛虎。李广一箭射去，自信老虎已经被他射死，于是下马查看。谁知，被射中的只是一块形似老虎的石头，不仅箭头深入石中，就连箭尾几乎也全部深入石头里。李广很是惊讶，自认自己并没有这么大的本事。于是他再次拉弓搭箭，几次尝试后，不是箭头碎了就是箭杆断了，都没有再射入大石中。

人们对此也非常惊讶，便去请教扬雄，扬雄说：“如果真心实意的话，即便是金石这般坚硬的东西也是可以撼动的。”“精诚所至，金石为开”就此流传下来。

惊弓之鸟

【释义】

原意指受过箭伤，一听到弓弦的声音就害怕的鸟儿。形容受过惊吓的人，遇到一点动静就害怕、惊慌不已。

【出处】

西汉·刘向《战国策·楚策四》："……更羸谓魏王曰：'臣为王引弓虚发而下鸟。'……有间，雁从东方来，更羸以虚发而下之……其飞徐而鸣悲。飞徐者，故疮痛也；鸣悲者，久失群也，故疮未息，而惊心未去也……"

【典故】

战国时期，有一个百发百中的射手，名更羸（léi）。有一天，更羸和魏王一起散步的时候，天上飞过一只大雁，他对魏王说："大王，我只用弓不用箭就可以把大雁射下来。"魏王不相信，更羸接着说："我射给您看。"

更羸拉起弓，只稍稍动了一下弓弦，这只大雁竟然掉下来了。

魏王很是吃惊，便说："你竟然有这样的本领。"

更羸说："并不是我有过人的本领，而是这只大雁曾经受过箭伤，您没见它在空中飞得很慢，叫声比较悲吗？飞得慢，是因为它身上有伤口；叫得悲，是因为它离开雁群很长时间了。它惊魂未定，听到弓弦响声时，就一心拼命往高处飞。一用力，身上的伤口再次裂开，所以就掉下来了。"

九牛一毛

【释义】

很多牛身上的一根毛。形容众多数量中微不足道的一点。

【出处】

西汉·司马迁《报任少卿书》："假令仆伏法受诛，若九牛亡一毛，与蝼蚁何以异？"

【典故】

李陵是汉武帝时期的一员猛将，曾带着五千士兵北上抵御匈奴八万骑兵。

李陵寡不敌众，但也奋勇杀伤敌军一万多人，最后在弹尽粮绝、后路被堵的情况下，被俘而降。汉武帝听说后，很是恼怒，周围的大臣也都纷纷指责李陵无用。只有司马迁默默地站在一边，不发表任何的言论。

汉武帝就此事询问他的意见，司马迁说："李陵只有兵力五千，匈奴却有八万铁骑，即便是这样，尚且和匈奴兵周旋了十几天，杀伤敌军一万多人，李陵已经是个很了不起的将军了。最后也是因为弹尽粮绝，又被敌军切断了后路，才战败而降的。李陵并不是真的投降，而是在寻找报国的机会，他的功劳足以弥补他的失败之罪了。"

汉武帝见司马迁竟然为李陵辩解，一怒之下将司马迁关入大牢。第二年，又有传言说李陵帮助匈奴练兵，汉武帝在没有弄清楚事情的情况下，杀掉了李陵的母亲和妻子。朝中大臣杜周为了迎合汉武帝，又诬陷司马迁诬蔑皇帝，使司马迁遭受到极其残忍的"腐刑"。

司马迁受到这种非人的摧残后，几度想要自杀，但回头又想到，像自己这样的人死去，在那些权贵眼中也不过是"九牛亡一毛"而已，非但不会有人同情，还会落下笑柄。于是，他忍着莫大的耻辱，用自己毕生的精力完成了伟大的巨著——《史记》。

后来，"九牛亡一毛"被简化为"九牛一毛"。

九死不悔

【释义】

即便死很多次也不后悔。形容意志比较坚定，不管处于多么险恶的境地都不动摇。

【出处】

战国·楚·屈原《离骚》："亦余心之所善兮，虽九死其犹未悔。"

【典故】

战国时期浪漫主义爱国诗人屈原出生于楚国的贵族家庭，自幼抱负远大，一心想要报效国家。早些时候，屈原受到楚怀王的重视，曾任职左徒、三闾大夫，辅助楚怀王变法图强。屈原的受宠惹来令尹子兰、大夫靳尚等人的嫉妒，招来小人的诬告，楚怀王便渐渐疏远了屈原。

楚怀王去世后，楚襄王即位。令尹子兰又指使大夫靳尚在皇帝面前污蔑屈原，屈原由此被流放到南方的荒僻地区。

在此期间，屈原创作了《离骚》，也是我国最早的长篇抒情诗。诗中写了自己的身世、政治抱负以及所受到的不公平待遇。其中有这么一句："亦余心之所善兮，虽九死其犹未悔。"表达了对理想和操守的坚持，矢志不渝。

公元前278年，秦国大将白起带军攻破楚国都城。屈原怀着满腔的爱国深情，在绝望和愤慨之中，投汨（mì）罗江自尽。

举足轻重

【释义】

原意是只要脚稍微移动一下，就能够影响到两边的重量，形容某人、某事的地位比较重要，一举一动都能够影响大局。

【出处】

南朝·宋·范晔《后汉书·窦融传》："方蜀汉相攻，权在将军，举足左右，便有轻重。"

【典故】

汉光武帝刘秀得到政权后，原新莽时期的河西五郡大将军窦融想要归顺刘秀。于是，他派遣刘钧带着珠宝前去拜见刘秀。刘秀很高兴地答应了窦融的请求，并封他为凉州牧，赏赐二百斤黄金，而且又给窦融写了一封信。

刘秀在信中分析了当前的局势，并说益州的公孙述和天水的隗嚣都是野心勃勃之人，一心想要称王称霸。在这样的形势下，窦融的地位真是举足轻重，对统一有着极其重要的作用。

窦融看了刘秀的信后，备受感动，向刘秀表明了自己一心归附于朝廷的决心。后来，窦融带兵协助朝廷，平定了隗嚣的叛乱，消灭了公孙述的势力。刘秀拜他为安丰侯，让他担任大司空一职。

举一反三

【释义】

类推一件事情，就能够知道其他很多的事情。

【出处】

春秋·孔子弟子及其再传弟子《论语·述而》："举一隅，不以三隅反，则不复也。"

【典故】

孔子对他的学生说："举一隅，不以三隅反，则不复也。"意思是说，我举出一个方面，你们应该能够灵活地想到另外几个方面。如果不可以的话，我就不能再教你们了。

卷土重来

【释义】

卷土：人或马匹奔跑时，尘土飞扬。形容失败之后，又重新恢复势力。

【出处】

唐·杜牧《题乌江亭》诗："江东子弟多才俊，卷土重来未可知。"

【典故】

楚汉相争时期，项羽因为轻敌，中了韩信的埋伏，致使大败，只能带着八千多江东子弟来到了乌江。项羽因愧对江东父老，便在江边自刎而死。杜牧为此作了《题乌江亭》："胜败兵家事不期，包羞忍耻是男儿；江东子弟多才俊，卷土重来未可知。"

嗟来之食

【释义】

指带有侮辱性的施舍。

【出处】

西汉·戴圣《礼记·檀弓下》："予唯不食嗟来之食，以至于斯也！"

【典故】

有一年，齐国发生了饥荒，百姓颗粒无收，路边时有饿殍（piǎo），活着的人也都皮包骨头，很多都去外地逃荒了。

有一个财主叫黔敖，家里囤积了很多粮食。手下人给他提议：“外面有很多饥民，您如果给他们熬点稀粥，他们肯定会对您感恩戴德的，这样您还能够得到一个好名声。”黔敖认为有理，便在路边支起一口大锅，熬了一锅稀粥。

饥民前来领粥，并对黔敖千恩万谢。黔敖很是得意，态度开始变得有些傲慢。

这天，一个衣衫褴褛、脚上穿着破鞋的饥民走来，走路东倒西歪，一看就是几天没有吃过东西了。

黔敖看到后，用勺子敲打着锅沿，很是傲慢地说：“喂，赶快过来吃吧。”语气居高临下，盛气凌人。

谁知，这个饥民看都没看锅中的稀饭，就对黔敖说：“你轻蔑地唤别人过来吃饭，是对他人的一种侮辱。正因为我不吃这种食物，所以才饿成这样。我宁可饿死，也不会吃这种东西的。”

饥民说完就离开了。最后，这个人到死都没有接受那些傲慢之人施舍的食物。

解铃还须系铃人

【释义】

要想解铃铛，还须当初系铃铛的人来做。形容谁引起的问题，就由谁去解决。

【出处】

明·瞿汝稷《指月录》卷二十三：“金陵清凉泰钦禅师，性豪逸，众易之，法眼独契重。一日眼问众：‘虎项金铃，是谁解得？’众无对，师适至，眼举前语问，对曰：‘系者解得。’”

【典故】

金陵清凉寺内有一个泰钦法灯禅师，性情豪放，不喜佛门戒规，比如戒酒等。法灯禅师喜欢喝酒，而且每一次都会喝醉。往往太阳已经高挂了，他还在呼呼大睡，连钟都不敲。做和尚却不敲钟，这让其他和尚都看不起他，有些和尚还经常去住持那里告状。

住持说："你们不要太在意表面，法灯对佛法有特殊的领悟。法灯的修行在心，并不在表面。随他去吧。"

和尚们都很不服气。

有一天，一块巨石从山顶滚落，正好堵住了和尚们下山的唯一道路。和尚下不了山，香客入不了庙。十几个和尚合力想把巨石推走，累得气喘吁吁、汗流浃背，也未能撼动巨石一分。法灯懒洋洋地走过来，说："你们都让开，让我来试一试。"

和尚大笑，说："我们十几个人都抬不动，难道你自己还想将它搬走？你是没睡醒，还是喝醉了？在说梦话吧。"

法灯说："我先试试，如果搬不动，你们再嘲笑我也不迟。"

和尚都想着看法灯的笑话，便四散开来。法灯走到巨石前，把巨石轻轻一抱，扔下山去。众人目瞪口呆。

还有一次，住持把和尚们聚集在一起说："老虎的脖子上系着一个铃铛，谁可以把它解开。"

和尚们面面相觑，不知如何回答。法灯却说："谁系上去的，谁去解开。"

听了法灯的回答，在场之人茅塞顿开，很是佩服。住持说："怎么样？法灯的悟性确实比你们高吧。"自此，和尚们再也不提法灯的意见了。

揭竿而起

【释义】

原意形容秦朝末期陈胜、吴广起义的情景。现在泛指人民起义。

【出处】

汉·贾谊《过秦论》："斩木为兵，揭竿为旗。"

【典故】

秦朝末期，秦王残忍暴戾，为了建造阿房宫、秦始皇坟墓等，征集了二三百万的劳役，人力财力耗费无数。公元前209年，阳城地方官押送九百名劳役去渔阳驻守。

这天，这些人走到大泽乡时，赶上了暴雨，路被淹没，无法继续赶路。劳役中有一个叫陈胜的，他和朋友私下商议："这里和渔阳相距几千里，看来是无法按时到达了。我们就这样白白去送死吗？"吴广回答："要不我们赶快逃命吧？"陈胜说："不行，被抓回来我们也得死。怎么都是死，不如起来造反，这样总比白死好吧？百姓们受秦朝的苦也够多了。据说，秦二世篡夺了他哥哥扶苏的皇位，还有楚国有一个大将名项燕，是条汉子。我们可以以扶苏和项燕的名义起兵，号召天下百姓去攻打秦二世，这样楚国也会帮助我们的。"

于是，陈胜召集在场的劳工，说："堂堂男子汉，即便是死也要死个名堂。王侯将相，难道都是命中注定的吗？"

大家推举陈胜、吴广为起义领袖，九百人占领了大泽乡，打着"楚国"的旗号，引得周围百姓纷纷加入。没有武器，他们就用木棒做刀枪，砍了竹子做旗杆，队伍就这样一天天壮大起来。历史上称之为"揭竿而起"。

己所不欲，勿施于人

【释义】

自己不喜欢的，就不要强加给别人。

【出处】

春秋·孔子弟子及其再传弟子《论语·颜渊》："己所不欲，勿施于人。在邦无怨，在家无怨。"

【典故】

有一次，学生仲弓问孔子说："先生，怎样立身处世才符合'仁'呢？"

孔子回答："待人接物，一定要认真、谨慎。自己不喜欢的，就不要强加给别人。不管是入朝为官，还是做平民百姓，都不要发牢骚。"

仲弓说："我是一个迟钝之人，不过先生的话我会牢记在心的。"

K

开卷有益

【释义】

开卷：翻开书本，指的是读书；益：好处。读书总是有好处的。

【出处】

北宋·王辟之《渑（shéng）水燕谈录·文儒》："太宗因事有缺，暇日追补之，尝曰：'开卷有益，朕不以为劳也。'"

【典故】

宋太祖赵匡胤建立宋朝之后，各地还存留着一些割据政权。后来，他的弟弟赵光义登基，是为宋太宗。宋太宗一统全国后，便将发扬传统文化当作首要任务，下令整理古籍。与此同时，还重视对古代文化资料的收集。

太平兴国年间，宋太宗下令编撰《太平御览》《太平广记》《文苑英华》三大类书籍，对我国文化遗产的保存工作做出了极大的贡献。《太平御览》原名叫《太平编览》。这本书编成之后很受宋太宗的重视，并规定自己每天都要阅览三卷，花费一年的时间将它全部看完，所以后来改名为《太平御览》，意为太平年间皇帝亲自阅览的书籍。

不过，宋太宗朝政繁忙，经常会因为政事而耽搁了读书，只好利用空闲的时间去读书。左右侍奉的人担心他累坏了身体，劝他多休息，宋太宗说："只要打开书籍阅读，就会有所收获，所以我并不觉得劳累。"

开门揖盗

【释义】

开门把强盗请进来。形容将坏人引进家门，招来祸患。

【出处】

西晋·陈寿《三国志·吴志·吴主传》：“况今奸宄（guǐ）竞逐，豺狼满道，乃欲哀亲戚，顾礼制，是犹开门而揖盗，未可以为仁也。”

【典故】

东汉末期，有一次，割据江东一带的军阀孙策外出打猎，遭到刺客的暗算，伤到了脸颊。

孙策临终前，对长史张昭说：“你们一定要好好辅助我的弟弟孙权。”这个时候，孙权才十五岁，因承受不住哥哥的突然离世而整日大哭，身边大臣几经劝说无用，都非常着急。张昭劝说孙权：“如果您一心只顾着悲伤而不理政事，就犹如开门揖盗，一定会自取其祸的。”孙权听后，立刻更换了衣服，前去视察军营，以此稳定军心。

克己奉公

【释义】

克制自己的私欲，以公事为重。指一个人严格要求自己，没有私心，一心为公的精神。

【出处】

南朝·宋·范晔《后汉书·祭遵传》：“遵为人廉约小心，克己奉公。”

【典故】

公元24年，汉光武帝刘秀攻打颍阳时，祭遵前去投靠，刘秀将他收为门下吏。祭遵自幼读书，是个通情达理之人，虽然出身尊贵，但生活上却一向简朴。祭遵做了刘秀帐下的执法官后，主要负责军营的法令事务。祭遵执法严明，不徇私枉法，深受军中将士尊敬。

有一次，刘秀身边的一个小侍从犯了错，祭遵查明情况后，处死了这个小侍从，这让刘秀很是生气，想要降罪于祭遵。不过立刻就有人前来说情："严明军令，这是大王您下的命令。如今祭遵就是遵从您的号令执法的，军中上下才会齐心协力。也只有像他这样言行一致的人，才能维护军中的威信啊。"

刘秀听后觉得有道理。后来，不仅没有降罪于祭遵，而且还加封他为征虏大将军、颍阳侯。祭遵一生克己奉公，为官清廉，经常受到刘秀的赏赐。不过，祭遵都把这些赏赐拿来分给部下，自己并不私用。

祭遵临终前，也留下遗嘱，葬礼从简，不许铺张浪费，要求用牛车装载自己的棺木，拉到洛阳埋掉就好。祭遵去世多年后，刘秀还时常想起这个克己奉公的大臣，不禁怀念万分。

空中楼阁

【释义】

悬在半空中的阁楼。指比较虚幻，脱离实际的空想。

【出处】

西汉·司马迁《史记·天官书》："海旁蜃气象楼台，广野气成宫阙然。"

唐·宋之问《游法华寺》诗："空中结楼殿，意表出云霞。"

【典故】

很久之前，某村里有一位土财主，家财万贯，但生性愚钝，净做些傻事，也因此常常遭到村里人的嘲笑。

有一天，这个土财主去朋友家里做客，看到朋友家的一栋三层高的新阁楼，宽敞壮丽，内心非常羡慕。于是，他刚一回到家，就让人把工匠找来，问："隔壁村的那栋新阁楼，你们知道是谁建造的吗？"

工匠回答："知道，就是我们几个盖的。"

土财主高兴地说："真是太好了，你们也依照那个样子给我建造一栋。记住，一定要三层的房子，要和那一栋一模一样。"

工匠们一边答应一边想：这次不知道又会做出什么傻事了。

建筑正式施工时，土财主来到工地，看着正在打地基的工匠们说："你们这是在干什么？"

工匠说："当然是建造三层的阁楼啊，这是依照您的吩咐做的。"

土财主连连摆手："不是，不是，我让你们建造的是房子的第三层。我只要第三层，下面的两层我不要。把这些都拆掉，我只要最上面的那一层。"

工匠听后哈哈大笑："我们无法只建造第三层，你自己建吧。"

最后，工匠们都离开了，只留下傻财主在原地发愣。其实他并不知道，如果没有地基和下面两层的铺设，再高明的工匠也无法直接建造出第三层。

空穴来风

【释义】

有了洞穴就会有风。原形容消息和传说并不是毫无根据的。现在多指消息和传说没有根据。

【出处】

战国·楚·宋玉《风赋》："臣闻于师：枳句来巢，空穴来风。"

【典故】

楚襄王说："风属于天地间的一种气流，能够不分贵贱地吹送到每一个人身边。而今你却只以为这风是我一个人享用的，这有什么道理吗？"宋玉回答："老师曾给我讲过这么一个说法：弯曲的枳树上会招来做窝的鸟雀，空穴中会产生风。鸟窝和风的出现也是有条件的，风的气势自然也会受到环境的影响了。"

口蜜腹剑

【释义】

嘴上说得很好，心里却打着害人的主意。形容两面派的阴险狡诈。

【出处】

北宋·司马光《资治通鉴·唐纪·玄宗天宝元年》："尤忌文学之士，或阳与之善，啖（dàn）以甘言而阴陷之。世谓李林甫'口有蜜，腹有剑'。"

【典故】

唐玄宗时期，李林甫为宰相。

李林甫算是一个多才多艺之人，能书善画，不过品德却不怎么好。如果遇到才能比他强、地位声势比他高的人，他都会想方设法地压迫打击。对于唐玄宗，他也自有一套谄媚的方法，百般迁就，并千方百计地去讨好唐玄宗的后宫嫔妃和心腹宦官，以得到他们的支持，巩固自己在朝中的地位。

在和他人交往的时候，李林甫表面上露出一副谦和恭谨的样子，嘴上说着动听的话，但背地里却经常做出一些害人的勾当。有一次，他假装很诚恳地对李适之说：“华山地区盛产黄金，如果能够将其开采出来，就可以大大充盈国库。只可惜，我们的皇上并不知道这件事情。”李适之信以为真，高兴地跑去建议唐玄宗开采黄金。唐玄宗一听也非常高兴，将李林甫找来商议。

李林甫说：“我早就知道这件事情了，只是华山属于帝王风水集结的地方，又怎能轻率开采呢？他人劝说您开采黄金，一定没安好心。我曾经几次想要把这件事情告诉您，只是没敢开口罢了。”唐玄宗很受感动，认为李林甫是个忠君爱国之人，开始渐渐疏远李适之。

中书侍郎严挺之厌恶李林甫，李林甫便在唐玄宗面前诬陷他，致使其被贬谪洛阳。一段时间后，唐玄宗又想重新重用严挺之，就询问李林甫的意见，李林甫并没有发表看法。退出后，李林甫找到严挺之的弟弟，对他说："皇上还想着你哥哥，今天还向我提起，你让他给皇上呈递一封奏折，以风湿病为由，请求来京治疗。"严挺之根据李林甫的建议上书唐玄宗。之后，李林甫对唐玄宗说："严挺之年事已高，又患了风湿病，怕是难当大任，不如给他一个闲职，让他好好养病，安享晚年吧。"

就这样，唐玄宗打消了重用严挺之的念头。

李林甫凭借着这种"本事"，顺利做了十九年的宰相。后来，司马光编撰《资治通鉴》的时候，便说李林甫是一个口蜜腹剑的小人。

口若悬河

【释义】

若：好像。说起话来滔滔不绝，犹如瀑布一般奔流不息。形容能说善辩，说起话来没完没了。

【出处】

南朝·宋·刘义庆《世说新语·赏誉》："郭子玄语议如悬河泻水，注而不竭。"

唐·房玄龄等《晋书·郭象传》："太尉王衍每云，听象语如悬河泻水，注而不竭。"

【典故】

郭象（字子玄）是晋朝时期的大学问家。

郭象年轻时就已经学识满腹了，他对每一件事情都有自己独到的见解，但并不喜欢为官。朝廷几次派人请他，最后实在无法推辞，才担任了黄门侍郎一职。到了京师之后，每次和人谈论事情，他总能够说得头头是道，听者也是津津有味。

当时，太尉王衍很欣赏郭象的口才，他经常对人说："听郭象说话，就好比一条倒挂的河流，滔滔不绝，似乎没有枯竭的时候。"郭象的口才，由此可见非同一般。

口血未干

【释义】

古时订立盟约的时候，要在嘴上涂抹牲畜的血。指订立盟约没多久便毁约。

【出处】

春秋·左丘明《左传·襄公九年》：“与大国盟，口血未干而背之，可乎?”

【典故】

春秋时期，楚晋两国争霸。

有一年，晋国和其他七国联盟攻打郑国，楚国按兵不动。郑国派遣使者去见晋国将领，想要求和。晋国主帅荀偃不赞同议和，他提议围困郑国，楚国不愿意晋国吞并郑国，必定会出兵救援。等盟军把楚国打败后，再允许郑国的求和。这样一来，晋国就能够获得最大的利益。

其他国家为了保存自己的实力，都主张议和。他们认为，郑国向晋国讲和，也会引起楚国的不满，楚国必定会出兵攻打郑国。等郑国、楚国两败俱伤时，盟军再发兵攻打楚国，就会把损失降到最低。

于是，晋国答应了郑国的求和，并举行仪式，订立盟约。郑国卿士公子騑参加了仪式。

晋国代表说：“此后，如果郑国不听从晋国的号令，必定会遭天谴的。”公子騑说：“郑国夹在晋国、楚国之间，是上天给我们的祸患。今后，我们顺从大国，如果大国再对我们发起战争，也会遭到天谴的。”

仪式举办完之后，晋国和其他七国全部撤退。不久，楚国果真因此恼火，出兵攻打郑国。郑国君主恐慌不已，公子騑提议和楚国议和。有些大臣反对：“我们刚和晋国订立盟约。现在口血未干，就要和楚国订立盟约吗?”公子騑义正词严地说：“和晋国结盟的时候，我就说顺服大国。晋国是大国，楚国也是大国，为什么不能结盟呢?”

于是，郑国又派遣使者和楚国议和，双方订立盟约。郑国赢得了暂时的安宁。

脍炙人口

【释义】

脍：切细的肉；炙：烤熟的肉。原意指美味的食物人们都喜欢吃。现在指好的文章受到人们的传诵和称赞。

【出处】

五代·王定宝《唐摭言》卷十：“如‘水声常在耳，山色不离门’，又‘扫地树留影，拂床琴有声’……皆脍炙人口。”

【典故】

春秋时期，孔子的弟子曾参是一个大孝子，他的父亲曾皙喜欢吃羊枣（一种野生的小柿子），曾皙死后，曾参为了不触景生情，再也不食用羊枣了。

有一次，孟子的弟子公孙丑问孟子：“脍炙（美味的肉食）和羊枣相比，哪个更好吃？”

孟子回答说：“当然是脍炙好吃。”

公孙丑又说：“那么曾参父亲肯定喜欢吃脍炙。可是曾参的父亲死后，他为了父亲只戒羊枣，却为什么没有戒脍炙呢？”

孟子回答说：“脍炙，是所有人都喜欢吃的东西。羊枣，却是曾参父亲的特殊爱好。所以曾皙死后，曾参会戒羊枣而继续食用脍炙。”

旷日持久

【释义】

旷：荒废，耽搁。荒废的时间太长，拖得时间太久。

【出处】

西汉·刘向等《战国策·赵策四》：“今得强赵之兵，以杜燕将，旷日持久，数岁，令士大夫余子之力，尽于沟垒。”

【典故】

战国时期，燕国派兵攻打赵国，赵王得知消息后，很是恐慌，立刻召集大臣商议对策。国相赵胜提议说：“齐国的大将田单是个足智多谋之人，我国用三座城池做代价，让田单帮我们带兵打仗，一定能够取得胜利的。”

赵国大将赵奢并不同意赵胜的建议，他说：“我们赵国就没有能打仗的将军吗？还没有开战，就先割让了三座城池，这怎么可以！我对燕国的军队很熟悉，为什么不让我带兵抵抗呢？”

随后，赵奢又分析道：“田单确实是个有本领的将领，但是他却未必会为我们国家出力，毕竟他肯定不愿看到我们赵国强大起来，更不可能会为了我们的利益来全力对付燕军。如果让田单带领我们的军队，他一定会将我们赵国的将士拖在战场上，旷日持久，拖延时间。这样一来，不出几年的时间，我们国家的兵力财力将会被消耗殆尽，后果不堪设想啊！”

不过，赵孝成王还是没有听取赵奢的建议，执意以三座城池的代价请田单带兵。最后，果然不出赵奢所料，赵国投入了大量的人力物力，付出了很大的代价，最后只拿下了燕国一座小小的城池，得不偿失。

胯下之辱

【释义】

从胯下钻过去的耻辱。

【出处】

西汉·司马迁《史记·淮阴侯列传》：“淮阴屠中有侮信者，曰：‘若虽长大，好带刀剑，中情怯耳。’众辱之曰：‘信能死，刺我，不能死，出我胯下。’于是信孰视之，俛（fǔ）出胯下，蒲伏。一市人皆笑信，以为怯。”

【典故】

淮阴地区有一个年轻的屠夫，他故意羞辱韩信，说：“虽然你长得比较高大，还喜欢拿着佩剑，其实内心是很软弱的。”而且还当着众人面羞辱他：“如果你不怕死，就把我刺死吧。如果害怕死，就从我的胯下钻过去。”韩信仔细看了他一会儿，随后俯下身子从屠夫的胯下钻过去了。集市上的人都嘲笑韩信，认为他是一个非常胆小的人。

L

狼子野心

【释义】

虽然狼崽子比较小，但本性却都是凶恶的。形容一个人居心叵测，心思狠毒，本性难改。

【出处】

春秋·左丘明《左传·宣公四年》：“谚曰：狼子野心。是乃狼也，其可畜乎?”

【典故】

春秋时期，楚国令尹门子文和司马门子良是两兄弟。门子良有一个儿子，名子越。子越出生的时候，哭声如豺狼般，身体壮得犹如小老虎、小熊一样。门子文见此，对子良说：“虽然这个孩子现在还很小，但是即便是小狼崽，其凶猛的性格和野心也依然是很大的。这个孩子恐怕并不是一个温和之人，还是尽早杀掉他吧，否则他将来可能会危害我们家族的。”

不过，天下哪有狼心杀掉自己孩子的父母呢？所以门子良并没有听从子文的劝说。子文无奈地对家里人说：“如若有一天子越做了大官，你们一定要尽快离开楚国，否则会有大祸的。”

子文死后，他的儿子子扬做了令尹，子越也成了司马。子扬并没有遵从父亲的嘱托，而是继续留在楚国为官。而子越当上司马后，野心越来越大，他开始嫉恨子扬的官职在自己之上，于是便暗中派人杀掉了子扬，自己当了令尹。

再后来，子越的野心放在了君位上，暗地里拉帮结伙想要造反，最后兵败身亡，他的家族也因此受到了牵连。直到这个时候，家族人才真正明白了子越的“狼子野心”，更是非常后悔没有听从子文当初的叮嘱。

狼狈为奸

【释义】

狼和狈经常一起出去伤害牲畜。形容恶人相互勾结，做尽坏事。

【出处】

唐·段成式《酉阳杂俎（zǔ）》十六："故世言事乖者称狼狈。"

【典故】

唐代小说家段成式在其笔记小说集《酉阳杂俎》中写了这么一个小故事：

狼和狈属于同类动物，外形相似，性情相近。唯一不同的是，狼的两条前腿长，两条后腿短；狈的两条前腿短，两条后腿长。狼和狈经常一起外出偷吃农户家的牲畜，给农户带来很大的损失。

有一次，狼和狈来到一个羊圈前，想要偷吃一只羊。但是这个羊圈又高又坚固，它们跳不进去也撞不倒，一时间不知如何是好。

后来，它们终于想出了一个办法：狼骑在狈的脖子上，前爪抓住羊圈的篱笆。狈站起身后，狼又用两条后腿站在狈的脖子上，用前爪抓住篱笆，慢慢站起来，把两条前腿伸进篱笆里，抓住了篱笆旁边的一只羊。

整个过程，如果只有狼或狈，就不可能把羊偷出来。狼和狈运用了彼此的长处，相互勾结，才偷走了羊。

后来人们从中引申出"狼狈为奸"的成语。

老生常谈

【释义】

老书生经常说的话。指那些已经听腻了的没有新鲜意思的话语。

【出处】

西晋·陈寿《三国志·魏书·管辂（lù）传》："此老生之常谈。"

【典故】

三国时期，管辂是曹魏术士，熟读《周易》，善于占卜，小有名气。

有一次，吏部尚书何晏和侍中尚书邓飏（yáng）派人将管辂找来给他们占卜。管辂心知这两位是曹操侄孙曹爽的心腹，日常仗着自己的权势，为非作歹，名誉很不好。管辂思考了一下，想要趁着这个机会好好教训他们一下，杀杀他们的威风。

管辂刚一进门，何晏便嚷嚷道："听说你占卜很厉害，赶快替我们算一算，看看我们有没有发财的机会。此外，这几天晚上我总是梦到有苍蝇叮在脸上，这有什么寓意吗？"管辂想了一下说："之前周公为人正直，辅助周成王建功立业，使得百姓安居乐业；而今你的官职在周公之上，可对你感激的人非常少，害怕你的人却非常多，这并不是一个好兆头啊。从你的梦境中来看，是凶兆啊！"

管辂停顿了一下，接着说道："要想化解灾难，只有效仿周公等贤人，多发善心，做善事。"邓飏听了之后，连连摆手说："这些都是老生常谈的话了，没什么新意。"何晏阴沉着脸，也不再说话。

管辂听后，哈哈一笑说："虽然都是老生常谈的话，但也不能轻视啊！"

没过多久，便传来何晏、邓飏和曹爽谋反失败被杀的消息。管辂得知后，便说："老生常谈的话，他们都不以为然，难怪会惹来祸端啊！"

老马识途

【释义】

老马认识路。形容有经验的人对事情比较熟悉。

【出处】

战国·韩非子《韩非子·说林上》："管仲、隰（xí）朋从于桓公伐孤竹，春往冬返，迷惑失道。管仲曰：'老马之智可用也。'乃放老马而随之。遂得道。"

【典故】

春秋时期，山戎国侵扰燕国，燕国君主派人向齐国求救。齐桓公亲率大军前去救援，相国管仲和大夫隰朋随军出征。齐军到达燕国时，山戎国已经带着抢到的财物，跑到孤竹国去了。于是齐桓公继续带兵攻打孤竹国。山戎国和孤竹国听说齐军到来的消息，纷纷躲藏到深山荒林中。顺着敌军的踪迹，齐桓公找到敌军并将敌军打得四处溃逃。

胜利之后，齐桓公准备带军回国，不料却迷了路。齐军来时是春天，山清水秀，道路容易辨认，返回时却是冬天，白雪皑皑，山路弯曲，道路不容易识别。齐军在一个山谷中来回转悠，依然没有找出出谷的办法。如果再找不到出路，大军就会被困死在这里。相国管仲想了一个方法，对齐桓公说："老马有认路的本领，可以让老马在前面带路，我们就可以走出山谷。"

齐桓公命人从队伍中挑选出几匹老马，放开缰绳，让它们在军队前面任意行走，齐军在后跟随。在老马的带领下，没过多久齐军便走出山谷，顺利找到通往齐国的大道。

老牛舐犊

【释义】

老牛舔小牛。形容父母疼爱自己的子女。

【出处】

南朝·宋·范晔《后汉书·杨彪传》："愧无日磾（dī）先见之明，犹怀老牛舐（shì）犊之爱。"

【典故】

杨修是曹操手下的一位谋士。

有一次，杨修跟随曹操出征，曹操一直攻不下城池，只能就近安营扎寨。杨修突然听到曹操说："鸡肋，鸡肋！"他心知曹操想要退兵，便对士兵说：

“丞相有退兵的打算。”于是，全军上下开始收拾行装，做好随时撤兵的准备。曹操巡视军营的时候，发现了这种情况，问士兵原因，士兵如实相告。曹操被杨修猜中了心思，虽然佩服杨修的聪明，却又嫉妒杨修的才智。最后，曹操以杨修扰乱军心为由，将他处死。

杨修死后，杨修的父亲杨彪很伤心，身体也日渐消瘦。曹操问：“杨公为什么越来越瘦呀？”杨彪说：“我很惭愧，没有金日磾那样的先见之明，但现在还有一种老牛舔小牛的爱子之心啊。”曹操听后，心中有些愧疚。

力不从心

【释义】

心里想要做成某件事情，可惜没有足够的力量。

【出处】

南朝·宋·范晔《后汉书·西域传》：“今使者大兵未能得出，如诸国力不从心，东西南北自在也。”

【典故】

东汉时期，汉明帝派遣班超出使西域，这一去就是27年。汉和帝即位后，此时年事已高、身体衰弱的班超，因思家心切，便让儿子带着自己的亲笔信来到汉朝，请求汉和帝把他从西域召回。这封信呈递上去后便石沉大海，音讯全无。后来，班超的妹妹班昭再次上书汉和帝，请求将哥哥从西域召回。

信中这样写道：“班超在同去西域的人当中，年龄最大，而今已过花甲之年，身体孱弱，头发花白，双手不能提，双耳不灵，双眼不亮，走路都要依靠拐杖……如果再发生暴乱，以班超现在的力量，已经不能顺从内心的愿望了。如此一来，对上有损于国家，对下会毁掉好不容易得来的成果，着实让人感到心痛啊！”

汉和帝读了这封信深受感动，马上传旨召回班超。班超返回洛阳不到一个月，因病去世，享年71岁。

厉兵秣马

【释义】

磨好兵器，喂饱战马。指随时准备战斗，也形容做某件事情之前先做好准备工作。

【出处】

春秋·左丘明《左传·僖公三十三年》：“郑穆公使视客馆，则束载厉兵秣马矣。”

【典故】

春秋时期，秦国打着帮助郑国驻守都城的旗号，派遣杞子、逢孙、杨孙三位大将军带兵驻守郑国。

公元前628年，杞子密报秦穆公，说他掌握了郑国都城北门的钥匙，秦国随时可以发动进攻，他将会和秦军里应外合。

秦穆公认为机不可失，便不顾蹇叔的劝阻，立刻派遣孟明视、白乙丙、西乞术三位大将带军围攻郑国。蹇叔的儿子也在队列之中，蹇叔哭着对儿子说：“你们会在淆（xiáo）地遭到郑军的抵抗，到时我会去那里替你收尸。”

经过艰难跋涉，秦军终于到达距离郑国不远的淆国，正好碰到了在这里做生意的郑国商人弦高。弦高一边派人给郑穆公报告情况，一边假装受郑穆公之命前来慰问秦军。弦高说：“我们国君听说了你们将要到来的消息，特意派我带着美味前来犒劳你们。”

弦高的这一举动让秦军心生疑虑，以为郑国已经知道了他们的计划并做好了万全的准备，所以在行动上也开始迟疑起来。

郑穆公得知消息后，立刻让人前往都城的北门探查情况，果然看到杞子的部队“束载、厉兵、秣马”，完全是一种作战的状态。于是，郑穆公让自己的儿子前去对杞子说：“你们来到郑国之后，我们都没能好好款待。现在你们的孟明视过来了，你们也跟着回国吧。”

杞子知道事情已经败露，便即刻逃离了郑国。孟明视知道这个消息后，也下令退兵，不再攻打郑国。

励精图治

【释义】

振奋精神，力图把国家治理好，以换得天下太平。

【出处】

东汉·班固《汉书·魏相传》：“宣帝始亲万机，励精为治。”

元末·脱脱和阿鲁图《宋史·神宗纪赞》：“厉精图治，将大有为。”

【典故】

公元前74年，汉昭帝刘弗陵驾崩，年仅21岁。刘弗陵没有儿子，朝中重臣霍光拥立汉武帝的曾孙刘询为帝，是为汉宣帝。

公元前68年，霍光因病离世，御史大夫魏相上奏汉宣帝，说霍氏家族专权，建议削弱霍氏家族的势力。霍氏得知消息后，对魏相极为怨恨，想要借着太后的命令杀掉魏相，然后废除汉宣帝。汉宣帝先发制人，将霍氏家族满门抄斩。

自此后，汉宣帝才算真正掌握大权，辛勤处理政事，力图将国家治理得繁荣昌盛。他听取百官建议，制定了严格的官员考核制度，降低盐价，鼓励农业。魏相也率领百官，尽忠职守，深得汉宣帝的心意。就此，在魏相的辅佐下，汉宣帝颁布了一系列有利于农业发展、百姓生活的措施，使得西汉王朝出现了中兴的局面。

流芳百世

【释义】

好的名声会永久流传下去。

【出处】

西晋·陈寿《三国志·魏志·后妃传》：“并以圣明，流芳上世。”

唐·房玄龄等《晋书·桓温传》：“既不能流芳百世，亦不足复遗臭万载耶！”

【典故】

东晋时期，大司马桓温专政，野心勃勃。有一日，他坐在床上说：“人活在世，万不可默默无闻。一个人即便不能流芳百世，也应该遗臭万年。”

漏网之鱼

【释义】

逃脱鱼网的鱼。形容那些侥幸逃脱的犯人或敌人。

【出处】

西汉·司马迁《史记·酷吏列传序》：“网漏于吞舟之鱼。”

【典故】

晋襄公打败秦国后，俘虏了秦国大将白乙丙、孟明视、西乞术。后来，抱着“冤仇易解不宜结”的想法，又放了他们。晋国大将先轸听说后，当即跑去拜见晋襄公，说服他收回成命。另一个大将阳处父拿着大刀，前去追赶白乙丙三人，在黄河边上追上了他们。白乙丙三人发现河边有一只打鱼的小船，就急忙跳上船逃走了。原来，这条小船就是秦国事先送来的，以接应他们。

于是，就有了“网漏于吞舟之鱼”，慢慢就演变成“漏网之鱼”。

滥竽充数

【释义】

不会吹竽的人混在会吹竽的队伍里充数。指没有本领的人装作有本领，次货充好货。

【出处】

战国·韩非子《韩非子·内储说上》：“齐宣王使人吹竽，必三百人。南郭处士请为王吹竽，宣王说之，廪食以数百人。宣王死，湣王立，好一一听之，处士逃。”

【典故】

战国时期，齐宣王喜好音乐，尤为喜欢听吹竽，所以宫中养着很多会吹竽的乐师。齐宣王喜欢排场，每次听吹竽的时候，总喜欢让三百个乐师合奏。这些乐师都得到了很丰厚的优待。

当时，有一个南郭先生游手好闲、不务正业。听说齐宣王喜欢让几百个乐师一起吹竽，便对齐宣王说："大王，我是一个很有名的乐师，听过我吹竽的人没有不被感动的，即便是鸟兽听了，也会随之翩翩起舞，花草听了，也会跟着颤动。我愿意为大王吹竽。"齐宣王很高兴，没有验证一下他的本领，就直接把他安排在乐师的队伍中。

其实，南郭先生并不会吹竽，每次吹竽的时候，他就混在队伍中，学着其他乐师的样子，装模作样地吹奏。他模仿得极像，所以并没有人察觉。就这样，南郭先生在宫中生活了好几年，享受丰厚的待遇，过着舒服的生活。

齐宣王死后，齐湣王即位。齐湣王也喜欢听吹竽，但却喜欢一个个地听，不喜欢乐师群奏。南郭先生得知后，心知自己的伎俩会被识破，吓得逃之夭夭了。

根据这个故事，后人演变出"滥竽充数"这个成语。

路不拾遗

【释义】

丢失了东西，别人也不会捡走。形容比较良好的社会风气。

【出处】

战国·韩非子《韩非子·外储说左上》："国无盗贼，道不拾遗。"

【典故】

唐朝时期，有一个秀才名林善甫，自幼聪慧，为人耿直，博览群书。

有一回，母亲生病，时值林善甫在京城太学读书，他向太学告了假，回家照顾母亲。母亲病好后，林善甫带着自己的书童王吉，返回京城太学。

有一次，因为天色已晚，林善甫带着书童投宿到一家旅店。饭后，林善甫上床早早休息，也好明日早起赶路。只是，他挂念家中的母亲，翻来覆去地睡不着觉。突然，他感觉身下有硬物硌身，起身查看。只见床垫下面有一个布袋，里面有上百颗罕见的珍珠，价值连城。

林善甫看了一会儿后，将珍珠放入自己的行李中，熄灯休息。

第二日，林善甫询问店家："前天晚上是谁在我房间里住宿？"店家说："一个过路的商人，您有什么事情吗？"林善甫说："这个商人是我的故友，我们就约在这个地方见面，只可惜是我误了时间。这个商人如果回来，还请店家转告，让他去京城太学找林善甫。”

后来，商人发现珍珠丢失后，很是着急，又返回店中寻找。他问店家：“我走后，是谁住进了我的房间？”店家说：“你离开后有个人住进了你的房间，第二天一大早就走了。临走时，还吩咐我说：‘有故友前来寻找时，让他去京城太学找林善甫。’”商人听后，有些疑惑，心想：自己并不认识这个林善甫，难道是他捡到了珍珠？于是，他连夜赶往京城太学。

商人找到林善甫，“扑通”一声跪在林善甫面前，林善甫赶忙把他扶起来，说：“您有什么事情，但说无妨。”商人把自己丢失珍珠的事情说了一下。林善甫说：“你不要慌张，确实是我捡到了你的东西。”随后，林善甫又问了布袋的详细情况，确定他就是布袋的主人。最后，林善甫把珍珠还给商人，还拒绝了商人的谢礼。自此，人们都传颂林善甫“路不拾遗”的美名。

乐不思蜀

【释义】

原意指刘禅（shàn）很快乐，不思念蜀国。形容从新的环境中找到了乐趣，不愿意再回到之前的环境中去。

【出处】

裴松之注引《汉晋春秋》：“问禅曰：‘颇思蜀否？’禅曰：‘此间乐，不思蜀。’”

【典故】

蜀后主刘禅投降后，司马昭设宴款待。司马昭让蜀人演奏蜀乐，在场的蜀国官员都潸然泪下，唯独刘禅嬉笑自如，毫无异色。司马昭问刘禅：“你思念蜀国吗？”刘禅回答：“这里很快乐，我并不思念蜀国。”后来，人们将乐而忘本或乐以忘返称为“乐不思蜀”。

了如指掌

【释义】

对事情的来龙去脉比较清楚，好比给人看放在掌心的东西一样。

【出处】

春秋·孔子弟子及其再传弟子《论语·八佾（yì）》：“或问禘（dì）之说。子曰：‘不知也；知其说者之于天下也，其如示诸斯乎！’指其掌。”

【典故】

禘是古时候帝王或诸侯祭祀祖先的一种盛大的祭祀活动。周朝的祭祖大典分为三类：帝王登基，会在太庙举行大祭，上自始祖下至历代祖先合祭；天子、诸侯每五年举行一次大祭，高祖以及高祖之上的神主祭于太庙（高祖之下的则分祭于本庙）；宗庙四时祭之一，在每年的夏季举行。

有人就禘礼请教孔子。孔子回答：“我不知道。知道禘礼的人治理天下，就好比将天下放在手掌心一样。”孔子一边说一边指着自己的手掌心。

孔子明明知道禘礼却说自己不知道，是不想说的一种推脱之词。

M

芒刺在背

【释义】

芒刺：细刺。背上好像扎进了细刺。形容内心惶恐不安。

【出处】

东汉·班固《汉书·霍光传》："宣帝始立，谒见高庙，大将军光从骖（cān）乘，上内严惮之，若有芒刺在背。"

【典故】

公元前87年，汉武帝驾崩后，8岁的小儿子刘弗陵即位，是为汉昭帝，大将军霍光、御史大夫桑弘羊为辅政大臣，掌握朝中大权。公元前74年，汉昭帝驾崩，享年21岁。汉昭帝没有子嗣，霍光便拥立汉武帝的孙子刘贺为皇帝。只是，刘贺生性放荡，不理朝政，霍光又联合众位大臣废黜了刘贺，改立汉武帝的曾孙刘询为皇帝，是为汉宣帝。

刘询心知霍光权势滔天，自己的生死存亡都掌握在他的手中，因此对霍光非常的恐惧。刘询即位之后，需要前往祖庙祭祀。祭祀那天，刘询和霍光同乘一辆马车，刘询见霍光面容严肃、身材高大，内心不由自主地有些胆怯，坐立不安，犹如有芒刺扎在背上一样，很是难受。

自此，刘询每次见到霍光，都会倍加小心，生怕会引起霍光的不快。直到公元前68年，霍光病死，汉宣帝才算是真正自由了。

墨守成规

【释义】

墨守：战国时期的墨翟善于守卫城池；成规：现成的或是已经通行的规矩方法。现形容思想比较保守，守着老的方法不愿意改变。

【出处】

明·黄宗羲《钱退山诗文序》："如钟嵘之《诗品》，辨体明宗，固未尝墨守一家以为准的也。"

战国·墨子《墨子·公输》："子墨子解带为城，以牒为械，公输般九设攻城之机变，子墨子九距之，公输般之攻械尽，子墨子之守御有余，公输般屈。"

【典故】

战国时期，楚国攻打宋国，鲁班（公输般）为楚国特意制造了一种云梯，帮助楚军攻城。那时，墨子正在齐国，听说这个消息后，匆忙赶到楚国劝阻。墨子对楚王说："听说君主想要攻打宋国，是吗？"

楚王回答："是的。"

墨子说："只有具备攻打宋国的条件才能攻打。如果失败了，反而会把事情搞得很糟。我认为你们是攻打不下宋国的。"楚王不信，就让墨子和鲁班演练攻守之势。

墨子回答："我们现在就可以试试。"说完，便将自己的衣带解下，当作围墙，并用木片当作武器，鲁班负责攻，墨子负责守。鲁班用他制造的云梯进攻了很多次，都被墨子挡在了"城外"。最后，鲁班的攻城计用光了，墨子的守城计策还绰绰有余。

鲁班不愿意认输，说："我有办法对付你，但是我不说。"墨子也说："我知道你对付我的办法，但是我也不说。"楚王听得云里雾里，让墨子解释。墨子说："公输（鲁班）的意思是想要杀掉我。他认为如果把我杀掉，就没有人可以帮助宋国守住城池了。他哪里知道我的三百多名弟子早就已经守卫在宋国的都城，等候着你们前去。"楚王心知无法战胜宋国，便放弃了攻打宋国的打算。

因为墨子善于守城，所以人们将“牢守”又称为“墨守”。后来，“守”字开始多用于守旧一义，墨守成规也就成了贬义词。

门庭若市

【释义】

门前和院子里的人非常多，犹如集市一样。形容人非常多，非常热闹。

【出处】

西汉·刘向《战国策·齐策一》：“群臣进谏，门庭若市。”

【典故】

邹忌是战国时期齐国的相国，身材魁梧、容貌端正。他曾经给齐威王讲过这么一个故事：

有一天，邹忌穿戴好朝服后，问妻子：“我和城北的徐公，谁比较英俊?”妻子回答说：“当然是你，徐公怎能和你相比呢?”徐公也是出名的美男子，邹忌听了之后有些不敢相信。于是他又去询问宠妾，宠妾的回答也是：“徐公怎能和你相比呢?”

第二天，有人来邹忌家中做客，邹忌又询问客人，客人回答：“徐公没有您俊美。”几天后，徐公本人前来拜访邹忌，邹忌趁此机会仔细打量徐公，发现自己并没有徐公漂亮。于是邹忌把这件事情告诉给齐威王，说：“我并不如徐公俊美，但是妻子、妾、客人都说我比徐公俊美，这是因为妻子偏袒我，妾畏惧我，客人有求于我，所以他们会用好听的话来恭维我，并没有说真话。而今，我们齐国地大物博，宫中上下，哪个人不偏袒您；朝中大臣，哪个人不畏惧您；全国百姓，哪个人不想得到您的关怀呢。由此来看，恭维您的人一定非常多，您肯定会被蒙蔽得很严重。”

邹忌又谏言说：“如今齐国千里疆土，城池众多，您接触的人也会比我多很多，受到的蒙蔽必然也很多。如果您可以开诚布公，接纳直言进谏之人，对国家必定是有益处的。”齐威王认为邹忌说的很有道理，便下令说：“不管是谁，只要当面指出我的过失，给予上等的赏赐；敢于上书规劝我的，给予中等的赏赐；在朝中或是集市上议论我的过失，我知道的，给予下等的赏赐。”命令一下达，朝中大臣纷纷前去谏言，一时间朝廷门口犹如集市一般热闹。

毛遂自荐

【释义】

形容自告奋勇，自己推荐自己担任某种工作。

【出处】

西汉·司马迁《史记·平原君虞卿列传》："门下有毛遂者，前，自赞于平原君曰：'遂闻君将合从于楚，约与食客门下二十人偕，不外索。合少一人，愿君即以遂备员而行矣。'"

【典故】

公元前260年，秦军和赵军在长平交战，赵军大败。秦军将领白起率兵围困赵国都城邯郸。赵国君主派遣平原君前去楚国求援，想要联合楚国一起抵抗秦国。

平原君想从自己的门客中挑选二十人一同前往楚国，经过层层筛选，挑出了十九个人，还差最后一个。此时，有一个叫毛遂的门客主动上前，对平原君说："听说先生要前往楚国订立'合纵'盟约，并要带着二十个门客一同前往，而今还差一个人，希望先生能够带我前去。"

平原君说："先生来我这里几年了？"

毛遂回答："有三年了。"

平原君说："贤能的人犹如布袋里面的锥子，锋利会立刻显现出来。而今先生来了三年，我却从未听别人提起过你，足见先生的才能一般。所以先生不能和我们一同前去，还请留下。"

毛遂回答："我的才能没有显露，是因为我今天才进入囊中的缘故。如果早进入囊的话，我的才能早就显露出来了。"于是，平原君答应毛遂一同前去。

最后，在毛遂的辅助下，楚王签订了"合纵"盟约。平原君对此说道："我不敢随意挑选人才了。我挑选出来的人才，上百上千人，自认为并没有错过天下的人才，但在毛遂先生这里却错过了。毛遂先生刚到楚国，便使得赵国威望大增。他的三寸不烂之舌，胜过百万军队。我不敢再挑选人才了。"

自此，平原君将毛遂当作上宾。

目不识丁

【释义】

指一个字也不认得。

【出处】

后晋·刘昫等《旧唐书·张弘靖传》：“今天下无事，汝辈挽得两石（dàn）力弓，不如识一丁字。”

【典故】

唐朝大臣张弘靖，为人圆滑，谄上欺下，但却深受皇帝的重视。后来，他被任命为幽州节度使。

刚上任，张弘靖想要做出一番成就，但又不知从何处下手。张弘靖想，幽州地处偏远，要想开化此处的百姓，就必须要改革民俗。在他看来，安史之乱的时候，安禄山是在幽州发动叛变的，只要把安禄山的事情解决好，就能够开化民风。于是，他下令挖开安禄山的坟墓，毁掉了安禄山的灵柩。百姓们看到张弘靖的作为都很失望，说：“本以为来了一个好官，没想到来了一个只会挖掘别人坟墓的官。”

张弘靖手下有两个比较可恶的小吏，一个叫韦雍，一个叫张宗厚。这两个人整日无所事事，就知道聚在一起酗酒，每次都要喝到深夜。他们对待幽州原有军吏也比较可恶，稍有不顺心，就说他们是安禄山的同伙。其中有辩解的，就会挨一顿鞭子，甚至还会受牢狱之灾。所以军吏对他们二人恨之入骨。

有一次，韦雍醉酒后，对军吏说：“天下太平，国家安定，虽然你们可以拉开两百石的弓，又有什么用处呢？还不如只认识一个‘丁’字的人呢。”军吏们虽心有不甘，但又慑于他们的权威，不敢发表任何意见。

此外，前任幽州节度使刘总离任之后，还特意让人送来一百万贯钱，犒劳那些跟随自己多年的将士，却被张弘靖私自挪用了二十万贯留作自己的开销。

幽州人知道这件事情后，再也不愿受张弘靖一行人的欺压，发动叛变，杀掉了韦雍和张宗厚，并将张弘靖拘禁起来。不久，朝廷罢免了张弘靖的官职。

民不聊生

【释义】

百姓失去了赖以生存的条件。形容百姓生活极度困苦。

【出处】

西汉·刘向等《战国策·秦策四》："鬼神狐祥无所食，百姓不聊生，族类离散，流亡为臣妾。"

【典故】

战国末年，秦国国力强盛，放眼天下，无一对手。秦国大将白起带军攻打韩国、魏国，接连攻破几百座城池，敌人死伤成千上万人。随后，秦兵围困魏国都城大梁。齐国、赵国发兵救援魏国，秦昭王只能下令撤军，转而攻打楚国，楚襄王逃离都城。

一年后，白起再次带兵围攻魏国都城大梁，想要一举将魏国消灭。幸而韩军反应迅速，急速救援魏国，才让魏国免了灭国之灾。

于是，秦昭王假装交好韩国、魏国，并说服他们一起攻打楚国。楚王听说秦军再次进攻的消息，便派遣大臣黄歇前来求和。到达秦国后，黄歇给秦昭王上书说：秦国的威胁并不是楚国，而是韩国和魏国。秦王杀了他们那么多百姓，活着的百姓也都因此流离失所、无以为生，所以他们对秦国的怨恨是非常深的。

黄歇还给秦王分析了天下大势，并告诉秦昭王，联合韩国、魏国一起攻打楚国，恰好给了韩国、魏国趁机发展的机会，一旦韩、魏两国反戈相向，秦军就会有灭顶之灾，所以秦国最好的办法应该是联合楚国灭掉韩国、魏国才对。

秦昭王认为黄歇说的有道理，便接受了黄歇的建议，和楚国订立联盟。

名落孙山

【释义】

考试不合格，或是选拔没被录取。

【出处】

南宋·范公偁《过庭录》："吴人孙山，滑稽才子也。赴举他郡，乡人托

（tuō）以子偕往。乡人子失意，山缀榜末，先归。乡人问其子得失，山曰：'解名尽处是孙山，贤郎更在孙山外。'"

【典故】

古时，有一个读书人叫孙山，能言善辩，很风趣。孙山要去其他郡中考试，临行前，有一位老人找到他，希望他可以带着自己的儿子一起去应考，路上也好有个照应。孙山答应了。二人顺利参加考试后，便在郡中等着放榜。

发榜时，孙山的名字位于榜单的最后一行，那个老人的儿子落榜了。老人的儿子有些伤心，便想着在郡中多待几天。孙山归心似箭，第二天便收拾东西回家了。

乡人知道孙山中举，纷纷赶来祝贺。老人没有看到自己的儿子，便问孙山情况。孙山吟了两句诗：解名尽处是孙山，贤郎更在孙山外。意思是说，举人的最后一行是孙山，您儿子的名字却还在我孙山后面。意思是您的儿子落榜了。

明察秋毫

【释义】

原意指人的视力非常好，能够看清任何微小的事物。后来形容人的目光敏锐，可以洞察一切。

【出处】

战国·孟子及其弟子《孟子·梁惠王上》："明足以察秋毫之末，而不见舆薪，则王许之乎？"

【典故】

有一次，齐宣王问孟子："齐桓公和晋文公都是如何称霸的呢？"孟子便劝谏齐王要实施仁政。

齐宣王接着问："这有什么道理吗？"

孟子回答："百姓安居乐业，天下才能够统一，这是任何力量都无法抵抗的。""像我这样的君主，可以让百姓安居乐业吗？"齐宣王问。

孟子回答："可以。"齐宣王说："为什么呢？"

孟子说："我见到过君主的仁爱。有一次，您看到厨子牵着一头牛从面前经过，牛吓得瑟瑟发抖。您于心不忍，便下令用一只羊代替牛，这是您的仁心所致。有了这样的仁心，是可以统一天下的。也有人说您吝啬，但我知道您是不忍心。其实从怜悯的角度来说，杀一头牛和杀一只羊，没什么区别。”

孟子接着又说道：“如果有人说：‘我力大无穷，能够举起几千斤重的东西，但却拿不起一根羽毛；我能够看清楚天上飞鸟地上走兽的细毛，却看不到眼前的一堆柴草。’这话您信吗？”

齐宣王说：“不相信。”

“野兽因为您的仁心得到了恩惠，但是百姓却并没有得到过恩惠，这是什么原因呢？事实上，拿不起一根羽毛，是因为没用力的缘故；看不到一堆柴草，是因为没去看的缘故；百姓无法安居乐业，是您不愿意实施仁政的缘故。您不实施仁政，并不是因为您不能做，而是因为您不愿意做。”

齐宣王无言以对。

满城风雨

【释义】

城中到处刮风下雨。原本形容重阳节前的雨景。现在指一件事情的传播范围很广，各处都议论纷纷。

【出处】

北宋·潘大临《题壁》诗：“满城风雨近重阳。”

【典故】

北宋时期，诗人谢无逸和潘大临是好友。一个住在江西临川，一个在湖北黄州，二人相距甚远，只能以书信叙友情。

有一次，谢无逸给潘大临去信，问他最近的情况，是否有新作可以让自己一饱眼福？潘大临立刻回信说：“近些日子，秋高气爽，天气晴朗，是极其容易引发诗兴的。只恨一直有俗事缠身，败坏了诗兴。昨日卧床休息，只听窗外风声阵阵，雨滴打着秋林，顿时又引发了诗兴，急忙起身，在白色的墙壁上写了‘满城风雨近重阳’。不料，刚写完这一句，就有催租的小吏冒失闯进来，打断了我的思绪。所以，也只能把这一句寄给你了。”

后来，潘大临因病去世，谢无逸悲恸不已。他续写了“满城风雨近重阳”，借以悼念亡友：满城风雨近重阳，无奈黄花恼意香。雪浪翻天迷赤壁，令人西望忆潘郎。

后来，人们从“满城风雨近重阳”一句中提炼出“满城风雨”一词。

马革裹尸

【释义】

用马皮包裹尸体。形容战死沙场。

【出处】

南朝·宋·范晔《后汉书·马援传》：“男儿要当死于边野，以马革裹尸还葬耳，何能卧床上在儿女子手中邪?”

【典故】

东汉名将马援，屡建战功，汉光武帝时被封为“伏波将军”。

当初，马援大军凯旋，马援的朋友孟冀前来迎接，对马援说了很多祝贺的话。马援说：“我希望你可以说出教导我的话，没想到却和别人一样祝贺我。五帝时期的伏波将军，打下了七个郡县的疆土，也不过有几百户的侯爵；而今我只立了一个小功，就给我一个大县。功劳浅而赏赐却很丰厚，像我这样的如何又能长久呢？先生可有什么教导我的?”孟冀回答：“我并不聪慧，不知道教导什么。”

马援说：“现在，匈奴和乌桓时常侵犯我边境，外患并未平定。所以我应该主动请战，前去杀敌。大丈夫应该热血洒疆场，马革裹尸体，又怎能和那些无能的懦夫一样，只知道在家中和妻儿打闹呢?”

孟冀听后，很是惭愧，说：“做志士，的确需要马援的雄心啊。和他相比，我实在太没出息了。”

马首是瞻

【释义】

看着马头的方向，决定进退。形容跟随某人的行动。

【出处】

春秋·左丘明《左传·襄公十四年》：“鸡鸣而驾，塞井夷灶，唯余马首是瞻。”

【典故】

公元前559年，晋国联合十二个诸侯国攻打秦国，联军统帅为晋国的荀偃。秦景公事先在泾水上游投了毒，毒死了很多渡河的联军士兵，造成联军上下人心惶惶。秦景公得知联军军心已乱，便一心备战，毫不胆怯。

荀偃准备打仗事宜，他对联军说：“明天早上，鸡鸣就出发。各部队要填平自己的炉灶、水井。作战的时候，各部队要以我的马首是瞻。我去哪里，大家就去哪里。”

荀偃的手下都有些反感，私下议论：“晋国从未有过这样的命令，为何要听从于他呢？他的马头向西，我就偏向东行。”这样一来，军中大乱，荀偃只能放弃攻打秦国的打算，撤军回国了。

买椟还珠

【释义】

椟：木匣子。买下木匣子，退还珍珠。形容一个人没有眼力，取舍不当。

【出处】

战国·韩非子《韩非子·外储说左上》：“楚人有卖其珠于郑者，为木兰之柜，熏以桂椒，缀以珠玉，饰以玫瑰，辑以羽翠。郑人买其椟而还其珠。”

【典故】

楚国有一个商人，往来于楚国、郑国之间，从事珠宝生意。

有一次，商人带着一批上好的珠宝去郑国售卖。为了吸引更多的客人，他制作了很多精美的木匣子，上面刻有精致的花纹，周围镶嵌了很多彩色的羽毛，还用香料将木匣子熏得香喷喷的。他想：用这样的木匣子盛放珠宝，郑国人肯定会喜欢的。

商人来到一条最繁华的街市，向过往的行人展示他的珠宝。很快就吸引了很多行人驻足。只是人们的关注点并不在珠宝上，而在于那些各式各样的木匣子。有些郑国人甚至花高价买下了木匣子，而退还了珠宝。

N

南辕北辙

【释义】

想要往南走的车子偏要往北行。指行动和目的相反。

【出处】

西汉·刘向《战国策·魏策四》："犹至楚而北行也。"

【典故】

魏王准备攻打赵国的都城邯郸，季梁听说了这件事情后，急忙前去拜见魏王，对魏王说："我今天回来的时候，遇到了一个向北赶路的人，他对我说：'我要前往楚国。'我说：'楚国在南边，你为什么要朝北走呢?'他回答说：'我的马跑得快。'我又说：'马确实是好马，但这并不是前往楚国的方向啊。'他又回答说：'我有很多的盘缠。'我又说：'路费再多，这终究不是前往楚国的道路。'后来他还告诉我，他的马夫驾车技术很高超。只是这些外在的条件再好，却因为没有找到楚国的方向，而让他离楚国越来越远了。而今，大王的目标是要成就霸业，现在却依仗着魏国的强大，进攻邯郸，扩张自己的土地。大王采取这样的行动越多，距离您的霸业就越远。这不和那个想要去楚国却往北行的人是一样的吗?"魏王认为季梁说得有理，便放弃了攻打赵国的计划。

南州冠冕

【释义】

南方人才中比较杰出的人。形容才学出众的人。

【出处】

西晋·陈寿《三国志·蜀书·庞统传》：“徽甚异之，称统当为南州士之冠冕。”

【典故】

三国时期，庞统是刘备的重要谋士。庞统年轻时朴实迟钝，很多人都瞧不起他，但是父亲庞德公对他却很是赞赏。

当时，荆州地区有一个贤士，名司马徽，善于识别人才，并与庞德公有私交。庞统十八岁的时候，庞德公让他去拜访司马徽。庞统来到司马徽家时，司马徽正在桑园里面采集桑叶。于是，庞统就在桑树下面和司马徽交谈，二人从国家大事谈到了琴棋书画，越聊越投机。

在司马徽看来，庞统是一个无所不知、无所不晓的人物，对事情也有其独到的见解，司马徽对他很是赞赏，称赞他为南方士人中的第一人。

没过多久，刘备让司马徽给他举荐人才，司马徽便向他举荐了庞统。

难兄难弟

【释义】

原意指两兄弟的感情非常要好。而今指的是共患难的人，也指处于同样困境中的人。还有一种反讽的解释，意思是两个人是一样的坏。

【出处】

南朝·宋·刘义庆《世说新语·德行》：“元方难为兄，季方难为弟。”

【典故】

颍川地区有一个人叫陈寔，他的两个儿子分别叫元方、季方，都是德行甚佳之人。

有一次，元方的儿子长文和季方的儿子孝先一起谈论人品问题，二人都极其自豪地夸赞自己父亲的品行，最后竟然因此争吵起来。二人为了分出胜负而找到陈寔，陈寔听了两个孙子的争论，苦笑不已，感慨道：“元方难为兄，季方难为弟。”

自此，人们从这句话中演变出了“难兄难弟”一词。

宁为玉碎，不为瓦全

【释义】

宁可做玉被打碎，不可做瓦被保全。形容宁愿为正义的事情牺牲，也不愿意为自保而丧失了气节，苟且偷生。

【出处】

唐·李百药《北齐书·元景安传》：“岂得弃本宗，逐他姓，大丈夫宁可玉碎，不能瓦全。”

【典故】

公元550年，北朝东魏大将高洋逼迫孝静帝元善退位，自己登基为帝，建立北齐。第二年，高洋杀掉了孝静帝和他的三个儿子。

有一年，出现了日食的情况，高洋认为这是不祥之兆。因为他的皇位是从孝静帝手中抢来的，内心一直不安，再看到这日食就更加恐慌了。他问身边的亲信：“之前王莽篡夺了大汉朝天下，为什么光武帝刘秀后来又可以将天下夺回去呢？”

亲信心知高洋内心的恐惧，便说：“王莽夺取汉朝天下后，并没有杀光刘氏宗室。如果他当时杀光了刘氏宗室，也就不会有光武帝刘秀了。”听了亲信的话，高洋杀掉了元氏宗室四十多家，共七百多口人。

消息传出后，元氏远房的宗族都非常恐惧。有一个名为元景安的县令说：“要想保住性命，恐怕就不能姓元了。我们可以上书皇帝，让他给我们赐

‘高’姓。”

元景安的堂兄景皓，是个有骨气之人。他反对元景安的建议，并说：“为了保全性命，就要丢掉自己的姓氏而改为他姓吗？这不是要抛弃自己的祖宗吗？大丈夫宁可做玉器被打碎，也不愿做瓦而自保。我宁愿为了自己的气节而死，也不会为了活命而忍受这等屈辱。”听了景皓的一番话，在场的所有人都感到很惭愧。

弄巧成拙

【释义】

原本想要使用巧妙的手段做事情，结果反而坏了事。

【出处】

宋·黄庭坚《拙轩颂》：“弄巧成拙，为蛇画足。”

【典故】

北宋时期，著名画家孙知微受邀为成都寿宁寺画一幅《九曜图》。画好草图后，孙知微有事外出，便找来学生说：“这幅画的大体轮廓我已经画好了，你们几个就着色吧，务必要认真。”老师走后，学生们开始准备着色的事情。

这时，一个学生发现画上水星菩萨的侍童手中的水净瓶是空的。一个学生说：“平日里老师作画的时候，总要在瓶中画上一朵鲜艳的花。这一次想必是太匆忙而忘了画，我们补上吧。”所有人都同意。于是，他们给空瓶中画了一朵粉色的莲花。

孙知微外出回来后，看到了凭空冒出来的莲花，愤怒地说：“水星菩萨的水净瓶并不是插花用的，而是用来镇压妖怪的。瓶中原本就没有花草，如果画上了花草，这就不是神物而是一件普通的瓶子了。你们真是弄巧成拙呀。”

弟子们羞愧得不敢抬头。

O

呕心沥血

【释义】

沥：一滴一滴。形容用尽了心思。现在多指一个人在工作、事业、创作上所付出的辛苦。

【出处】

唐·李商隐《李长吉小传》：“是儿要当呕出心乃已尔。”

唐·韩愈《归彭城》诗：“刳（kū）肝以为纸，沥血以书辞。”

【典故】

李贺是唐代著名的诗人，七岁开始作诗写文，才华横溢。成年后，李贺一心想要报效朝廷，只可惜天不遂人愿，他的政途并不顺利。百般郁闷之下，他便将所有的愁苦全都寄托在诗歌的创作上。

李贺每次外出的时候，都会让人背着一个袋子，一旦有些灵感，他便赶忙记下来放入袋中，回到家再将这些灵感整理出来，提炼成诗。

他的母亲曾经很是心疼地说：“我的儿子将所有的精力和心血全部用在了诗文的创作上，真是要把心吐出来才会停止啊。”

P

盘根错节

【释义】

树枝环绕，枝节交错。形容事情比较复杂，难以理清。

【出处】

晋·袁宏《后汉纪·安帝纪一》：“不遇盘根错节，无以别坚利，此乃吾立功之秋，怪吾子以此相劳也。”

南朝·宋·范晔《后汉书·虞诩传》：“志不求易，事不避难，臣之职也。不遇盘根错节，何以别利器乎?”

【典故】

东汉时期，虞诩是太尉李修府中的一个小官。

有一次，西羌和匈奴突袭东汉，威胁到北方的并州和西边的凉州。大将军邓骘（zhì）提议与其兵分两路抵挡，不如集合兵力保护并州而丢弃凉州。朝中有很多大臣都同意邓骘的建议，只有虞诩力排众议，提出了不同的看法。

他认为：“凉州地区的百姓不仅熟习军事而且各个骁勇善战，这也是西羌之所以不敢入侵关中的原因。凉州百姓也自认自己是大汉朝的一脉，所以才不顾一切地保卫国家，奋勇抗敌。如果依照邓将军的提议，舍弃凉州，这恐怕不利于局势啊。”

邓骘则认为虞诩是故意和自己作对，心中很是不快，一直在寻找报复的机会。

没多久，朝歌地区发生了动乱，地方官员被百姓杀掉。朝中多次派兵镇压，却没有完全平息下来。此时，邓骘便举荐虞诩前去担任朝歌的县令。虞诩周围的人认为此行凶多吉少，都很为他担心。虞诩却说：“一个有志气的人，怎么会避开困难而去寻找容易的事情呢？这就好比我们砍树一样，如果没有遇到过坚固的盘根错节，又怎能知道斧头的锋利呢？我担任朝歌的地方官，又有什么可担忧的呢？”

虞诩到了朝歌后，不久就平息了当地的叛乱。朝廷认为他是一个大将之才，于是便提升他为武都太守。不久之后，他又带军抵抗西羌，大获全胜，立下了汗马功劳。

抛砖引玉

【释义】

抛出去的是砖头，引回来的是玉石。指以自己不成熟的作品或建议，引出别人更好的作品或建议。有自谦的意思。

【出处】

北宋·释道原《景德传灯录》卷十：“比来抛砖引玉，却引得个坠子。”

【典故】

唐朝时期，有一个叫赵嘏（gǔ）的人，写诗不错，曾因“长笛一声人倚楼”一句得一称号“赵倚楼”。当时，还有一个名为常建的人，诗文写得也不错，不过他自认为没有赵嘏写得好。

有一次，赵嘏去苏州游玩，常建听说后便想：这是一个难得的向他学习的机会，我得好好把握才行。苏州的灵岩寺是个比较出名的地方，凡是来苏州的人，几乎都要前往这里参观。于是，常建便事先在寺庙的墙上留下了半首诗，期望赵嘏看到后能够补全下半首。

赵嘏果然也去了灵岩寺。当他看到墙上的半首诗时，便不假思索地补上了下半首诗。

当时的人们便说，常建用自己不好的诗句，换来了赵嘏很好的诗句，可算是抛砖引玉了。

其实，常建、赵嘏并不是同一个时代的人，二人相差百年左右，所以这个故事的可信度并不高。但因为这段故事非常出名，人们便将此作为“抛砖引玉”的由来。

皮之不存，毛将焉附

【释义】

原意指皮不存在了，毛又该依附什么呢？指事物失去了赖以生存的根本，无法单独存在。

【出处】

西汉·刘向《新序·杂事》："皮之不存，毛将焉附？"

【典故】

有一年，魏国的东阳地区向朝廷缴纳的钱粮布帛比往年足足多出了十倍，朝中大臣都向魏文侯祝贺。不过魏文侯却想到了一个问题：东阳地区的土地没有增加，人口没有增加，钱粮布帛却比往年多出了十倍，这必定是当地官员向百姓们强制征收来的。这让魏文侯想到了一件事情：

有一次，魏文侯在外出巡游的路上见到了一个背柴的农夫，这个人反穿着羊皮统子，毛在里面而皮在外面。

魏文侯奇怪地说："你为什么要反穿着皮衣背柴呢？"

这个人回答说："我很爱惜这件皮衣，担心会把毛磨光，所以才反穿的。"

魏文侯又说道："你知道吗？相对于毛来说，皮子才是最重要的。如果没有了皮子，毛又将依附于什么呢？你这完全是个错误的想法啊。”

只是那个人依然固执己见，并不听从魏文侯的建议。

同样，相对于钱粮布帛来说，百姓才是最重要的呀。如果为了钱粮布帛而不顾百姓的死活，就和这个反穿皮衣的农夫一样了。

于是，魏文侯召集朝中大臣，给他们说了自己遇到的这件事情，并且说：“皮之不存毛将焉附？如果老百姓的生活得不到安宁，国君的地位又如何长久呢？你们一定要记住这个道理，万不可被眼前的小利迷惑了心智，失了根本。”

披荆斩棘

【释义】

劈开丛生的多刺植物。形容清除前进道路上的障碍，克服重重困难。

【出处】

南朝·宋·范晔《后汉书·冯异传》：“为吾披荆棘，定关中。”

【典故】

冯异是东汉时期的名将，为朝廷立下了不少功劳。

汉光武帝曾经这样介绍他：“他是我当初起兵时候的主帅，为我劈开了前进道路上的丛生荆棘，扫除了重重障碍，平定了关中的大部分地区，是一个有功之臣啊。”

疲于奔命

【释义】

因命令而四处奔波，使得自己很劳累。后来形容忙于应付，使自己非常疲乏。

【出处】

春秋·左丘明《左传·成公七年》：“余必使尔罢于奔命以死。”

【典故】

春秋时期，楚国大将子反和子重依仗着自己的功劳，向楚王求赏：子重想要楚国北部的两处地方，子反想要迎娶美丽的夏姬，但都因大臣申公巫臣的极力反对而没有达成。后来，巫臣自己迎娶了夏姬，并逃到了晋国。

子重、子反对此怀恨在心，他们杀掉了巫臣的族人，瓜分了他的财产，抢夺了他的妻妾。巫臣得知消息后，让人给子重、子反送去了一封信，信中写道："你们真是太可恶了，我一定会让你们受命奔波，疲劳而死。"

为此，巫臣专门带着军车和将士前往比较落魄的吴国，帮助吴国练兵。在巫臣的帮助下，吴国的军力日益强盛起来。于是在巫臣的策划下，吴国不断侵扰楚国周边的属国，并将其划入吴国的版图。一封封告急的文书传到楚王那里，楚王便一次次派遣子反、子重带兵前去救援。

就这样，子重、子反刚刚结束战事，还未来得及休整便又被派往其他的地区。一年内，二人率军往返多达七次，被整得筋疲力尽。巫臣也算是达到了复仇的目的。

扑朔迷离

【释义】

难以分辨兔子的雌雄。指事情比较复杂，一时很难辨别清楚。

【出处】

北宋·郭茂倩《乐府诗集·横吹曲辞五·木兰诗》："雄兔脚扑朔，雌兔眼迷离，双兔傍地走，安能辨我是雄雌。"

【典故】

花木兰是北魏宋州人，也是我国古代比较有传奇色彩的巾帼英雄。

花木兰的父亲曾经是一位军人，从花木兰十岁开始，父亲便开始教授她骑马、射箭、舞刀的本领。到了北魏太武皇帝时期，因不堪忍受北方游牧民族柔然的侵扰，北魏政权规定每家每户要出一名男丁上战场，为国效力。

此时，花木兰的父亲年事已高，弟弟又很年幼。于是花木兰对母亲说："我看到征兵的名册上有父亲的名字，父亲已经年迈，弟弟还很小，我又没有哥哥。所以我愿意女扮男装，替父从军。"

第二天，花木兰去集市买了骏马、马具、马鞍、缰绳等，准备妥当后便辞别父母，奔赴前线，开始了长达多年的军旅生活。

在那个满是男人的军营中，花木兰一边和同伴们奋勇杀敌，一边还要隐瞒自己的女儿身份，唯恐暴露而惹来杀身之祸。幸运的是，花木兰很顺利地完成了征战任务，凯旋后，皇帝要论功行赏，想让她在朝中为官。花木兰以尽孝为由，请求皇帝让自己归乡。

木兰回到家中，推开自己的房门，坐在自己的床前，脱掉了身上的战袍，换上女儿家的红妆。之后，木兰走出房门去看一起回来的战友，战友们这才得知木兰的女儿身份，都惊奇地说："一起征战沙场这么多年，竟然不知道木兰你是个女儿身。"

将兔子提在空中，雄性兔子四脚会不停地动弹，雌性兔子会眯着眼睛，所以很容易就能够分辨雌雄；如果两只兔子并排跑，又如何辨得清楚哪只是雄兔哪只是雌兔呢？

破镜重圆

【释义】

形容夫妻感情破裂或是离散后还能够重新团聚。

【出处】

宋·李致远《碧牡丹》："破镜重圆，分钗合钿，重寻绣户珠箔。"

【典故】

南朝陈太子舍人徐德言娶乐昌公主为妻，二人郎才女貌、恩爱有加，生活得非常幸福。当时朝政腐败，徐德言对此很是忧心。

他对妻子说："天下很快就要大乱，我们夫妻可能会被拆散，但只要我们的感情未尽，总会有再次团圆的那天。所以，我们应该给彼此留一件东西，当作重见的凭证。"

说完，徐德言找来一面圆形的铜镜，把它一分为二，一块递给妻子，一块自己留下。而后对妻子说："我们分开后，每年的正月十五，你就让人拿着这半面镜子去市场上叫卖。只要我还活着，我肯定前去打听，然后以我的这半面铜镜为证，和你团聚。"

没多久，隋文帝带兵攻打陈国都城建康，陈国灭亡。隋朝大臣杨素因灭陈有功，加封为越国公，得了很多赏赐，其中就有乐昌公主。徐德言被迫逃亡。

乐昌公主深受杨素的宠爱，但她却一直惦记着自己的丈夫徐德言。每年的正月十五她都会命人拿着半面铜镜去市场上叫卖。这年的正月十五，徐德言辗转来到妻子所在的长安城，在热闹的集市上，看到一个老人正高价出售一块半面铜镜。上前一看，正是他送给妻子的那块。徐德言写了一首诗，连同自己的半面铜镜交给这个老人，让他转交给乐昌公主，诗中道：镜与人俱去，镜归人未归。无复嫦娥影，空留明月辉。

乐昌公主看到丈夫送来的诗和半面铜镜后，整日郁郁寡欢、茶饭不思。杨素得知实情后，感动于他们俩的夫妻之情，让人找来徐德言，把乐昌公主接回江南，还赏赐给他们很多的财物。

破釜沉舟

【释义】

把锅砸破，把船沉入海底。指下定决心，不顾一切地干到底。

【出处】

西汉·司马迁《史记·项羽本纪》："项羽乃悉引兵渡河，皆沉船，破釜甑（zèng），烧庐舍，持三日粮，以示士卒必死，无一还心。"

【典故】

秦朝末年，秦国大将章邯大败楚军，又率军攻下赵国都城，赵王带着赵军退守巨鹿。章邯带兵围困巨鹿，赵王派人向楚怀王求救。大将项羽的叔父项梁就是被章邯所杀，为了报仇，项羽请求带兵前去救援赵国。

楚国令尹宋义担任上将军，他认为，当下最好的办法就是把军队驻扎在安阳，先按兵不动，等秦军和赵军两败俱伤时再发起进攻。项羽报仇心切，对宋义说：“秦军围困巨鹿，形势危急。我们一定要赶快救援，和赵国内外夹击，必定可以打败秦军。”

宋义驳斥说：“带兵打仗我并不如你，但运筹帷幄你就不如我了。”随后宋义还下达了一道命令：不服从命令的，依照军法处置。项羽心知这道命令是冲自己来的，很是生气。

时值冬天，军中粮食缺乏，楚军埋怨不已，军心动摇。项羽借此机会，鼓动将士们杀掉了宋义。楚怀王得知后，虽然有些生气，但又于事无补，只好改任项羽为上将军。项羽立即带着一队兵马，渡河攻打秦军。项羽下令只携带三天的粮食，砸掉了吃饭的锅，把渡河的船沉入水底，烧掉了住的庐舍。项羽说：“这一次我们只进不退，三天内一定要打败秦军。”

项羽的话大大鼓舞了士气，楚军个个精神抖擞、英勇无畏，经过几场战斗，秦军大败。这便是历史上有名的“巨鹿之战”。

剖腹藏珠

【释义】

剖开肚子，把珍珠藏进去。形容为了外物而伤害自己的身体，颠倒轻重。

【出处】

北宋·司马光《资治通鉴·唐纪·太宗贞观元年》：“吾闻西域贾胡得美珠，剖身以藏之，有诸?”

【典故】

西域有一个商人，偶然间得到了一颗罕见的珍珠。这颗珍珠非常的珍贵，商人整日担心会被人抢走。他藏了好多个地方，但都觉得不够安全。有一天，他终于想到了一个自认为万全的方法，他剖开自己的肚子，将珍珠放进去。最后，商人因为流血过多而死。

Q

歧路亡羊

【释义】

因为岔路口太多而无法追到丢失的羊。形容事情复杂多变，如果没有一个正确的方向就很容易误入歧途。

【出处】

战国·郑·列御寇《列子·说符》："大道以多歧亡羊，学者以多方丧生。"

【典故】

杨朱是战国初期的思想家、哲学家，是道家杨朱学派的创始人。

有一次，杨朱的邻居丢了羊，便请杨朱的仆人一起帮忙寻找。杨朱说："只不过丢了一只羊，需要这么多人去追吗？"邻居说道："因为岔路口非常多。"没过多久邻居回来了，杨朱问道："羊找到了吗？"邻居回答："追丢了。"杨朱问："为什么呢？"邻居说："岔路口中还有岔路，我们不知道该往哪个方向追，所以都回来了。"杨朱脸色顿时阴郁下来，一整天都闷闷不乐的，杨朱的学生比较奇怪，便问："羊，只不过是畜生罢了，而且还不是老师的，但却让您一整天都郁郁寡欢，这是什么原因呢？"

杨朱没有回答，杨朱的弟子孟孙阳则将这件事情告诉给心都子。

有一次，心都子和孟孙阳一起去见杨朱，心都子问杨朱说："从前有三个兄弟在同一个老师那里学习，弄懂了仁义的道理后便一起回家了。他们的父亲问：'到底什么是仁义呢？'大儿子说：'仁义让我懂得爱惜自己的生命，而将名声放在生命之后。'二儿子说：'仁义让我为了名声而不惜放弃自己的生命。'三儿子说：'仁义能够保全我的生命和名声。'三兄弟的回答各不相同，甚至还是相反的地方。那么在你看来，这三兄弟的观点哪个是正确的，哪个又是错误的呢?”

杨朱回答:“有一个常年住在河边的人，熟习水性，以划船摆渡为生，他赚来的钱能够养活一百个人。因此自带粮食前来求学的人成群结队，而又有半数的人在学习过程中溺水而亡。他们的本意是来学习泅(qiú)水的而不是来学习溺水的，而且盈利和受害又是完全相反的两个词语，那你认为谁是谁非呢?”

心都子无言以对，只能默默地和孟孙阳一起走出去。孟孙阳责怪心都子:“你的提问这么迂回，老师的回答又这么奇怪，我都有些糊涂了。”心都子说:“因为岔道口太多而丢失了羊，求学的人因为理解不一而表述不同，学习摆渡的人因方法不同而丧失生命。从根本上来说，这些都是一致的，但却得到如此大差异的结果。所以，只有全部回归到本质问题上，才会没有得失的感觉，也不会迷失方向。你长时间在老师这里学习，学习老师的言论和学说，但却不明白老师讲的是什么，真是可悲啊。”

骑虎难下

【释义】

骑在老虎背上，无法下来。形容一件事情进行下去比较有困难，但又无法中途停止，陷入了两难的境地。

【出处】

南朝·宋·何法盛《晋中兴书》:“今之时势，义无旋踵(zhǒng)，骑虎之势，可得下乎?”

唐·房玄龄等《晋书·温峤传》:“今之事势，义无旋踵，骑猛兽安可中下哉。”

【典故】

咸和三年(公元328年)，在历阳镇守的大将苏峻和在寿春镇守的大将祖约，以征讨中书令庾亮为由，攻入都城建康，掌控朝中大权。

当时，温峤任职荆州刺史，他和出逃到他那里的庾亮一起推举荆州刺史陶侃为盟主，带兵征讨叛军。叛军人数众多，陶侃接连打了好几个败仗，军粮也出现了问题。因为接连失利，陶侃心中有些畏惧，他对温峤说:“起兵的时候，您对我说要将领有将领，要军粮有军粮，只要我做盟主就行。如今将领在哪里？军粮在哪里？如果军粮补给不上，我也只能带着我的士兵回老家了，等到有条件的时候再行动。”

温峤劝说道：“您的说法不对。战胜叛军最为重要的方法就是依靠我们内部的团结。当初刘秀、曹操之所以能够以少胜多，就是因为他们是正义的一方。如今皇帝有难，国家处于危难之中，我们就是代表着国家正义征讨叛军苏峻、祖约，所以不能中途放弃。苏峻、祖约二人是有勇无谋的匹夫，最后的胜利必定是属于我们的。”

看着陶侃脸色缓和后，温峤继续说道：“现在我们就好比骑在猛兽的背上，如果不把它打死，就会被它所伤，所以我们一定不能放弃。如果您违背了众人的意愿，执意带兵返回老家，必定会影响到士气，导致整个讨伐活动的失败。这个责任恐怕您是推卸不了的。”

听了温峤的话，陶侃放弃了回家的念头。最后，他们齐心协力，打败了苏峻、祖约两个叛贼，取得了最后的胜利。

旗鼓相当

【释义】

双方力量、势力不分上下。

【出处】

南朝·宋·范晔《后汉书·隗嚣传》：“如令子阳到汉中、三辅，愿因将军兵马，旗鼓相当。”

【典故】

西汉末期，隗嚣组织武装力量抵抗王莽政权，占领了陇西、酒泉、敦煌等地区，后来刘秀任命他为西川大将军。

此时，占据成都的公孙述的势力扩张非常迅速，于是刘秀写信给隗嚣，希望他能够抵挡住公孙述的扩张侵犯。信中大意为：如果公孙述为了扩张势力而攻打汉中，进而谋取长安，希望依仗隗嚣将军的兵马旗鼓抵挡住。如果你能够这么做，我真的是得到上天的福祉了。

后来，人们便从刘秀信中的“兵马旗鼓相当”引申为“旗鼓相当”。

杞人忧天

【释义】

杞：周朝的诸侯国名。杞国有一个人整日担心天会塌下来。形容不必要的担心和忧虑。

【出处】

战国·列子《列子·天瑞》："杞国有人，忧天地崩坠，身亡所寄，废寝食者。"

【典故】

杞国有个人，整天吃不好饭、睡不好觉，一天到晚担心天会塌下来，地会陷下去。

有一天，这个人走在田野间，心想：这个时候如果天塌下来了，自己连个藏身的地方都没有，一定会被砸成肉饼的。于是，他急忙回到房子里。后来又想，天塌下来，房屋肯定也会被砸坏，还是无法保护自己的安全。

他东奔西走，希望能够找到一个好的藏身之处。这天，他发现了一个山洞，便赶忙钻进山洞里。这下子他总算放下心来，开始欣赏外面的风光。没多久，他又想到：如果天塌下来，必定会将洞口堵死，自己岂不是被闷死或者是饿死在洞中。于是他又连滚带爬地从山洞中出来。走了没多久，他看到一片洼地，大声喊道："地陷了吗?!"他开始拼命地朝着高处跑，费了九牛二虎之力总算是找到了一条地势比较高的路，他的心才算放下来。

有个人开导他："天是气体凝聚起来的，你的一举一动都是在空气中进行的，又怎么担心天会塌下来呢?"

这个人说："天是气体，日月星辰就不会掉下来吗?"

开导的人说："日月星辰是发光的东西，即便掉下来，也不会伤害到人的。"

这个人接着说："地陷下去又该如何呢?"

开导的人继续说："地是土堆积起来的，你每日都在地上活动，又怎么担心地会陷下去呢?"

听后，这个人才真正放下心来，高高兴兴地回家休息了。

七擒七纵

【释义】

原意指诸葛亮抓孟获的时候，抓住了七次，放了七次，最后让孟获心服口服。形容运用策略，让对方顺服。

【出处】

西晋·陈寿《三国志·蜀志·诸葛亮传》:“亮笑，纵使更战。七纵七禽，而亮犹遣获。获止不去，曰:‘公天威也！南人不复反矣。’遂至滇池。南中平，皆即其渠率而用之。”

【典故】

公元225年，蜀汉丞相诸葛亮带兵南征，功成准备撤退之时，彝族首领孟获又重新召集被打散的兵力，袭击蜀军。

孟获这个人，作战骁勇，为人忠厚，深得人心。诸葛亮对他也十分欣赏，一心想要让他归顺。

不过，孟获不擅长用兵。第一回合，蜀军佯装败退，他便下令不顾一切地追击，最后被蜀军生擒。孟获原本以为会被处死，没想到诸葛亮却亲自给他松了绑，还劝他归顺蜀汉。孟获心中不服，诸葛亮便带他参观军营，还问他:“你觉得我们军营布置得如何?”

孟获发现军中大都是老弱病残，于是很直接地说:“之前我并不知道你们的情况，所以才败在你的手中。如今我已经了解了你们的阵营，再打肯定能胜你。”

诸葛亮把他放回去了。

孟获回去后，着手准备突袭之事。他对士兵说:“蜀军阵营中都是些老弱病残，军营中的布置我也一清二楚，没什么了不起的。今天晚上我们就突袭蜀军阵营，一定可以逮住诸葛亮。”

当天晚上，孟获亲自挑选了五百名精兵，夜袭蜀营。诸葛亮对此早有防备，孟获再次被擒住。

接连被擒被放，让孟获多了一些谨慎。他带着士兵退守沪水南岸。蜀军到达沪水边时，诸葛亮下令造一些木筏子、竹筏子，并让一小部分士兵作出渡河的模样，等竹筏子划到水中央，对岸射箭攻击时，就立刻退回，然后再让人佯装渡河。暗地里，诸葛亮命令大军兵分两路，从上游和下游的狭窄处通过，包围孟获所在的上城。孟获再次被擒。

孟获三次被擒，心中还是不服气，诸葛亮只能又把他放回。就这样连续捉了七次，又放了七次，孟获终于心服口服，愿意带着下属归顺蜀国。

气壮山河

【释义】

形容人的气概豪迈，犹如高山大河那样壮观雄伟。

【出处】

唐·张说（yuè）《孔补阙集市》："族高辰象，气壮山河，神作铜钩，天开金印。"

【典故】

赵鼎学识渊博，二十岁考中进士。他任职洛阳令时，受到当朝宰相吴敏的赏识，被提拔为开封士曹。

公元1125年冬，金兵兵分两路攻打北宋。第二年秋，金兵围攻北宋都城汴京。宋钦宗懦弱无能，亲自前去求和，结果被扣留在金兵大营。公元1127年，汴京失守，金兵俘虏了宋钦宗以及他的父亲宋徽宗和一干朝中大臣，北宋灭亡。没过多久，宋钦宗的弟弟赵构在应天府登基为帝，南宋王朝就此拉开序幕，赵构即为宋高宗。

宋高宗即位后，着手准备抗金事宜，并重新重用了前朝时期的投降派，导致抗金战争屡屡不顺。后来，南宋南迁，定都临安，赵鼎官拜宰相，给宋高宗举荐了岳飞、韩世忠等一大批爱国名将。

赵鼎因为力主抗金，进而遭到奸臣秦桧的嫉恨。秦桧当了宰相后，常常在宋高宗耳边污蔑赵鼎。随后，赵鼎被罢免了职位，贬至泉州，后来又被贬到潮州等地。

秦桧不甘心，还在千方百计地对赵鼎实施迫害，将帮助赵鼎的广西将领张宗元调离广西，并让地方官员将赵鼎每月的活动消息上报给他。赵鼎深知秦桧用心险恶，只好以死相争。他让人告诉自己的儿子："秦桧想尽办法要置我于死地。如果我死了，或许你们可以逃过一劫，否则恐怕会连累全家。”赵鼎死之前还给自己作了墓志铭，上面有这么两句：“身骑箕尾归天上，气作山河壮本朝。”

几天之后，赵鼎绝食而亡，终年六十三岁。

千里送鹅毛

【释义】

形容礼物虽然轻薄，但是情义却非常深厚。

【出处】

宋·欧阳修《梅圣俞寄银杏》诗：“鹅毛赠千里，所重以其人。”

【典故】

唐朝贞观年间，大唐的藩属国回纥（hé）国（现在云南境内）为了表示对大唐的友好之情，便让使者缅伯高带着奇珍异宝前去拜见唐太宗。在这些珍宝中，最为珍贵的就是一只极其罕见的白天鹅了。

一路上，缅伯高都亲自照料这只白天鹅，生怕它有什么闪失。这天，他们来到了沔（miǎn）阳湖附近，只看到白天鹅张着嘴巴伸着脖子，很是难受的样子。缅伯高心有不忍，便将白天鹅带到湖边喝水。谁知，白天鹅喝好水后，竟然挣脱缅伯高的束缚，飞上天去。缅伯高只来得及抓到几根白天鹅的羽毛。

万般无奈之下，缅伯高决定继续前行。他将这几根白天鹅的羽毛用一张洁白的绸子包起来，并在上面写了一首诗：“天鹅贡唐朝，山重路更遥。沔阳湖失宝，回纥情难抛。上奉唐天子，请罪缅伯高。物轻人意重，千里送鹅毛！”

缅伯高到达长安后，唐太宗接见了他们。缅伯高将鹅毛献上，并诉说了丢失天鹅的事情。唐太宗看了看绸子上的诗，又看了看很是疲乏的缅伯高，不仅没有责怪他，还因为他的诚实重重赏赐了他。

自此，“千里送鹅毛，礼轻情意重”就成了我国民间礼尚往来的一种真实写照。有时也是一种谦词。

前车之鉴

【释义】

鉴：镜子，引申为教训。前面车子翻倒的教训。指要以之前的失败为借鉴，不要重蹈覆辙。

【出处】

战国·荀况《荀子·成相》："前车已覆，后未知更何觉时！"

西汉·刘向《说苑·善说》："前车覆，后车戒。"

【典故】

西汉时期，洛阳人贾谊年轻时便知晓百家，学问颇深。汉文帝听说后，征召贾谊入朝，任职博士。这时候，贾谊只有二十岁。

有一回，贾谊给汉文帝的上书中谈到了治国的方略，说："夏殷周之所以能够有长久的统治，主要是因为他们能够调教好当朝的太子。而秦朝之所以在很短的时间就灭亡，也主要是因为他们没有调教好太子胡亥。宦官赵高教给胡亥如何杀掉囚犯，所以胡亥学到的是杀人灭族的本领。秦始皇死后，胡亥成了皇帝，更是把杀人本领发挥到了极致。难道胡亥生性就如此残暴吗？当然不是。这些都是教育他的人所导致的恶果！俗话说：'前车之覆后车之鉴，看到前面的车子倒下后，后面的车子就要以此为教训，增强警戒！'秦朝灭亡就是前车之覆，应该当成我们大汉朝的后车之鉴啊！所以一定要注重对太子的教育。"

汉文帝阅览后，认为贾谊说得非常有道理，便任命贾谊为大夫。

黔驴技穷

【释义】

黔：今贵州省一带。形容有限的本领已经用完，没有什么可以显露的本事了。

【出处】

唐·柳宗元《三戒·黔之驴》："……驴不胜怒，蹄之。虎因喜，计之曰：

'技止此耳!'因跳踉大阚,断其喉,尽其肉,乃去。"

【典故】

古时候,黔这个地方没有驴,有一个黔人外出,在北方见到了驴,感觉比较新鲜,便买了一头运送到黔地。但这个人又不知道驴的用处,就暂时把它放养在山脚下。

山上有一只老虎,它也没有见过驴。

第一次看见驴的时候,老虎吓得不敢移动。它从未见过如此庞大的动物,以为驴是什么神兽,不敢上前招惹。

过了一段时间,老虎再次下山偷偷观察,和驴的距离近了一点点,但还是不敢轻举妄动,不知道驴到底是何方神圣。

又过了几天,老虎在观察驴的时候,驴突然仰天长叫,声音很大,老虎以为驴要把自己吃掉,吓得掉头就跑。

又过了一段时间,老虎已经习惯了驴的叫声,认为驴并没有什么了不起的本事,于是胆子又大了一些,又向驴走近了一些,甚至还会在驴的面前走来走去,但还是不敢靠前。

后来,经过多次的观察,老虎想要试试驴到底有什么本事,便故意去招惹它。驴见老虎冒犯自己,很是生气,抬脚就踢。老虎心想:原来这个庞然大物只会这么点本领。于是,老虎猛地扑上去咬住了驴的喉咙,美美地吃了一顿。

巧取豪夺

【释义】

巧取:欺骗;豪夺:强抢。旧时指达官贵人夺取他人财物的手段。现在指用尽一切方法来谋取财物。

【出处】

宋·苏轼《次韵米黻(fú)二王书跋尾》:"巧偷豪夺古来有,一笑谁似痴虎头。"

【典故】

米友仁是宋朝大书法家、大画家米芾的儿子,因家学缘故,也写得一手好字，画得一手好画。

米友仁生平有一大爱好，那就是喜欢古人的作品；他也有一项大的本领，那就是能够模仿古人的字画，而且到了炉火纯青的地步。所以，他经常想尽办法地向别人借古画，临摹完之后，他便拿着真迹和临摹本一起送到主人面前，让主人自己挑选。

因为米友仁的临摹本事极高，很多人都将临摹本当成真迹拿了去，由此米友仁也得到了很多珍贵的名画真本。虽然人们比较敬仰米友仁在书画方面的成就，但是也不耻他以这种方式来换取别人真迹的行为，那时人们将这种行为称为“巧偷豪夺”。后来又引申为“巧取豪夺”。

青云直上

【释义】

快速升到很高的位置。

【出处】

西汉·司马迁《史记·范雎蔡泽列传》：“贾不意君能自致于青云之上。”

南朝·齐·孔稚圭《北山移文》：“度白雪以方洁，干青云而直上。”

【典故】

战国时期，魏国的范雎虽然有着很高的才华，但无奈家境贫苦，只能暂时在中大夫须贾那里做小差事。

有一次，魏王派遣须贾出使齐国，须贾让范雎一起前往。没想到范雎的口才得到了齐襄王的赏识，赏赐给了他一些美酒和黄金。须贾却误以为是范雎做了什么危害魏国的事情，便将这件事情报告给相国魏齐。

魏齐很是生气，将范雎痛打了一顿，随后范雎逃到了秦国，并改名为张禄。在秦国，范雎凭借着自己的才华赢得了秦昭王的重用，升任他为秦国的相国。这时，魏国听说秦国想要攻打韩国和魏国，于是派遣须贾出使秦国。

范雎听到消息后，想要报复须贾。于是他穿着一身破旧的衣服前去拜访须贾，须贾见他可怜，便盛情款待了他。临走前，须贾还送给他一件新袍子。范雎便说要带着须贾去拜见秦国的相国张禄。

到了相国府之后，须贾才知道范雎就是相国张禄。须贾急忙磕头请罪，说："我没想到您会升迁得这么快，自此我再也不敢谈论才学和政治了。我犯下了死罪，您处罚我吧。"最后，范雎看在袍子的份上，饶恕了须贾。

请君入瓮

【释义】

被人用自己整治别人的方法反过来整治自己。指以其人之道还治其人之身。

【出处】

北宋·司马光《资治通鉴·唐纪·则天皇后天授二年》："兴曰：'此甚易尔！取大瓮，令囚入中，何事不承！'俊臣乃索大瓮，火围如兴法，因起谓兴曰：'有内状推兄，请兄入此瓮。'兴惶恐叩头伏罪。"

【典故】

周兴和来俊臣是唐朝女皇武则天任命的两个酷吏，目的是镇压反对她的人。

有一次，有人给武则天呈递了一封密信，信中说周兴与他人试图谋反。武则天大怒，让来俊臣负责严查此事。来俊臣知道周兴是个阴险狡诈之人，光是凭借着一封密信，是问不出什么东西的。可是如果得不出什么结果，一旦武则天怪罪下来，来俊臣也无法担待。苦思冥想之下，来俊臣想到了一个办法。

来俊臣备好了美味佳肴，便邀请周兴来家中做客。酒过三巡之后，来俊臣佯装很苦恼的样子说："我平日里办案的时候，经常会遇到一些不愿认罪的犯人，不知道老兄有什么指教？"周兴得意地说："这个很好办。"来俊臣立刻装出一副急于想要知道的模样，说："那请老兄指点一二。"周兴说："很简单，你去找一个大瓮，瓮的周围用火烧着，然后让犯人钻进瓮中。你想想，以这样的方式来审问，还有什么犯人不肯招供呢？"来俊臣连连点头，随即便命左右抬过来一个大瓮，依照周兴的说法，在四周点上了火，然后对周兴说："宫中密报说你和他人联合谋反，陛下让我负责调查此案。很抱歉了，现在就请老兄自己钻进瓮中吧。"

周兴一听，手中的酒杯掉在地上，随后便"扑通"一声跪在来俊臣的面前，连连请罪说："我有罪，我招供。"

罄竹难书

【释义】

形容罪行多得写都写不完。

【出处】

秦·吕不韦《吕氏春秋》："乱国所生之物，尽荆越之竹，犹不能书也。"

北宋·宋祁、欧阳修、范镇、吕夏卿《新唐书·李密传》："罄南山之竹，书罪未穷；决东海之波，流恶难尽。"

【典故】

隋朝末期，隋炀帝残暴无度，百姓生活在水深火热之中。各地反隋势力纷纷涌现，一心想要推翻隋王朝，建立新政。

此时，位于河南省东部的李密，军事力量比较强大，他发表了一篇声讨隋炀帝的文章，上面有一句："罄南山之竹，书罪无穷；决东海之波，流恶难尽。""罄竹难书"一词便是从此处而来。

这篇檄文发出后，引起了很大的震动，而李密的声势也如日中天，各地反抗隋朝的势力纷纷涌现了出来，希望李密能够继承天子位。而李密以洛阳未攻破为由，没有立即答应下来。

取而代之

【释义】

夺取别人的地位而由自己替代。也指以某一事物取代另一事物。

【出处】

西汉·司马迁《史记·项羽本纪》："秦始皇游会稽，渡浙江，梁与籍俱观，籍曰：'彼可取而代也。'"

【典故】

西楚霸王项羽，因为他们家族世代在楚国做将领，又封在项地，所以姓项。项羽年轻的时候，学文化没多久就改去学剑，只是学剑也没有学多久就放弃了，这让项羽的叔父项梁很是生气。项羽却辩解说："学知识能够认识自己的名字就可以了，学剑也只能抵抗一个人，并不值得学习。我要学就要学习抵抗万人的本领。”

听了项羽的话，项梁心中有些高兴，认为他是一个有大抱负的人。所以，项梁开始教项羽兵法。后来因为项梁杀了人，为了逃避仇人的追杀，他便带着项羽来到了吴中郡。

有一次，秦始皇巡游会稽时路过浙江，项羽和项梁便随众在路边观看，项羽指着秦始皇的车驾说：“那个人，我一定要取代他。”项梁赶忙捂住他的嘴，说：“千万不要乱说，让别人听到是要灭族的。”

虽然项梁嘴上这样说，但心里却更加高兴了，认为项羽绝非一般人。而“取而代之”便是从项羽的这句话中提炼出来的。

曲高和寡

【释义】

曲调高深，知音难得。形容艺术作品或言论等比较深奥，很难被人接受。

【出处】

战国·楚·宋玉《对楚王问》：“引商刻羽，杂以流徵（zhǐ），国中属而和者，不过数人而已。是其曲弥高，其和弥寡。”

【典故】

楚国人宋玉，擅长辞赋，是继屈原之后著名的辞赋家。

有一次，楚襄王问宋玉：“先生最近有行为不妥的地方吗？为什么外面那么多人对你有意见呢？”

宋玉说：“有这么一回事，还请大王宽恕我，听我讲一个故事。”

“最近，有一个客人在我们郢都唱歌。刚开始的时候他唱的都是一些通俗的歌，比如《下里》和《巴人》等，有几千个人跟着他唱。后来，他又唱了比较通俗的《阳阿》和《薤（xiè）露》，虽然跟着唱的人少了很多，但也有几百人。再后来他唱了高雅的《阳春》和《白雪》，跟着唱的只有几十个人。最后，他又唱了格调更高雅的商音、羽音、徵音，跟着唱的只有几个人。”

说完，宋玉又对楚襄王说：“从这里可以看出，唱的曲子越是高雅，跟着唱的人就越少。”

为此，宋玉又进一步比喻说："凤凰可以在九霄云外展翅翱翔，那些在篱笆间跳跃的小鸟又如何和它相比呢？鲲（kūn）早上从昆仑山出发，晚上在大泽过夜，那些躲藏在浅水中的小鱼又如何和它一起测量江河的深浅呢？鸟中有凤凰，鱼中有鲲，人类也有这般的人物。那些出类拔萃的人当然会有不同之处，普通人又怎会理解我的一言一行呢？"

楚襄王听后，知道是别人误解了宋玉，就没再追究。

趋炎附势

【释义】

奉承、依附有权势的人。

【出处】

元·脱脱等《宋史·李垂传》："今已老大，见大臣不公，常欲面折之。焉能趋炎附热，看人眉睫，以冀推挽乎？"

【典故】

北宋人李垂，为人正直，勤勤恳恳，对当时官场上的阿谀奉承之风深恶痛绝。

当时，朝中有一官员名丁谓，擅长权术，对宋真宗百般奉承，最后登上了宰相的位置。其他大臣为了升官，都要去丁谓府上拜见他。李垂却从不去丁谓府上拜见，也不会像其他大臣那样对他阿谀奉承。

有人劝说李垂："你应该去丁谓府上拜访一下，这对你的政途有帮助。"李垂正色道："丁谓作为一朝宰相，喜欢玩弄权术，为非作歹，这种人是很可耻的，我怎么可以和他同流合污。我经常劝诫和批评那些处事不公的大臣，我又如何能够去丁谓府上趋炎附势呢？"

宋仁宗即位，丁谓失势，被贬到偏远地区任职，李垂却得到了重用。一些朋友提醒他："朝中有些大臣知道你才识过人，有心推荐你为制诰，负责起草诏书。但是，当朝宰相并不认识你，你何不前去拜访呢？"

李垂回答："如果当初我拜访了丁谓，或许早就是翰林学士了。如今我年事已高，如何趋炎附势，看别人的脸色行事呢？"

李垂的这些话传到了宰相耳中，宰相不悦，又将他安排到外地任职了。

强弩之末

【释义】

形容强大的力量开始衰弱，不能再起任何作用。

【出处】

西汉·司马迁《史记·韩安国列传》：“强弩之极，矢不能穿鲁缟（gǎo）。”

东汉·班固《汉书·韩安国传》：“且臣闻之，冲风之衰，不能起毛羽；强弩之末，力不能入鲁缟。”

【典故】

汉武帝时期，韩安国任职御史大夫。当时，汉朝和匈奴之间关系不稳定，有时交战，有时议和。有一次，匈奴方面突然派遣一位使者前来议和，汉武帝一时难以做出决定，便召集文武百官，共同商议。

有一个叫王恢的大臣，之前曾在边疆做了几年官，对于匈奴的情况比较了解。在他看来，凭借汉朝现在的实力，必定可以打败匈奴，所以他反对议和，建议汉武帝采取军事行动，发兵征讨匈奴。

韩安国反对说：“匈奴的实力也在日益强盛，而且他们神出鬼没，很难有一个固定的居所。如果我们发兵攻打他们，不但很难胜利，而且兵马千里跋涉，到达那里时一定会疲惫不已，匈奴却以逸待劳，大大增加了战胜我们的几率。这就好比射出去的箭飞到最后时没有力量，连最薄的绸缎都无法穿破，就好比狂风的尾巴，连很轻的羽毛也无法吹动。并不是因为我们开始的力量不强大，而是到了最后力量会衰竭，起不到什么作用了。我们发兵征讨匈奴，确实是一个不理智的决定。依我看来，不如议和。”

汉武帝采纳了韩安国的建议，同意匈奴的议和主张。

R

如出一辙

【释义】

如同一个车轮。形容两件或多件事情都比较相似。

【出处】

宋·洪迈《容斋随笔》卷十一："此四人之过，如出一辙。"

【典故】

宋朝学者洪迈在他的《容斋随笔》中写道："历史上的一些声势赫赫的名将，因为仗着自己劳苦功高便骄傲轻敌，最后都得到了失败的结果。比如蜀汉名将关羽、西魏名将王思政、北齐名将慕容绍宗和南朝名将吴明彻这四个人，他们所犯下的错误都如出一辙。"

如鸟兽散

【释义】

如同飞鸟走兽一般溃散。形容集团或组织解散之后，成员各奔东西。

【出处】

东汉·班固《汉书·李陵传》："今无兵复战，天明坐受缚矣！各鸟兽散，犹有得脱归报天子者。"

【典故】

汉武帝时期，大将李陵奉命带兵攻打匈奴，在浚稽山和匈奴部队相遇。李陵被匈奴的几万铁骑围困，便命令汉军都在营外列阵。匈奴将领看到汉军兵力单薄，便带着八万骑兵开始攻打汉军。

李陵只能边打边退，最后退进了一个比较狭小的山谷中。汉军内部伤亡惨重，外部又有大军围堵。无奈之下，李陵下令将值钱的东西埋于地下，并对各位将士说："如今我们兵力不足，箭矢只有几十支，大家还是各做鸟兽散，都逃命去吧，不要被俘虏了。"就这样，李陵给每位将士分发了一块冰（当水喝）和两升粮食，半夜时分让他们各自奔逃，而他一个人骑马从山谷而出，匈奴将领则带兵追击。

最后，在李陵的引诱下，其他将士全部脱逃，只有李陵一人被捕。

如鱼得水

【释义】

好像鱼儿得到了水一样。形容得到了跟自己志趣相投的人，或是得到了很适合自己的环境。

【出处】

西晋·陈寿《三国志·蜀书·诸葛亮传》："孤之有孔明，犹鱼之有水也。"

【典故】

诸葛亮深得刘备的信任，却也由此引起结拜兄弟关羽、张飞的不满，经常在刘备面前发牢骚。

刘备对他们说："我得到了诸葛亮，就好比鱼儿有了水一样，大家都不要再说了。"之后，在诸葛亮的辅佐下，刘备联合东吴的孙权，占领荆州，拿下益州，势力范围不断地扩大。最后和魏、吴两国形成三国鼎立的局面。

如火如荼

【释义】

像火那样红，像荼（tú）那样白。形容气势比较旺盛，气氛比较热烈。

【出处】

《国语·吴语》："万人以为方阵，皆白裳、白旗、素甲、白羽之矰（zēng），望之如荼。左军亦如之，皆赤裳、赤旟（yú）、丹甲、朱羽之矰，望之如火。"

【典故】

公元前482年，吴王夫差率军到达黄池，邀约天下诸侯前来会盟，希望能够推举他为盟主。为了显示自己的实力，夫差把带来的三万兵力分成左、中、右三路，每路百行，每行百人，各自摆开阵势。他亲自举着斧钺（yuè）指挥。

中军将士穿着白色的战袍，举着白色的旗帜，插着白色的箭翎（líng），看上去如同盛开的一片白花。左军将士穿着红色的战袍，举着红色的旗帜，插着红色的箭翎，看上去犹如一片熊熊烈火。右军将士穿着黑色的战袍，举着黑色的旗帜，插着黑色的箭翎，看上去犹如一片乌云。

夫差下令擂鼓助威。一时间，鼓声、呐喊声震彻天地，仿似天崩地裂一般。各诸侯国看这阵势，都不敢轻举妄动，纷纷举荐夫差为盟主。

入木三分

【释义】

据说王羲之曾经在木板上写字，木工雕刻的时候，发现字迹透入木板有三分深。形容书法笔力强劲，现在用于形容见解比较深刻。

【出处】

唐·张怀瓘（guàn）《书断·王羲之》："王羲之书祝版，工人削之，笔入木三分。"

【典故】

东晋著名书法家王羲之，有"书圣"之称。因王羲之曾经任职会稽内史，领右将军，所以又称"王右军"。王羲之取得的书法成就和他的勤学苦练是分不开的。为了练习书法，不管是走路还是休息，他内心都在揣摩着名家的字体结构和气势，手指也不停地在衣物上练习字形。时间久了，衣襟都被手指划破了。

经过长年累月的书法练习，王羲之的腕力变得越来越强劲，写出来的字力透纸背。

有一次，王羲之受皇帝之命，在木板上写祝辞，然后再让木工拿去雕刻。木工雕刻的时候发现，在木板三分深的地方还有字体的墨迹。木工感叹说：

"王右军的笔力惊人，竟然可以入木三分啊！"

孺子可教

【释义】

孺子：小孩子。指小孩子是可以教导的。后来形容年轻人比较有出息，可以造就。

【出处】

西汉·司马迁《史记·留侯世家》："父去里所，复返，曰：'孺子可教矣。'"

【典故】

张良是秦末汉初时期的谋士，和韩信、萧何并称为"汉初三杰"。

有一次，张良在下邳附近的圯水桥上散步，遇到了一个坐在桥边的老人。这个老人看到张良后，便说："小伙子，我的鞋掉到桥下面了，你帮我去捡起来。"张良心中虽有不悦，但见对方是个老人便也没有多说什么，只是把鞋给老人捡了上来。

这个老人拿到鞋子后，又说："来，帮我穿上。"张良心想，既然鞋子都捡上来了，帮他把鞋子穿上倒也无妨。于是，他又帮助老人穿上了鞋子。老人穿好鞋子后，连声谢谢都没有说，转身便离开了。

谁知，这老人没走多远又拐回来对张良说："你这个小伙子有出息，值得我教导。五天之后的早上，你再来这座桥上见我。"张良听后，连声答应。

第五天早上，张良早早地来到桥边，看到老人已经在那里等候了。老人生气地说："你应该早一些过来。再等五天吧，五天之后的早上你再来见我。"五天之后，张良刻意起了个大早，可那位老人依然早到了。老人说："你比我来得晚，过五天再来吧。"

又过了五天，张良半夜就来到桥上等候，天刚蒙蒙亮的时候，老人家蹒跚而来。老人看到张良后，这才高兴地说："小伙子，你这样做才对呀！"说完，便从怀中拿出一本《太公兵法》递到张良手上，说："你一定要苦心钻研这本书，把它看透了，以后就能够当皇帝的老师了。"

说完后，老人便扬长而去。后来，张良便凭借着从《太公兵法》里面学到的知识，做了汉高祖刘邦的谋士，为汉朝天下立了赫赫战功。

人人自危

【释义】

人人都感觉自己不安全。形容局势比较紧张。

【出处】

西汉·司马迁《史记·李斯列传》：“法令诛罚，日益深刻，群臣人人自危，欲畔者众。”

【典故】

秦始皇晚年时期曾去会稽游玩，随行人员有丞相李斯、中车府令赵高以及秦始皇非常宠爱的小儿子胡亥。

路过沙丘时，秦始皇病重，他深知自己时日不多，便命令赵高传信给在边境驻扎的大儿子扶苏，让扶苏赶回咸阳，主持政事。赵高刚拟好了诏书，秦始皇就去世了。平日里，赵高负责掌管秦始皇的玉玺，这样一来遗诏和玉玺全部都落在了赵高手中。于是，赵高便和胡亥合谋伪造遗诏，称秦始皇立胡亥为太子，继承王位。

丞相李斯在赵高等人的威逼利诱下，只能被迫同意了。

紧接着，赵高又伪造了另一份遗诏，称扶苏不孝，并赐给他一把剑，让他自刎谢罪，而且还让人夺了和扶苏一起在边境镇守的大将军蒙恬的兵权，并逼迫蒙恬自杀。最后，胡亥当了皇帝，史称秦二世。自此，朝中大权便全落在赵高的手中。

秦二世昏庸无道，他一直担心自己的阴谋会被戳穿，赵高献计说：“需要采取严刑酷法，除去朝中老臣，以新人来替代他们。”秦二世听从赵高的建议，处死了蒙毅等朝中大臣，还将对自己有威胁的十二个公子全部杀掉，十个公主也未能幸免于难。接连那么多人被杀，弄得朝中上下人心惶惶，人人自危。

在秦二世和赵高的主政下，百姓痛苦不堪、生活艰难，最终激起了百姓们的反抗。公元前 209 年，陈胜、吴广在大泽乡起义，全国百姓纷纷响应，起兵抗秦。三年后，秦王朝灭亡。

人鼠之叹

【释义】

感叹世道不公，人与人之间的地位悬殊。

【出处】

西汉·司马迁《史记·李斯列传》："于是李斯乃叹曰：'人之贤、不肖，譬如鼠矣，在所自处耳！'"

【典故】

秦朝丞相李斯年轻时在郡县做小吏，主要掌管文书。有一次，李斯在厕所内发现了很多老鼠，它们以厕所里的脏东西为食，看到人或狗后就会仓皇而逃。之后，李斯又在粮仓内看到了一群老鼠，这里的老鼠以粮食为食，人或狗也很少来惊扰它们。

厕鼠、仓鼠的境遇如此的不同，李斯感叹道："人是出人头地还是甘落人后，就好比老鼠一样，看他生存在怎样的环境中了。"

于是，李斯暗自下决心要出人头地，做出一番成就。随后，他辞去了郡县的小吏职务，前往齐国拜荀子为师，开始学习治国的学问。学业完成后，李斯辞别荀子，前往秦国。最后凭借自己的本事，成了秦国的丞相。

任人唯贤

【释义】

用人不论亲疏，只任用有才能的。

【出处】

战国·《尚书·咸有一德》："任官惟贤才，左右惟其人。"

【典故】

春秋时期，齐国君主齐襄公残暴无道，他的两个兄弟公子纠和公子小白外逃。公子纠在管仲的帮助下逃到了鲁国，公子小白在鲍叔牙的帮助下逃到了莒（jǔ）国。后来，齐襄公被人杀死，齐国大臣派使者前往鲁国迎接公子纠回朝，鲁国君主派遣士兵护送。公子小白听到消息后，也从较近的莒国赶回齐国。

管仲担心公子小白会先行回到齐国，夺得王位，便率先带着一队人马前去阻截。在即墨附近追上了正赶回齐国的公子小白。为了帮公子纠除去隐患，管仲射了小白一箭，小白应声倒地。管仲以为公子小白已经被他射死了，便放心回到公子纠身边，不紧不慢地护送公子纠回国。

谁知，公子小白并没有死，并在鲍叔牙的帮助下，成了齐国君主，即为齐桓公。

没过多久，公子纠在鲁国士兵的护送下也来到了齐国边境。得知消息后，鲍叔牙让齐桓公发兵抵抗。齐、鲁大战，鲁国大败。管仲射伤过齐桓公，被齐军认为是整个国家的敌人，一心要将他押回齐国，接受齐桓公的处置。

管仲被五花大绑地关在囚车上。一路他又渴又饿，走到绮乌这个地方时，他向在此守卫的士兵索要饭食，这个士兵竟然跪着给管仲喂饭，态度非常恭敬，并且还小声对他说：“如果您回到齐国后侥幸没有被杀反而得到重用，您会如何报答我呢?”管仲回答：“如果真的如你所说，我能够得到重用，我会任用贤人，论功行赏。我还能拿什么报答你呢?”

押送管仲的车队刚到都城，鲍叔牙就已经在城外迎接了。他向齐桓公大力举荐管仲。齐桓公说：“他曾经射过我一箭，一心想要我的命，你竟然还让我重用他?”鲍叔牙说：“那个时候管仲辅佐的是公子纠，他当然会冒死帮助公子纠。管仲的才能比我高出十倍，如果您能够重用他，他肯定会为齐国立下大功的。”

听了鲍叔牙的话，齐桓公饶恕了管仲的罪过，并拜他为相国。在管仲的辅佐下，齐桓公成为春秋时期的第一位霸主。

日行千里

【释义】

一天可以行走千里。形容速度非常快。

【出处】

北齐·魏收《魏书·吐谷（yù）浑传》：“吐谷浑尝得波斯草马，放入海，因生骢（cōng）驹，能日行千里，世传青海骢者是也。”

【典故】

古时鲜卑族有一个部落首领，名为涉归，他有两个儿子，大儿子吐谷浑，小儿子慕容廆（wěi）。涉归去世后，小儿子慕容廆继承了父亲的位置，大儿子吐谷浑分到了一千七百户牧民。有一次，吐谷浑和慕容廆因为双方马群的斗殴而产生了矛盾。慕容廆对吐谷浑说：“父亲给我们分了家，你为什么不带着你的牧民走远一些呢？”

吐谷浑很是生气地说：“马是牲畜，不明白谦让的道理。因为马群的斗殴而使我们兄弟反目，这更是没有道理的事！既然你这么说，那我就带着牧民去万里之外的地方生活。”

没多久，慕容廆心中有些后悔，便让人将哥哥追回来。

吐谷浑对慕容廆派来的大臣说：“如果你可以把我的马群赶回去，那我们就回去；如果不能赶回去，那我们还是离开吧。”

这位大臣拼命把马往回赶，但马就是不肯回去。于是吐谷浑便带着自己的牧民继续向西行走，在青海附近扎根落脚，之后就渐渐发展成一个部落。

到了唐代，吐谷浑的后代被封为青海王。吐谷浑曾经得到过几匹波斯种马，放养青海湖畔，繁衍出更高更大、青白色的马，这种马可以日行千里，深受人们的喜爱。

S

塞翁失马，焉知非福

【释义】

指虽然一时受到损失，但却能够因此得到其他的好处。也指坏事情在一定条件下也可以转变为好事情。表示一个人一定要保持积极乐观的心态对待问题，因为任何事情都有两面性，不好的一面也有转化为好的一面的可能。

【出处】

清·李汝珍《镜花缘》第七回：“处士有志未遂，甚为可惜，然塞翁失马，安知非福?”

【典故】

边塞地区，有一个精通术数的老翁。

有一次，他家的马跑丢了，邻居都过来安慰他。老翁说：“马跑丢了，怎么知道这不是件好事呢?”几个月之后，老翁的马竟然回来了，而且还带回来了一匹骏马，邻居又都前来祝贺他。老翁又说道：“怎么知道这不是一个祸患呢?”

老翁有个儿子，非常喜爱骑马。家中多了一匹好马，他自然也闲不住了。

不料，儿子在骑马的时候不慎摔断了腿，左邻右舍又都前来安慰他。老翁说：“怎么知道这不是一件好事呢?”一年后，胡人大举入侵边塞，朝廷下令所有的青壮年都必须上前线。在边塞居住的那些青年们大多都死在了战场上，老翁的儿子却因为腿断的原因免了上战场的苦，父子二人也得以保命。

三令五申

【释义】

三番五次地强调和命令。

【出处】

西汉·司马迁《史记·孙子吴起列传》："约束既毕，乃设铁钺（yuè），即三令五申之。"

【典故】

孙武是我国古代著名的军事家。有一次，他带着自己所写的《孙子兵法》拜见吴王阖庐。阖庐看完之后，对孙武说："你的十三篇兵法我都已经读过了，何不用我的部队试一试？"孙武回答说："可以。"阖庐又问："用妇女可以吗？"孙武回答："可以。"

于是，吴王集结了一百八十名宫女，让孙武帮着训练。

孙武将宫女分为两队，并让吴王最为宠爱的两个宫姬做队长。队伍列好后，孙武问："你们知道向左向右和向前向后转吗？"宫女回答："知道。"孙武解释说："向前就是要看着我的胸口，向左便看我的左手，向右就看我的右手，向后就看我的背后。"各宫女齐声回答："知道了。"

随后，孙武又命人搬出铁钺（古时杀人的工具），三番五次地对她们申明纪律。说完之后，便开始对她们发布号令。谁知，宫女们不仅没有听从，反而都站在原地哈哈大笑。孙武见此情况说："解释不清楚，交代不明确，是将领的错误。"于是又重申了一遍刚才的话，然后再一次击鼓发令，可宫女们还是大笑不止。

孙武又说："解释不清楚，交代不明确，是将领的过错。已经解释清楚、交代清楚了，如果还不执行，就是队长和士兵的错误了。"于是便命人将两个队长推出去斩首。吴王见孙武要杀掉自己的宫姬，便立刻让人向孙武说情。孙武却说："我既然被任命为将军，将在外军令有所不受！"最后还是把这两个宫姬斩首了。

自此，宫女们再不敢把孙武的话当作儿戏。

后来，人们将孙武向宫女再三解释的事，引申为"三令五申"。

三人成虎

【释义】

三个人都谎称街市上有老虎，听到的人便会信以为真。形容说的人多了，再荒谬的谣言也能够被人们当成事实。指有时候谣言可以掩盖真相。

【出处】

西汉·刘向《战国策·魏策二》："夫市之无虎明矣，然而三人言而成虎。"

【典故】

战国时期，魏国大臣庞葱陪同太子前往赵国做人质。临出发前，他对魏王说："如今有一个人说街市上出现了老虎，大王相信吗？"魏王回答："我不相信。"庞葱又问道："如果有两个人说街市上出现了老虎，大王相信吗？"魏王说："我会有些怀疑。"

庞葱接着说："如果又出现了第三个人说街市上有老虎，大王相信吗？"魏王回答："我当然会相信。"庞葱说："很明显，街市上根本不会出现老虎。可是经过三个人的传播，街市上好像就真的有了老虎。而今赵国都城邯郸和魏国都城大梁的距离，要比王宫离街市的距离远很多，对我有非议的人又不止三个，还望大王可以明察秋毫啊。"魏王说："这个我心里有数，你就放心去吧。"

果然，庞葱刚陪着太子离开，就有人在魏王面前诬陷他。刚开始时，魏王还会为庞葱辩解，诬陷的人多了魏王竟然信以为真。等庞葱和太子回国后，魏王再也没有召见过他。

三顾茅庐

【释义】

原意指刘备三次请诸葛亮出山。现在指对人比较尊重，真心实意地一再邀请、拜访。

【出处】

西晋·陈寿《三国志·蜀志·诸葛亮传》："先帝不以臣卑鄙，猥（wěi）

自枉屈，三顾臣于草庐之中。”

【典故】

东汉末期，天下动荡不安，曹操挟天子以令诸侯，把持朝政。孙权凭借着长江天险，占据东吴。刘备驻扎新野，在谋士徐庶的帮助下，曾多次打败曹军。后来曹操扣留了徐庶的母亲，徐庶只好辞别刘备，前往曹操阵营。临行前，徐庶向刘备推荐了诸葛亮，并称诸葛亮是卧龙先生，有经天纬地之才。如果得到诸葛亮的辅佐，刘备的天下便唾手可得了。

刘备是个爱贤之人，听了徐庶的话，便带着关羽、张飞前去拜访隆中卧龙岗的诸葛亮，希望能够得到他的辅佐。不巧的是，诸葛亮外出，不知道什么时候回来。刘备一行只好先回去了。

过了几天，刘备听说诸葛亮回来了，于是又带着礼物，和关羽、张飞冒雪赶到诸葛亮的家中。刘备见一青年正在看书，便认为是诸葛亮，赶忙上前行礼，一问才知道这个青年是诸葛亮的弟弟诸葛均。他告诉刘备，诸葛亮参加朋友聚会去了。刘备有些失望，给诸葛亮留下一封信，再次回府了。

第二年新春，刘备再次带着关羽、张飞前往隆中。在诸葛亮草庐半里地的地方，刘备下车步行，途中和诸葛均相遇，得知诸葛亮在家的消息，刘备很是高兴。来到住所前叩门，却被书童告知诸葛亮正在睡觉。于是，刘备、关羽、张飞只好在门外等候。诸葛亮醒后，听说刘备来访的消息，将刘备一行迎入家中。

诸葛亮为刘备分析形势说：“曹操拥兵百万，是占据了天时；孙权有长江天险，是占据了地利；将军可以拥有人和，以拿下荆州，占据蜀川，成就大业，和曹操、孙权成三足鼎立之势。”刘备听后，对诸葛亮很是佩服，便邀请诸葛亮出山辅助自己。诸葛亮答应了刘备的请求，最终辅佐刘备成就大业。

三迁之教

【释义】

形容选择合适的环境，以利于子女的教育。

【出处】

西汉·刘向《列女传》：“孟子生有淑质，幼被慈母三迁之教。”

S

【典故】

我国著名思想家孟子，由母亲抚养长大。孟母自幼就非常重视对他的教育。

起先，孟子家附近有一块坟地，出殡的队伍经常从他家门口路过。他便经常模仿出殡队伍中鼓手或是哭哭啼啼妇女的模样。孟母察觉后，认为这种环境并不利于他的成长，便把家搬到了城里。

家在闹市，周边有打铁的、杀猪的等，声音终日不绝。他又经常学着商人的模样做生意，根本无法静心读书。见此，孟母只能再次搬家。这一次，她搬到了城东的学馆对面。

学馆周围有琅琅读书声，学习氛围浓厚。在这样的环境下，孟子果然也能够静下心来读书。他模仿学馆里学生、老师的模样，跟着演习周礼等古时礼仪。

有一次，孟母看到孟子正磕头跪拜，以为他又在模仿丧葬的把戏，心中有些生气。后来听孟子说是在演习周礼，顿时眉开眼笑了。没过多久，孟母将他送进学馆进行系统的学习，他的学问精进得很快。后来，孟子成了战国时期最著名的思想家和教育家。

身无长物

【释义】

除了自己以外身上再没有什么多余的东西。形容比较贫穷。

【出处】

南朝·宋·刘义庆《世说新语·德行》："对曰：'丈人不悉恭，恭作人无长（cháng）物。'"

【典故】

王恭从会稽回来后，王大前去看望他。王大见王恭坐在一张六尺长的席子上，便说："你从东边回来，一定有很多这样的东西，能不能送给我一张呢？"王恭没有说话。

王大离开后，王恭便让人将自己正坐着的席子给王大送去，而王恭只能坐在草垫子上。后来，王大听说了这件事情，非常惊讶，就对王恭说："我以为你那里有很多席子，所以才向你索要的。”王恭说：“您对我并不了解，我的身边从来没有多余的东西。”

树倒猢狲散

【释义】

大树倒了，大树上的猴子都会散去。形容一旦权贵之人倒台，依附他的人便都一哄而散了。

【出处】

宋·庞元英《谈薮（sǒu）·曹咏妻》：“宋曹咏依附秦桧，官至侍郎，显赫一时……咏百端威胁，德斯卒不屈。及秦桧死，德斯遣人致书于曹咏，启封，乃《树倒猢狲（hú sūn）散赋》一篇。”

【典故】

宋高宗时期，曹咏在朝中任职侍郎，善于谄媚奉承，深得奸臣秦桧的欢心。后来，在秦桧的提拔下，连升三级，成了朝中要员。

曹咏做了大官后，很多官员也都见风使舵前来巴结他，唯独他的大舅子厉德新对他不理不睬，这让曹咏很是恼火。因为厉德新知道，曹咏能够有今天，都是因为奸臣秦桧的帮助，一旦秦桧倒台，那么曹咏等人也必定不会有什么好下场。

后来，秦桧死后，那些依附于秦桧的人一个个垮台，曹咏被贬新州。厉德新很是高兴，还派人给曹咏送去了自己写的赋《树倒猢狲散》。文中把秦桧比作一棵大树，而曹咏等人就是在大树上居住的猴子。而今大树倒下了，树上的猴子也都四处散去了。对于国家百姓来说，真是可喜可贺的一件事。

曹咏看完信后，气得说不出一句话。

水滴石穿

【释义】

水一直不停地滴，即便是石头也能够击穿。形容一个人只要有毅力和恒心，就能够做成功事情。

【出处】

东汉·班固《汉书·枚乘传》："泰山之霤（liù）穿石，单极之绠（gěng）断干。水非石之钻，索非木之锯，渐靡使之然也。"

【典故】

宋朝时期，张乖崖是崇阳县令。

有一次，他看到一个小吏慌慌张张地从库房里跑出来。于是便喝住那个小吏，结果发现小吏的头巾下面藏了一文钱。张乖崖问其缘由，小吏支支吾吾了半天，才说是自己从库房中偷来的。张乖崖命人将小吏带回堂内，想要拷打问罪。

谁知这小吏很不服气，说："我偷拿一文钱有什么，反正你也只能打我一顿，难道还敢把我杀掉吗？"张乖崖一听，顿时怒火中烧，便说："一天偷一文钱，一千天就是一千文钱，绳锯木断，水滴石穿。"于是，张乖崖下令将这个小吏当堂斩首了。

"水滴石穿"在此中是小错不改终将会犯下大错的意思。后来人们便用其比喻坚持不懈地做事情才可以取得成功。

水落石出

【释义】

潮水退去后，石头露出来。指事情真相大白。

【出处】

北宋·欧阳修《醉翁亭记》："野芳发而幽香，佳木秀而繁阴，风霜高洁，水落而石出者，山间之四时也。"

北宋·苏轼《后赤壁赋》："山高月小，水落石出。"

【典故】

苏轼，北宋著名文学家，唐宋八大家之一。

北宋中期，监察御史舒亶（dǎn）等人将苏轼诗中一些讽刺新法的内容，夸大成对朝廷以及宋神宗的不满之情，并污蔑他有叛逆思想。于是，宋神宗下令逮捕苏轼，将其关入大牢。出狱后，苏轼被贬为黄州团练副使。

到达黄州的第二年，在好友的帮助下，苏轼的生活才慢慢舒缓过来。他开辟了几十亩荒地，挖井建筑房屋，并为自己取号为“东坡居士”。

公元1082年7月和10月，苏轼两次游览黄州附近的赤壁，并写下了脍炙人口的诗篇：《前赤壁赋》《后赤壁赋》。《后赤壁赋》中有这么几句：“于是携酒与鱼，复游于赤壁之下。江流有声，断岸千尺，山高月小，水落石出，曾日月之几何，而江山不可复识矣。”

原文中的“水落石出”，指的是冬季风景的一种，后来人们将“水落石出”看作“真相大白”的意思。

司空见惯

【释义】

指常见某一件事情，已经习惯了。

【出处】

唐·孟棨（qǐ）《本事诗·情感》载刘禹锡诗：“司空见惯浑闲事，断尽江南刺史肠。”

【典故】

唐代大诗人刘禹锡性情不羁，生性豪放。他考中进士之后，在京中任职监察御史，后受人排挤而被贬为苏州刺史。

当地有一个名为李绅的人，曾经担任过司空的职位，他十分仰慕刘禹锡的才华，便设宴款待刘禹锡，还找来几个歌姬作陪。席间，刘禹锡来了诗兴，便写了一首诗：“高髻云鬟新样，春风一曲杜韦娘，司空见惯浑闲事，断尽江南刺史肠。”

“司空见惯”一词便是从中提取的，此处的司空指的是唐朝的一种官职名称。指李绅对这样的事情已经习惯了，所以不觉得奇怪。不过“司空见惯”一词的应用也有其讲究，对于一些很自然的事情，就不可以用司空见惯，比如太阳的东升西落等。

四面楚歌

【释义】

原意指四面都是楚地的歌声。形容四面受敌、孤立无援的境地。

【出处】

西汉·司马迁《史记·项羽本纪》："项王军壁垓下，兵少食尽，汉军及诸侯兵围之数重。夜闻汉军四面皆楚歌，项王乃大惊，曰：'汉皆已得楚乎？是何楚人之多也。'"

【典故】

楚汉相争时，西楚霸王项羽和汉王刘邦胜负难分，于是两军议和罢兵，并商定以鸿沟为界，各封领土，互不侵犯。后来，刘邦听从张良和陈平的建议，决定要趁着项羽兵力衰弱之时，一举将他消灭。于是，刘邦和大将韩信、彭越、刘贾等人合力追击项羽部队，将楚军围困在垓（gāi）下。

刘邦想要速战速决，但韩信说："虽然楚军已成瓮中之鳖，无路可退，但楚军的兵力还是不容小觑的，一味求速度

必定会给我们带来无辜伤亡，项羽还有可能趁机突围。”

张良说：“可以让汉军唱楚地的民歌，必定会引起楚军的思乡之情，进而失去战斗力。”

经过几天的部署，张良让会唱楚歌的士兵一起唱楚歌，歌声婉转哀怨，听者无不落泪。项羽听到这悲凉的楚歌后，吃惊地说：“刘邦到达楚地了吗？为什么他的军队中有这么多的楚人呢？”

在楚歌的攻势下，楚军士兵无心恋战，军心涣散，项羽几次突围都未能成功。最后只带着八百多骑兵，从南面突围，在乌江边上拔剑自刎。

失之东隅，收之桑榆

【释义】

早上丢失，晚上得到。形容从某一个方面失败，又从某一个方面得利。

【出处】

南朝·宋·范晔《后汉书·冯异传》：“始虽垂翅回奚，终能奋翼黾池，可谓失之东隅，收之桑榆。”

【典故】

冯异原是王莽的手下，后来归顺于刘秀。他为人谦和，作战骁勇，为东汉王朝的建立立下了不小的功劳。

公元27年，刘邦封冯异为征西大将军。当时，邓禹刚从另一场战役中胜利而归，他要求和冯异合并军力，攻打赤眉军。冯异认为时机不成熟，但邓禹不肯。无奈之下，冯异只能冒险出兵。最后汉军大败，邓禹逃回了宜阳。

冯异步行回到营寨，重新召集几万精兵，并让一部分士兵化装成赤眉军的模样，埋伏在一边。自己则带着前锋部队和赤眉军交战，赤眉军仗着胜利的势头，出动一万多人攻打冯异的前锋。冯异奋起抵抗，两军从早上战到了晚上。随后，伪装成赤眉军的汉军倾巢而出，夜色掩护中赤眉军难分敌我，大败而归。冯异生擒赤眉军八万余人。

汉光武帝刘秀知道了事情的经过，他对冯异说：“胜败是兵家常事，好比你这一次的作战。失去了东面的太阳，却得到了桑树、榆树间的余晖。”

死灰复燃

【释义】

冷灰又重新燃烧起来。形容失势的人重新得势。现在多用于形容已经消失的恶势力又重新活跃起来。

【出处】

西汉·司马迁《史记·韩长儒列传》:“狱吏田甲辱安国。安国曰:‘死灰独不复燃乎?’”

【典故】

西汉时期,名将韩安国因某件事情的牵连,被关入大牢。在狱中,有一个叫田甲的狱卒对他非常无礼,经常出言羞辱他。

有一次,田甲又侮辱他,韩安国实在气不过,便说:“你万不可认为我这一辈子就再无出头之日了,暂时熄灭的灰烬,难道没有复燃的可能吗?”田甲很不以为然地说:“即便灰烬复燃,我也会一泡尿把它浇灭。”

没多久,窦太后下诏任命韩安国为梁国内史。田甲听说后,担心韩安国会找他报仇,便丢掉职位逃跑了。韩安国对田甲的家人说:“如果田甲不回来,我就灭掉你们的宗族。”田甲只能回来请罪。韩安国说:“我现在已经‘死灰复燃’了,你也可以‘撒尿’了。”田甲连连磕头求饶。

韩安国说:“惩罚像你这样的小人,只会脏了自己的手。你如果愿意继续工作,就要改掉之前作威作福的毛病,要勤勤恳恳、痛改前非,如此我就不追究你的过错了。”

谈笑自若

【释义】

谈笑自如,和往常一样。形容在突发事件或已经发生的事情面前,表现平静,有说有笑,镇定自如。

【出处】

西晋·陈寿《三国志·吴书·甘宁传》:“城中士众皆惧,惟宁谈笑自若。”

南朝·宋·范晔《后汉书·孔融传》：“融隐几读书，谈笑自若。”

【典故】

三国时期，甘宁为东吴名将，因屡次立有战功而被任命为西陵太守。曹操赤壁之战失败后，东吴的孙权和蜀地的刘备联合兵力乘胜追击，一直追到了南郡。在南郡驻守的魏国将领曹仁打败了吴国的先遣部队。

吴军都督周瑜听说了此事后，勃然大怒，集结兵力想要和曹仁一决高下。甘宁上前劝阻，并提议应该先突袭夷陵，然后再来攻打南郡。周瑜接受了他的提议，让甘宁亲自率军攻打夷陵。

甘宁带军到达夷陵城下，和魏国大将曹洪作战。曹洪败走后，甘宁迅速占领夷陵。当时，甘宁的兵力只有区区几百人，即便在当地招兵买马后，也才扩充到千人。进城的当天晚上，曹仁派遣大将曹纯和牛金带兵前来援助曹洪，共有兵力五千多人，将夷陵城团团包围。

第二天，曹军在城外建起高楼，然后命人从高楼上向夷陵城内射箭，箭如雨下，吴军死伤不少。此时，将士们都有些恐慌，只有甘宁表现得和往常一样，说话谈笑都非常自然。他让人把曹军射过来的几万支箭收集起来，并选出军中比较优秀的射手，和曹军对射。

最后，因为甘宁的顽强抵抗，使得曹军没有攻破城池。

手不释卷

【释义】

手不离书。形容抓紧一切时间学习，或是看书比较着迷。

【出处】

西晋·陈寿《三国志·吴书·吕蒙传》注引《江表传》：“光武当兵马之务，手不释卷。”

三国·魏·曹丕《典论·自叙》：“上雅好诗书文籍，虽在军旅，手不释卷。”

【典故】

吕蒙是三国时期的吴国大将，但自小读书比较少，知识欠缺。

有一次，孙权对吕蒙和蒋钦说："你们现在都是吴国的要臣，掌管军中事务，不能不学习啊。"吕蒙回答："军中事务繁多，恐怕没有时间学习。"孙权说："我并不要求你们可以成为儒家经典的博士，只是让你们粗略地阅览，对历史有个大概了解而已。论军中事务，谁又比得上我呢？我自小读《诗经》《礼记》《左传》《尚书》《国语》，唯一没有读过的是《易经》。等到我统领国家大事后，又读了'三史'（《汉书》《史记》《东观汉记》）和各家兵书，我认为是非常有好处的。"

孙权看了看他们，继续说道："你们二人的悟性都非常高，学习后必定大有收获，难道不该好好学习吗？你们现在最好去读一读《国语》《左传》《孙子》《六韬》以及'三史'。孔子曾经说过：'整天不吃东西，没日没夜地思考问题，但都没有什么好处，还不如好好学习。'汉光武帝刘秀带兵打仗的时候，书都不离手；曹操也称自己老了之后很喜欢学习。你们为何不以此来勉励自己呢？"

自此，吕蒙开始发奋读书。他看过的书和见解，甚至超过了当时很多的学者。

后来，鲁肃经过寻阳时和吕蒙谈论问题。鲁肃很是惊讶地说："你现在的才干可不是之前那个阿蒙了。"吕蒙回答："与读书的人分开三天，就需要用新眼光来看待他，兄长看清事物太迟了。"

守株待兔

【释义】

守着树桩等着兔子跑来撞死。指一心想要不劳而获的人。形容抱着侥幸的心理，希望不经过努力就可以获得成功。

【出处】

战国·韩非子《韩非子·五蠹（dù）》："宋人有耕者。田中有株，兔走触株，折颈而死。因释其耒而守株，冀复得兔。兔不可复得，而身为宋国笑。今欲以先王之政，治当世之民，皆守株之类也。"

【典故】

宋国时期，有一位农夫在田间劳作时，看到远方突然跑来一只野兔，一头撞在不远处的树桩上。农夫走近一看，野兔已经死了。农夫很高兴，他把野兔带回家，美美地吃了一顿。他想：如果每天都能够有野兔吃，就不用天天辛苦耕种了。

于是，从第二天开始，农夫就守在野兔撞死的那棵树桩上，希望能够再捡到撞死的野兔。

日子一天天过去，田地里的庄稼已经被杂草掩盖，农夫却再也没有捡到野兔。这件事情传开后，人们都耻笑他的这种不劳而获的想法。

双管齐下

【释义】

原意指手握双笔同时作画。现在形容两件事情同时进行，或是做一件事情时使用两种方法。

【出处】

宋·郭若虚《图画见闻志·故事拾遗》："唐张璪员外画山水松石名重于世。尤于画松特出意象，能手握双管一时齐下，一为生枝，一为枯干，势凌风雨，气傲烟霞。"

【典故】

唐朝画家张璪擅长画山水、松石，深得当时宰相刘晏的欣赏，举荐他为检校祠部员外郎。

张璪作画时和他人不同，他可以左右手各握一支笔，同时在纸上作画。一支笔画的松树苍翠蓬勃，一支笔画的松树惨淡干枯。左右同时画两棵松树，虽然松树的形象大为迥异，但同样灵活生动。更让人拍案惊奇的是，张璪还可以使用两只秃笔，或是以手代笔，在纸上左涂右抹，就能够把山石、泉水表现得活灵活现。凡是见过他作画的，无不佩服。当时有人评价他："张璪作画，真是双管齐下。"

生灵涂炭

【释义】

百姓陷入泥塘和火坑中，形容百姓生活在极端困苦煎熬的环境中。

【出处】

战国·《尚书·仲虺（huǐ）之诰》："有夏昏德，民坠涂炭。"

唐·房玄龄等《晋书·苻丕载记》："先帝晏驾贼庭，京师鞠为戎穴，神州萧条，生灵涂炭。"

【典故】

前秦皇帝苻坚率领八十万大军攻打东晋，在淝水之战中大败而归，元气大伤，各族领袖趁机反秦。没过多久，后秦和后燕联合攻打前秦，围困都城长安。苻坚退守五将山，被后秦逮捕，拘禁在一个小庙里。后秦大将秦姚苌（cháng）逼苻坚交出玉玺，苻坚不从，被秦姚苌杀死。

前秦的幽州刺史王永得知消息后，派人通知苻坚的儿子苻丕，让他继任皇位，主持大局。即位后，苻丕封王永为左丞相。王永上任后，写了一篇讨伐后秦和后燕的檄文，檄文中说道："皇帝苻坚被杀，都城长安沦陷，国家混乱不堪。百姓生活在泥沼和火坑之中，万分痛苦。各地官员接到这封檄文后，立即召集兵马前往临晋汇合，准备战斗。"

只是因为后秦力量过于强大，前秦最终以失败告终。

声东击西

【释义】

制造出要攻打东面的架势，实际上是攻打西边。让对方产生错觉，从而出奇制胜的一种战术。

【出处】

西汉·刘安及其门客等《淮南子·兵略训》："故用兵之道，示之以柔而迎之以刚，示之以弱而乘之以强，为之以歙而应之以张，将欲西而示之以东……”

唐·杜佑《通典·兵六》说：“声言击东，其实击西。”

【典故】

有一年，大将韩信受刘邦之命，带兵征讨叛军魏王豹。魏王豹任命柏直为大将，率军驻扎在黄河东岸的蒲坂，扼住黄河渡口，阻止汉军渡河。此外，柏直还下令搬去民船，不允许民船下河，彻底封死汉军渡河的道路。

韩信带军来到黄河边，见蒲坂地势险要，又有重兵把守，心知此处很难攻破。经过再三思索，他想到了一个“声东击西”的方法。他让军队驻扎在蒲坂的对岸，周围都插上汉军的旗帜，随后又弄来一些船只。白天让士兵操练，晚上则举着灯火，做出调兵遣将、强行渡河之势。私底下，韩信却偷偷将汉军主力调往夏阳，准备从夏阳渡河。

柏直看到汉军整日操练、呐喊，以为他们真的要从蒲坂渡河。他哈哈大笑道：“韩信可真是笨啊，我这里驻守坚固，固若金汤，再加上黄河水流湍急，想要从这里渡河，真是白日做梦！”

汉军到达夏阳，开始夜以继日地制作木桶，上面拴上木排，以此渡河。汉军偷偷渡到对岸，攻破了魏军后方安邑。魏王豹仓促应战，最后被汉军打败，被韩信俘虏。

舍本逐末

【释义】

舍弃根本，追求枝节。形容抓不住根本环节，只知道在枝叶问题上努力。

【出处】

秦·吕不韦《吕氏春秋·上农》：“民舍本而事末则不令，不令则不可以守，不可以战。民舍本而事末则其产约，其产约则轻迁徙，轻迁徙则国家有患，皆有远志，无有居心。”

【典故】

有一次，齐王派遣使者去问候赵威后。使者来到赵国王宫，呈递上齐王的亲笔书信。赵威后并没有立即把信打开，而是躬身问道：“齐国今年的收成怎么样？”

使者回答：“好。”

赵威后又问：“百姓们的生活如何？”

使者回答：“好。”

赵威后接着问：“齐王的身体好吗？”

使者继续回答：“挺好。”

对于赵威后的这一连串问题，使者都做出了回答，但是心中却有些疑惑，他对赵威后说：“威后，我受大王的旨意前来问候您。按照常理，您难道不应该先问候我们的大王吗？可您却先问我们齐国的收成和百姓。怎么可以把尊贵的放在低贱的后面呢？”

赵威后说：“并不是这样。我之所以先问候收成和百姓，当然有我的道理。如果没有好的收成，百姓就无法生存下去。如果没有百姓，又哪里会有大王呢？所以我这样问才合乎常理。如果不这样问，就等于放弃了根本的，而去考虑一些不重要的枝节。你说是不是呢？”

使者佩服不已，他终于知道赵威后为何被人称为最贤德的王后了。

T

螳臂当车

【释义】

螳螂举着自己的前肢，想要阻挡住前进的车子。形容如果做一些力量无法达到的事情，结果必然是失败。

【出处】

战国·庄子《庄子·人间世》：“汝不知夫螳螂乎，怒其臂以当车辙，不知其不胜任也。”

【典故】

有一次，齐国君主齐庄公乘车外出狩猎。突然路边冲出一个小小的虫子，伸着自己的两条前腿，想要阻挡齐庄公的车子。齐庄公对驾车的人说：“这是什么虫子？”车夫回答说：“这是只螳螂，它看到车子过来，不仅不躲避，反而想要来阻挡，真是不自量力啊！”齐庄公笑着说：“真是一只出色的勇士啊，我们不要伤害它。”说完，便让车夫驾车从路边穿过。

这件事情传开后，人们都说齐庄公礼遇勇士，所以四方的勇士纷纷前来投靠他。

桃李不言，下自成蹊

【释义】

蹊：小路。桃树、李树不主动招惹他人，但却因为它的果实和花使得人们在树下走来走去，足迹形成了一条小路。形容一个人的品格高尚，不用自我夸耀，自然就会得到他人的尊重。

【出处】

西汉·司马迁《史记·李将军列传》:“谚曰:‘桃李不言,下自成蹊。’此言虽小,可以喻大也。”

【典故】

西汉时期,大将军李广是个骁勇善战之人,他一生和匈奴打了七十多场仗,战功赫赫,深得百姓和官兵们的拥戴。

虽然李广官职很高,兵马众多,但他却从不居功自傲。他待人和气,每次朝中赏赐给他的东西,他都会分给部下;打仗的时候,遇到粮食短缺的情况,他也会和士兵一起忍饥挨饿;冲锋时,他更是身先士卒。跟随他的将士们各个骁勇善战,不怕牺牲。

李广去世时,军中上下无不痛哭流涕,百姓也都纷纷前来悼念。西汉史学家司马迁在给李广立传的时候说:“桃李不言,下自成蹊。”以此来夸赞李广将军的德行。

桃李满天下

【释义】

形容举荐的人才或培育的学生很多,遍布天下。

【出处】

北宋·司马光《资治通鉴·唐纪·武后久视元年》:“天下桃李,悉在公门矣。”

【典故】

狄仁杰是唐朝著名的政治家,刚正不阿,一身正气,明辨是非,擅长处理各种疑难杂案。武则天时期,因为狄仁杰政绩突出,声望极高,便任命他为宰相。

有一次,武则天让他推荐一位宰相之才,狄仁杰推举荆州长史张柬之,于是武则天便任命张柬之为洛州司马。没多久,武则天又让他举荐人才,狄仁杰说:“之前给您推荐的张柬之,您还没有重用呢。”武则天说:“已经任用他为司马了。”狄仁杰回答:“我给您举荐的是宰相之才,您却让他当个司马呀。”在狄仁杰的大力举荐下,张柬之被提升为秋官侍郎,没多久升任为宰相。

除了张柬之外，狄仁杰还推荐了敬晖、桓彦范、窦怀贞等几十个贤能之人，都先后被武则天委以重任，成为唐代中兴时期的名臣。

此外，狄仁杰还举荐了一些少数民族将领，比如契丹猛将李楷固曾多次带兵打败武周军队，归降后，有人建议武则天将他处死，但狄仁杰认为李楷固有大将之才，如果可以赦免他，定能为朝廷出力。武则天接受了狄仁杰的建议，任命李楷固为将军。后来，李楷固带军征讨契丹，为大唐立下汗马功劳。

狄仁杰举荐的人才，对唐朝中兴有着很大的影响。有人对他说："你真是爱才的人呀。朝中的文武百官大多是你举荐的。你的学生、门人也都得到了重用，真可谓是桃李满天下啊。"

投鼠忌器

【释义】

想要用东西打老鼠，又害怕会打坏周围的器物。形容做事情放不开手脚，有所顾忌。

【出处】

西汉·贾谊《陈政事疏》："里谚曰：'欲投鼠而忌器。'此善喻也。鼠近于器，尚惮不投，恐伤其器，况于贵臣之近主乎！"

东汉·班固《汉书·贾谊传》："里谚曰：'欲投鼠而忌器。'此善谕也。"

【典故】

西汉著名思想家、文学家贾谊是改革派，由此触犯了朝中一些保守派的利益，遭到诬陷、贬谪。后来，贾谊写了一篇《陈政事疏》，呈递给汉文帝。

奏章中，贾谊写了自己的政治见解，建议汉文帝实施严格的等级制度。在贾谊看来，皇权是至高无上的，皇帝下面的官员犹如一级一级的台阶，要有界线，主次分明，不能混淆。百姓犯了错，可以采用在脸上刻字、砍脚、割鼻子等惩罚手段，大臣犯了错就不能采用这种方法了，而是应该采用"道德方法"进行约束，或者是赐他们一死。

贾谊还引用了一句谚语："欲投鼠而忌器。"意思是说，大臣是皇帝身边的达官贵人，如果对他们实施和百姓一样的刑罚，恐怕会损害皇帝的颜面。

同甘共苦

【释义】

共同享福，一起吃苦。形容有福同享，有难同当。

【出处】

西汉·刘向等《战国策·燕策一》："燕王吊死问生，与百姓同其甘苦。"

【典故】

燕昭王即位时，燕国刚经历一场战争，差点被齐国灭掉。燕国国内破败不堪，百废待兴。为了使燕国尽快强大起来，燕昭王向足智多谋的郭隗请教，他说："我想要让燕国尽快强大起来，然后去攻打齐国，报仇雪恨。先生有没有好的办法？"

郭隗说："广纳贤才是振兴国家的关键。大王应该先做一个求贤若渴、任人唯贤的君主，让这些人为您出谋划策。"

燕昭王又问："我去哪儿找这些人呢？"

郭隗回答："那就先从重用我这个平庸之人开始吧。那些贤能之人看到像我这样的人都可以得到大王的重用，必定会不顾路途遥远，

前来投靠您的。”

燕昭王认为很有道理，便拜郭隗为师，还给他建造了一座豪华的住宅。消息传开后，乐毅、邹衍等众多有才之人纷纷前来投靠燕昭王，为燕国效力。燕昭王对他们都委以重任，格外关怀。即便是婚丧嫁娶的小事，他也要亲自过问，以表示对他们的重视。

此外，燕昭王还懂得体恤百姓，遇到灾年，他会立即开仓放粮、救济他们。他和百姓同甘共苦了二十八年，让燕国变得富强起来。后来，燕昭王瞅准时机，任命乐毅为上将军，联合楚国、秦国、韩国、魏国、赵国等一起攻打齐国，最后齐国大败，燕国一雪前耻。

同病相怜

【释义】

遭遇相同的人彼此理解、相互同情。

【出处】

东汉·赵晔《吴越春秋·阖闾内传》：“子不闻河上之歌乎？同病相怜，同忧相救。”

【典故】

春秋末年，楚平王听了费无极的谗言，要杀掉太子芈（mǐ）建和太傅伍奢。太子芈建外逃，伍奢和大儿子伍尚被杀，二儿子伍子胥出逃到吴国。

伍子胥到达吴国后，受到吴国公子光的重用。在伍子胥的帮助下，公子光得到王位，即为吴王阖闾。阖闾即位后，让伍子胥掌管军中大权。

几年后，楚国大臣郤（xì）宛遭奸臣陷害，全家都被诛杀。伯嚭（pǐ）是郤宛的亲戚，自幼在郤宛家长大，感情深厚。郤宛被杀后，伯嚭外逃。他听说伍子胥得到吴国重用的消息，便想着去投靠伍子胥。

伍子胥听了伯嚭的经历后，向吴王阖闾举荐他，伯嚭得以入朝为官。有人不解地问：“伯嚭刚到吴国，性情未知，你怎么刚一见面就如此信任他呢？”

伍子胥说：“因为他和我有相似的冤仇。有人说：‘得了相同病的人要相互怜悯，有相似忧患的人要相互帮助。’他和我有着相似的经历，我当然要帮助他。”

同舟共济

【释义】

同坐一条船，一起渡河。形容相互团结、帮助，齐心协力，战胜困难。

【出处】

春秋·孙武《孙子·九地》："夫吴人与越人相恶也，当其同舟而济，遇风，其相救也如左右手。"

【典故】

春秋时期，吴国、越国争斗多年，吴人和越人也相互仇视。

有一次，两国人恰好同乘一艘船过河。船刚刚行驶时，吴人、越人互相瞪着对方，一副要打架的模样。谁知，船行到水中央时，忽然刮起了大风，几乎要把船掀翻。为了保住自己的性命，吴人、越人顾不得彼此的仇恨，选择相互救助，合力稳住了船身，才战胜了这场灾难，安全到达对岸。

天罗地网

【释义】

天罗：张在空中捕鸟的网。天上地面，遍布罗网。上下左右都有包围圈。形容对敌人、逃犯等严密包围。

【出处】

宋·《大宋宣和遗事》亨集："才离阴府恓惶难，又值天罗地风灾。"

元·无名氏《锁魔镜》第三折："天兵下了天罗地网者，休要走了两洞妖魔。"

【典故】

李寿卿是元代杂剧家，其作品《伍员吹箫》讲述了这么一个故事：

春秋时期，楚平王昏庸无道，曾派遣奸臣费无极代表太子芈建前往秦国，迎娶秦景公的女儿孟嬴。费无极见孟嬴花容月貌，便怂恿好色的楚平王迎娶孟嬴，并将孟嬴的陪嫁侍女以孟嬴的名义嫁给太子芈建。

楚平王担心事情败露，便让芈建驻守城父。芈建的老师伍奢，是个刚直不阿之人。费无极担心伍奢知道真相后，会帮助芈建惩罚自己，就污蔑太子芈建和伍奢谋反。于是楚平王下令斩杀太子以及伍奢和伍奢的两个儿子。芈建得到风声后，连夜逃走。伍奢以及大儿子伍尚被杀。

芈建知道伍奢的二儿子伍子胥驻守樊城，便连夜赶来向伍子胥报信。听说家人被害的消息，伍子胥很是愤懑。芈建对伍子胥说，费无极要派儿子费得雄前来将他骗回朝，暗地杀害，让伍子胥多加小心。

不久后，费得雄果然来到樊城，并以伍子胥战功赫赫，楚平王要封赏他为由，让他回朝。伍子胥假意说："我已经半年没有入朝了，家中父兄可还好?"费得雄欺骗伍子胥说全家都好。伍子胥气愤地骂道："你们害我家人被诛，竟然还说他们都好。"费得雄百般狡辩，并让他指出证人。伍子胥说："如若不是太子芈建前来报信，我就要被骗入天罗地网了。"

伍子胥痛打费得雄一顿，出逃到吴国，在街市上以吹箫乞讨为生。后来，伍子胥得到吴王的重用，带兵攻打楚国，报了父兄之仇。

天衣无缝

【释义】

仙女穿的天衣上没有缝隙。形容事情完美，一点瑕疵都没有。

【出处】

五代·前蜀·牛峤《灵怪录·郭翰》："徐视其衣并无缝，翰问之，曰：'天衣本非针线为也。'"

【典故】

从前有个叫郭翰的人，仪表堂堂，能言善辩，精通书法，不喜权贵，名声清高。

在一个盛夏的晚上，郭翰在庭院里乘凉，一袭清风飘来，只见空中有一个明艳动人的女子徐徐而下。

郭翰连忙起身，非常有礼貌地问道："姑娘，您从哪里来?"

女子回答："我是织女，从天上来。天帝特许我可以来凡间一游。我听说了你清高的名声，特地前来拜访。"

郭翰仔细打量了眼前的这个仙女，发现织女的衣服竟然没有衣缝，他感到有些奇怪，便询问说：“您的衣服是什么做成的？为什么连衣缝都没有呢？”

织女回答：“我身上穿的是天衣，天衣不用针线做成，自然是没有衣缝的。”

二人聊得很开心，天快亮的时候，织女和郭翰告别，踏着祥云而去。

弹冠相庆

【释义】

弹（tán）冠：掸（dǎn）去帽子上的灰尘。指官场中一个人做官或是升官，其他人就会相互庆贺将来也会有官可做。

【出处】

东汉·班固《汉书·王吉传》：“吉与贡禹为友，世称‘王阳在位，贡禹弹冠’。”

宋·苏洵《管仲论》：“一日无促，则三子者，可以弹冠而相庆矣。”

【典故】

汉宣帝时期，琅琊人王吉和贡禹是好朋友，二人在官场上都不得志。汉元帝时期，朝廷征召王吉为谏议大夫。贡禹听到后很是高兴，也把自己的官帽取出来，掸去上面的灰尘，做好做官的准备。果然，没过多久，贡禹也被任命为谏议大夫。

太公钓鱼，愿者上钩

【释义】

形容心甘情愿地上当。

【出处】

元·无名氏《武王伐纣平话》卷下：“姜尚因命守时，直钩钓：‘负命者上钩来！’”

【典故】

姜尚，字子牙，精通兵法、满腹经纶、胸怀大志。他听说西伯侯姬昌正招贤纳士、推广仁政，于是年过七旬的他便跋山涉水地来到西岐，住在渭水北岸。自此之后，他每天就在渭水边钓鱼，等待姬昌的到来。

姜子牙钓鱼的方法很特别：鱼竿非常短，鱼线非常长；鱼钩是直的，没有鱼饵；鱼竿和水面的距离有三尺高。姜子牙一边钓鱼一边自言自语：太公钓鱼，愿者上钩。

樵夫武吉看到姜子牙钓鱼竟然不用鱼饵，而且使用的还是直钩，便询问他姓名。姜子牙说："姓姜名尚，字子牙，号飞熊。"武吉叹口气说："有志不在年高，无知空言百岁啊。你用直钩钓鱼，一百年也钓不到，真是愚蠢。"姜子牙说："我钓鱼是假，伺机钓王与侯是真。宁在直中取，不在曲中求。"

武吉说道："哪像什么王侯啊，像个活猴还差不多。"说完便挑着柴进城了。武吉在城门口打死了守城的士兵，要被问斩，正好遇到西伯侯姬昌，姬昌得知武吉是个孝子，家中还有老母需要侍奉，便赠给他十两黄金，让他回去安顿好母亲再来受罚。母亲带着武吉向姜子牙求救。姜子牙提议让武吉就此在乡下干活，不要再进城了。

第二年春天，姬昌到渭河边打猎，听到有人唱："凤非乏兮麟非无，但嗟治世有污。龙兴云出虎生风，世人慢惜寻贤路……"姬昌命人将唱歌的人找来，一看正是武吉，便大喝道："你怎么敢欺骗我，拿了十两黄金而不前来领罪，反倒在这里唱歌？"于是，武吉将姜子牙给他出主意的事情告诉姬昌，并且说他唱的歌也是姜子牙所作。姬昌认为姜子牙肯定是个栋梁之材，就赦免了武吉的罪过，还让武吉带着他们前去拜访姜子牙。姜子牙有意试试姬昌的诚心，便躲进芦苇丛中，没有被姬昌找到。

姬昌回去后，戒斋三日，沐浴更衣，带着丰厚的礼物，再次前来拜访姜子牙。

后来，姜子牙辅佐周文王姬昌兴邦立国，又辅佐周武王灭掉了商朝，建立了赫赫战功。

W

外强中干

【释义】

从外表上看比较强壮，内里却比较空虚。

【出处】

春秋·左丘明《左传·僖公十五年》：“今乘异产以从戎事，及惧而变……外强中干，进退不可，周旋不能，君必悔之。”

【典故】

秦国和晋国开战，晋惠公想要用郑国赠予的马驾车。大臣庆郑劝说晋惠公：“从古至今，打仗的时候都需要使用本国的良马，因为它们熟悉本国的地形，听从本国人的使唤。如果使用别国赠予的马匹，恐怕并不好驾驭。一旦遇到意外情况，很可能会乱吼乱叫，进而失去了方向。这样的马外表看起来比较强壮，实际上并没有多大的作用，又怎能作战呢?”不过，晋惠公并没有采纳他的建议。

开战后，郑国赠给的马因为不熟悉晋国的地形，而乱跑乱窜，很快就陷入了泥泞里，无法进退。最后晋军被秦军打败，晋惠公被俘虏。

亡羊补牢

【释义】

羊逃跑了之后再修补羊圈，也不算太晚。指问题出了之后就要想办法解决，以防损失继续扩大。

【出处】

西汉·刘向《战国策·楚策》："见兔而顾犬，未为晚也；亡羊而补牢，未为迟也。"

【典故】

战国时期，楚襄王亲近小人，讲究奢侈淫乐，不理朝政。楚国大臣庄辛劝告他说："您在宫中时，陪伴您的是州侯和夏侯；外出的时候，陪伴您的是鄢陵君和寿陵君。您和这四个人追求奢侈无度的生活，不管国家大事。如此下去，楚国要有危险了。"

楚襄王听后很不高兴，责备他说："你是老糊涂了吗？才说出这样的话。"

庄辛冷静地回道："我确实知道事情一定会发展到这一步，而不是故意说楚国的不幸。如果您一直宠信他们，楚国一定会灭亡的。如果您不相信，请让我前往赵国避难，看看结果到底如何。"

庄辛到赵国的五个月后，秦国派兵攻打楚国，楚襄王出逃到阳城。直到这个时候，楚襄王才认同庄辛的话，于是派人将庄辛找来，问他解决灾祸的方法。庄辛回答说："我听说，看到兔子再放猎狗，并不算晚；羊跑丢了才想起来修补羊圈，也不算迟……"

"亡羊补牢"一词便从中而来，形容出现错误后，如果及时去处理和挽救，就不算太迟。

妄自尊大

【释义】

把自己看得很高。形容一个人狂妄自大，不把他人放在眼里。

【出处】

南朝·宋·范晔《后汉书·马援传》："子阳井底蛙耳，而妄自尊大，不如专意东方。"

【典故】

东汉初期，政权刚刚建立，天下还未统一，各地豪强都依仗着自己的力量，称霸一方。这其中，又以公孙述的力量最大，并在成都地区自称为帝。这让汉光武帝刘秀很是忧心。

当时，马援在隗嚣帐下效力，为了探清公孙述的虚实，隗嚣派遣他以商议如何据守一方为由，前往公孙述的营中。马援和公孙述是老乡，早些年彼此又比较熟悉，马援认为他必定会得到公孙述的热情款待。

谁知，马援到达公孙述那里后，公孙述竟然给他摆起了皇帝的架子，话没说上几句就让人把马援送出去了。对此，马援很是不愉快，他对左右的人说："如今各路豪强都在争夺天下，最后的结果如何谁都不知道，而公孙述此时却仗着自己的势力大讲排场，那些真正有才能的人怎么可能会和他一起建功立业呢？"于是便带人回去了。

马援对隗嚣说："公孙述犹如井底之蛙，妄自尊大，自以为很了不起。我们倒不如去投靠东方（洛阳）的光武帝吧。"

后来，马援归顺光武帝刘秀，刘秀拜他为将军，马援为大汉朝立下了不少功劳。

望洋兴叹

【释义】

望着大海叹气。原意指在大事物面前感叹自己的渺小。现在大多指做事情因为力量无法胜任而叹息。

【出处】

战国·庄子《庄子·秋水》："于是焉，河伯始旋其面目，望洋向若而叹。"

【典故】

传说，黄河里住着一位河神，人们称他为河伯。

河伯站在岸边，望着奔腾不止的河水，兴奋地说："黄河可真是大呀，世间应该没有其他的河流可以和它相比了吧，我应该是最大的水神啊！"

有人听到后，对他说："不对，黄河的东面还有一个北海，那才是大呢。"

河伯反驳说："我才不相信，北海再大，能大得过黄河吗？"

那个人又说："几条黄河的水都无法把它填满。"

河伯说："我不相信，我又没见过北海。"

那人有些无奈，对他说："如果你有机会前去看看的话，就知道我说的是对的了。”

入秋后，因为连日的暴雨使得黄河河面变得更宽广了，隔着河岸望去，对面的牛马都分不清楚了。河伯更加高兴，此时他想起了那人提过的北海。于是，他决定前去看看。

河伯到达北海后，北海海神出来迎接。河伯一眼望去，面前是一片汪洋，找不到边际。他呆呆地望了一会儿，进而感慨地说：“俗语说，懂得了一点道理就认为自己天下无敌，这说的就是我呀。如果不是亲眼所见，我会一直认为黄河是天底下最浩瀚的河流呢！这样一来，我岂不是被有识之人笑话了。”

望梅止渴

【释义】

原意指想到酸酸的梅子，人就会流口水，因而止渴。形容愿望没办法实现，只能以空想来安慰自己。

【出处】

南朝·宋·刘义庆《世说新语·假谲（jué）》：“魏武行役失汲道，军皆渴，乃令曰：‘前有大梅林，饶子，甘酸可以解渴。’士卒闻之，口皆出水，乘此得及前源。”

【典故】

曹操是三国时期著名的政治家、军事家，善于使用手段。

有一次，曹操带着大军行路，因为很长时间没有遇到水源，全军将士都处于一种饥渴难耐的状态。中午时分，烈日炎炎，将士们背着沉重的武器，全身上下都被汗水浸湿，再加上久未进水，有些寸步难行。

曹操见此情况，便下令部队原地休息，又让几个人四处寻找水源。好大一会儿后，出去找水的人垂头丧气地回来了。原来，此处是一片荒地，没有山泉，亦没有河流。曹操心知情况的严重性，不能再让士兵在此休息下去了，他灵机一动，大声喊道：“有水了，有水了。”

士兵们一听“有水了”，各个都来了精神，问道：“哪里有水？哪里有水？”

曹操指着前方说：“我曾经走过这条路，前面不远处有一片梅子林，梅子又大又多，梅子的酸汁可以帮我们解渴，我们快点过去吧。”

士兵一听到酸酸的梅子，不自觉地流了口水，顿时不觉得那么渴了。

曹操立刻带着队伍继续前行，一段时间后，队伍走出了这片荒地，找到了水源。

危在旦夕

【释义】

形容危险就在眼前，局势比较紧迫。

【出处】

西晋·陈寿《三国志·吴书·太史慈传》：“今管亥暴乱，北海被围，孤穷无援，危在旦夕。”

【典故】

东汉末年，农民起义军“黄巾军”的领袖张角带兵包围了孔融的驻地都昌。孔融派遣太史慈前去请求刘备发兵救援。太史慈对刘备说：“孔融现在危在旦夕，希望您能够发兵解围。”于是，刘备立刻调派三千精兵随太史慈一同前去，起义军见援军已到，便撤退了。

唯命是从

【释义】

只要是命令就会听从，不会有半点抵抗。

【出处】

春秋·左丘明《左传·昭公十二年》：“今周与四国服事君王，将唯命是从，岂其爱鼎？”

【典故】

公元前597年，楚庄王带兵攻打郑国，攻破郑国的都城。郑襄公裸露着上身跪迎楚庄王。并对楚庄王说：“你可以占领郑国，让郑国人给楚国人做奴隶。但请求给郑国一个朝贡的机会，我愿意以后都唯命是从。”楚庄王见他可怜，便答应了郑国的求和，从郑国退兵，并订立了盟约。

尾大不掉

【释义】

掉：摆动。尾巴太大而无法摇动。旧时指下属的势力很大而无法正常调度。现在指组织或机构比较庞大，指挥不灵敏。

【出处】

春秋·左丘明《左传·昭公十一年》：“末大必折，尾大不掉，君所知也。”

【典故】

公元前531年，楚灵王在陈地、蔡地、不羹建筑城池，并有意让弃疾做蔡公。对此，楚灵王问申无宇说：“让弃疾前往蔡地，你觉得如何呢？”申无宇说：“选择儿子没有如父亲那般合适的，选择臣子没有如君主那般合适的。臣听说过，边境不留五种大人物，朝中不留五种小人物。亲近的人不外派，寄居的人不内留。如今弃疾在外而郑丹在内，君主恐怕要加强戒备了。”

楚灵王问道：“都城的城墙比较高大，这又如何呢？”申无宇说：“在郑国的都城杀了曼伯，在宋国的萧地杀了子游，在齐国的渠丘杀了无知，在卫国的蒲地赶走了献公。从这些事情中来看，树枝大了一定会被折断，尾巴大了一定无法摇动。君主是知道的。”

为虎作伥

【释义】

伥（chāng）：伥鬼。古时候传说被老虎吃掉的人，死后会变成伥鬼，专门给老虎引诱人，让其吃掉。现在指帮助恶人作恶。

【出处】

宋·李昉、扈蒙、李穆等《太平广记》卷四百三十：“伥鬼，被虎所食之人也，为虎前呵道耳。”

宋·孙光宪《北梦琐言逸文》卷四：“凡死于虎，溺于水之鬼号为伥，须得一人代之。”

【典故】

很久之前，有一只很凶残的老虎，林中的小动物都被它吃掉之后，它便开始抓捕路上的行人。

有一天，一个叫伥的人从这里路过，被这只老虎抓住吃掉了。老虎心想："如果每天都能够吃到人肉多好啊！"于是，老虎便掌控住伥的灵魂，对他说："你要找到另一个人给我吃，我才会放掉你的灵魂，让你重新投胎。"伥虽然死掉了，但是他的灵魂也非常恐惧老虎，便点头答应了。

于是，伥的灵魂帮着四处找人，找到人后就把他骗到林子里，在那里守候的老虎就会一口把人咬死并吃掉。老虎对伥的配合很是满意，就不愿意放伥走了。最后，伥的灵魂留在了老虎身边，帮助老虎干起了吃人的勾当。

五十步笑百步

【释义】

作战的时候，向后逃跑五十步的人讥笑向后逃跑一百步的人。指两个犯有同样错误的人，程度轻的耻笑程度重的。形容一个人没有自知之明。

【出处】

战国·孟子及其弟子《孟子·梁惠王上》："填然鼓之，兵刃既接，弃甲曳兵而走，或百步而后止，或五十步而后止。以五十步笑百步，则何如？"

【典故】

战国著名思想家孟子，被人尊称为“亚圣”。他提倡“民本”思想，主张“仁政”。为了推行自己的政治主张，孟子带着弟子前往齐、楚、魏等国游说。

有一次，孟子来到了魏国。魏国君主梁惠王接见了他，并问：“对于国家的治理，我算是尽了心。黄河北岸发生灾荒时，我便将百姓们迁移到黄河东岸，而且还将黄河以东的粮食输送到黄河北岸。黄河东岸发生灾荒时，我也会采取同样的方法。对比周围的国家，没有一个像我这样用心的。可是其他国家的百姓并没有减少，我们国家的百姓也没有增多。这是什么原因呢?”

孟子回答：“大王喜欢打仗，那我就用作战来打个比方。作战的时候，战败的士兵溃散而逃。有的士兵逃了一百步，有的士兵逃了五十步。这个时候，逃了五十步的士兵耻笑逃了一百步的士兵。您觉得如何呢?”

梁惠王回答：“这肯定是不对的。逃跑五十步的士兵只是没有逃跑一百步而已，但同样都是逃跑。”

孟子接着说：“既然大王明白这一点，那就不要期望国家百姓比邻国多了。不耽误农业生产，粮食肯定会吃不完。不使用密网捕鱼，水产也会吃不完。按照一定的时间砍伐树木，木材就不会用尽。粮食、水产、木材都用不尽，就足够百姓供养活人、安葬死者了。供养活人、安葬死者，这些都是尽力而为、不留遗憾的事情，这也是施仁政、治理天下的开始。给百姓五亩地种植桑树，五十岁的人也可以穿上丝绸。百姓适时饲养鸡、猪等动物，七十岁的人也可以经常吃肉。兴办教育，教导百姓孝顺父母、尊敬兄长的道理，白发老人也可以背着重物行走在路上了。七十岁的人穿丝绸，吃大肉，百姓不挨饿受冻，如果这样还不算王道，就没有道理了。再看看如今的魏国，富贵人家的猪狗吃掉了穷人家的粮食，官府却从来不加制止和约束；街边有饿死的人，朝廷却不知道开仓放粮救济百姓。百姓死了，竟然会说‘这不是我的过错，是因为收成不好’，这种说法和用刀子杀人，然后说‘人不是我杀的，是兵器杀的’又有什么不一样呢？如果大王不怪罪于年景，那么天下的百姓都会依附大王的。”

卧薪尝胆

【释义】

在柴草上睡觉，吃饭的时候都要尝一尝苦胆。指一个人发愤图强、刻苦自勉。

【出处】

西汉·司马迁《史记·越王勾践世家》：“越王勾践反国，乃苦身焦思，置胆于坐，坐卧即仰胆，饮食亦尝胆也。”

【典故】

公元前496年，吴王阖闾带兵攻打越国，大败，阖闾被越军射伤。临死前，阖闾嘱咐儿子夫差：“一定不要忘了报仇。”

吴王夫差日夜练兵，想有朝一日可以报得此仇。越国勾践得知后，决定先发制人，带兵攻打吴国。范蠡（lǐ）劝谏说：“大王万不可盲目行事，发起战争违反了道义，武力争斗也是处理朝政的下策。违反道义、使用下策，是得不到好结果的。”勾践说：“我意已决，你不要再说了。”于是带兵攻打吴国。吴国举全国之力抵抗越国，最后越国大败，勾践带着剩余的五千士兵被困会稽。

越王勾践对范蠡说：“因为不听您的劝阻才落到今天这个地步，不知道该怎么办？”范蠡提议：“我们派遣使者去吴国道歉，送上厚礼，请求讲和。如果他们能够答应我们的请求，或许还有转机。”

于是，越王派遣大夫文种前去吴国求和，吴王夫差想要答应，但吴国大夫伍子胥强烈反对：在他看来，吴国应该趁机灭掉越国，以绝后患。

求和失败，勾践准备以死相搏。大夫文种说：“吴国的太宰是个贪财好色之人，我们可以用重金诱惑，让他在吴王面前帮我们说好话。”太宰接受了越国的礼物，开始为越国说情。夫差听了太宰的建议，答应了越国的求和主张，越王勾践被扣留在吴国，听从吴王差遣。

为了羞辱勾践，夫差让他和奴才一起做工。勾践内心虽然不服，但表面上还是装出一副很顺从的样子。吴王出门的时候，勾践在前面给他牵马；吴王生病的时候，勾践在床前尽心照顾。吴王见他如此周全地侍奉自己，很是感动，便放他回国了。

勾践回国后，立志要发愤图强，准备报仇。他担心自己会贪图享乐而消磨了志气，便在吃饭的地方挂一个苦胆，每当吃饭时，他都会先尝一尝苦胆，自问：你忘记在会稽所受的耻辱了吗？他还撤去席子，睡在稻草上，枕着兵器。此外，他让文种管理政事，让范蠡管理军事，自己和农夫在田里干活，妻子也开始织布。勾践的言行打动了越国上下官民，经过多年的休养生息和整顿，越国变得兵精粮足，国力强盛。

公元前484年，夫差想要攻打齐国。伍子胥说："我听说勾践卧薪尝胆，和百姓们同甘共苦，看来是想要找吴国报仇的。如果不将他除掉，恐怕是个祸患啊。还请大王先去灭掉越国。"夫差不听，执意攻打齐国，胜利而归。朝中大臣都恭贺夫差，只有伍子胥说："打败齐国，只占了一点小便宜。越国攻打吴国，才是大祸患。"夫差开始讨厌伍子胥。后来在伯嚭的诬陷下，夫差让人给伍子胥送去一把剑，让他自刎了断。伍子胥临死前说："把我的眼睛挖下来挂在城门上，我要看着勾践灭掉吴国。"

公元前475年，勾践带兵攻打吴国，吴国节节退败。夫差说："我没脸见伍子胥了。"说完，便用衣服挡住自己的脸，拔剑自杀了。吴国就此灭亡。

完璧归赵

【释义】

形容把物品完好无损地还给原主。

【出处】

西汉·司马迁《史记·廉颇蔺相如列传》："城入赵而璧留秦；城不入，臣请完璧归赵。"

【典故】

战国时期，赵国得到一块宝玉——和氏璧，秦王听说后，便派人告诉赵王，希望用十五座城池换取这块和氏璧。赵王左右为难：答应秦王，害怕上当；如果不答应，又担心秦国会借口兴兵攻打赵国。

蔺相如给赵王出主意说："大王，允许我带着和氏璧去见秦王吧，我会见机行事的。如果秦王诚心用十五座城池交换，那么就把和氏璧留在秦国；如果秦王不愿意用十五座城池交换，我必定会把和氏璧完好无损地带回来。”赵王心知蔺相如是个能言善辩之人，便答应了他的提议。

蔺相如来到秦王面前，把和氏璧献给秦王，秦王很是喜欢。蔺相如站在一边等了很久，发现秦王并没有割让城池的意思。但是和氏璧已经落在秦王的手中，想要拿回来并不是什么易事。思来想去，蔺相如想到一个好方法，他上前一步，对秦王说：“虽然这块和氏璧看上去很好，但却有一些小瑕疵，还请让我指给大王看。”秦王没有猜透他的心思，便让人将和氏璧送回蔺相如的手中。

拿到和氏璧后，蔺相如向后退了好几步，身体倚靠在一根柱子上，怒气冲冲地对秦王说：“当初大王说愿意用十五座城池换取和氏璧，可现在看来大王并不是诚心交换。现在宝玉在我的手中，如果大王逼迫我的话，我宁愿让自己的脑袋和这块宝玉撞碎在这根柱子上。”

秦王想要让人将宝玉抢回来，但又担心蔺相如真的会把宝玉摔碎，只好连忙道歉，还命人拿来了秦国的地图，指着地图说：“从这里到那里，共十五座城池，全部划给赵国。”蔺相如心知秦王只是做做样子，便对他说：“这块宝玉天下有名，将它送来秦国之前，赵王斋戒了五天，还举行了盛大的宝玉赠送仪式。大王也应该斋戒五天，并举行宝玉的接受仪式。只有这样，我才可以献上宝玉。”秦王见蔺相如态度坚决，只好答应。

蔺相如带着宝玉回到住处，便立即让人打扮成商人模样，连夜将和氏璧送回赵国。等秦王发现时已经晚了。秦王虽然生气，但自认蔺相如是个人才，没有多加为难，便让他回赵国了。

X

先发制人

【释义】

原意指战争中的双方，先发动攻击的一方会占据主动地位，能够控制住对方。后来也指争取主动，先行动手制服对方。

【出处】

西汉·司马迁《史记·项羽本纪》："吾闻先即制人，后则为人所制。"

东汉·班固《汉书·项籍传》："先发制人，后发制于人。"

【典故】

公元前209年，项梁为了躲避仇人的追杀，带着项羽逃到吴中。

有一次，项梁找到会稽郡的郡守殷通，在谈论目前局势的时候，说："如今江西一带的人都已经起兵反秦，看来老天爷也要让秦朝灭亡了。我听说先发动的能够制服别人，后发动的就要被他人制服。"殷通听了之后，说："听说您是楚国将领的后人，是能够成就大事的。我想要起兵响应起义军，想让你和桓楚来率领起义军。只是不知道桓楚现在何处？"

项梁一听心中有些不悦，他哪愿意做殷通的手下呢？于是项梁说道："桓楚触犯了秦朝法律，现在流浪于江湖，我的侄子项羽知道他的藏身之处。我去把项羽叫来问问。"

说完，项梁走到门外，吩咐在门外等候的项羽准备好宝剑，伺机将殷通杀掉。就这样，叔侄二人一前一后地去见殷通。殷通刚刚起身，就被项羽一剑刺倒，脑袋也被砍下来了。项梁拿着殷通的人头，带着郡守的大印，宣布正式起义。

先声夺人

【释义】

先用自己的声势压倒对方。也指做事情抢先一步。

【出处】

春秋·左丘明《左传·宣公十二年》：“军志曰：‘先人有夺人之心，’薄之也。”

【典故】

宋国司马华费逐有三个儿子：华驱、华多僚、华登。华多僚深得宋元公的信任，经常在宋元公面前说其他两个兄弟的坏话。华登害怕惹祸上身，便出逃到国外。之后，宋元公又让华费逐将儿子华驱赶出家门。华费逐心知这些都是华多僚的主意，但也只能执行宋元公的命令，打发华驱走了。

华驱虽然知道这都是华多僚的阴谋，但碍于父亲的面子不便多加计较。临行前，华驱前来和父亲告别，不巧却和华多僚碰了个正着。华驱一时忍不住内心的怒火，便和下属一起杀掉了华多僚，集结其他逃亡的人一起反叛宋国。宋元公请来了齐国的乌枝鸣帮忙驻守城池。

这年冬天，在外逃亡的华登也带着吴国的一支军队，前来支援华驱。眼看着华登的援军就要到来，有一位名为淄的大夫向乌枝鸣建议说：“兵书《军志》中说，先攻打敌人就可以摧毁敌人的士气，后攻打敌人就需要等待他们的士气衰竭。现在为何不趁着华登军队疲于跋涉之际，向他们发动进攻呢？如果等到他们的大军来到并且安定下来，那个时候我们后悔就晚了。”

最后，乌枝鸣听从了淄的建议，主动出兵攻打华登率领的吴军，最后杀掉了华登，打败了吴军。

相见恨晚

【释义】

只怨恨相见得太晚。形容两个人一见如故，志趣相投。

【出处】

西汉·司马迁《史记·平津侯主父列传》：“天子召见三人，谓曰：‘公等皆安在？何相见之晚也。’”

【典故】

汉武帝时期，齐国人主父偃是一个才识渊博之人，游历于各个诸侯间，但都没有得到重用。后来，他又上书汉武帝，汉武帝对他非常赏识。汉武帝让他和徐乐、严安一起商议政事，三人大有相见恨晚之意。

胸有成竹

【释义】

原意指画竹子之前心中已经有了竹子的大体形象。形容对要做的事情或是客观事物有足够的把握。或是心中已经有了足够的考虑，做起事情来神情镇定、沉着。

【出处】

北宋·苏轼《文与可画筼筜（yún dāng）谷偃竹记》：“故画竹，必先得成竹于胸中。”

【典故】

文同（文与可）是北宋著名的画家，他所画的竹子远近闻名，每天都有不少的人前来求画。那么文同为什么会把竹子画得那么好呢？

原来，文同在屋前屋后全都种上了竹子，各式各样。他时常去观察竹子的生长情况，琢磨每一种竹子的粗细长短、叶子的形态颜色。一旦有了灵感，就会立刻回到书房，将心里的印象画在纸上。长年累月下来，不同季节、不同天气、不同时辰的竹子的形象都被文同牢记在心。只要提起笔来往画纸前一站，眼前就能够浮现出各种竹子的形态模样。所以，他画竹子的时候显得非常镇定从容，画出的竹子生动传神。

当人们称赞他的时候，他总是很谦虚地说：“我只不过是将心中已经琢磨好的竹子画出来罢了。”

后来，有位年轻人想要学习画竹，听说诗人晁补之对文同的画非常有研究，于是前去求教。晁补之送他一首诗，其中就有：“与可画竹，胸中有成竹。”

休戚相关

【释义】

休：欢乐；戚：悲哀。忧愁欢乐彼此相连。形容关系比较密切，利害相关。

【出处】

《国语·周语下》："晋国有忧，未尝不戚，有庆，未尝不怡……为晋休戚，不背本也。"

【典故】

春秋时期，晋国君主晋悼公姬周少时因为晋厉公的排挤，奔逃到周地洛阳，在周朝世卿单襄公手下做事。单襄公对他很是器重，以贵宾之礼来招待他。

那时，姬周虽然年轻，但是却极其持重。站立时稳稳当当毫不轻浮，看书时全神贯注目不斜视，听人说话时神情恭敬，自己讲话时又不忘忠义。待人接物非常的和善、友爱。他虽然身处周地，但却时刻关注着晋国的一举一动。晋国遭了灾难，他便忧心忡忡；晋国有了什么喜事，他就非常高兴。他的这些表现都被单襄公一一看在眼里，认为姬周把自己的忧愁欢喜和晋国的命运联系在一起，是一种不忘本的表现，将来必成大器。于是，单襄公对姬周更加礼遇了。

没过多久，晋国国内大乱，晋厉公被大夫栾书所杀，晋国朝政一时陷入了混乱之中。于是，晋国大夫派人来到洛阳，接姬周回国继承王位，是为晋悼公，年仅十四岁。

即位之后，晋悼公杀掉了晋厉公的心腹夷羊五等人，并将厉公的死归咎在他们身上。一来铲除了异己，二来也拉近了和朝中其他大臣的关系，稳定了政局。

晋悼公实行以德治国，减少赋税，提倡节约。慢慢地，在晋悼公的治理下，晋国国内的矛盾得到了有效的缓和，生产力也得到了有效的发展。随后，晋悼公又以仁义联络其他各诸侯，重新订立同盟国朝觐制度，减轻了诸侯国的负担。

稳定晋国内外之后，晋悼公开始了和楚国争霸的道路。为了孤立楚国，晋悼公进一步加强了与诸侯国之间的联盟，霸主地位凸显了出来。晋悼公还不断地和各诸侯国会盟，并且以征讨叛逆，伐郑救宋为由，在八年时间内就此会盟诸侯，将诸侯国紧密地团结在晋国周围，为晋国的霸业打下了坚实的基础。

悬梁刺股

【释义】

把头发用绳子系在房梁上，用锥子刺自己的大腿。形容学习比较刻苦。

【出处】

西汉·刘向《战国策·秦策一》："（苏秦）读书欲睡，引锥自刺其股，血流至足。"

东汉·班固《汉书》："孙敬字文宝，好学，晨夕不休。及至眠睡疲寝，以绳系头，悬屋梁。"

【典故】

苏秦是战国时期著名的纵横家、外交家和谋略家，师从鬼谷子。学成后，苏秦去各国游说，想要谋得官职。

他曾经去秦国谋职，给秦惠文王呈递了十次奏折，阐述自己的治国理念。可惜，他的理念并没有引起秦惠文王的重视。最后，钱财用光的他只能暂回家中，由此也遭到父母、兄嫂的白眼，邻居也都瞧不起他，这让他很难过。于是，他决心发奋读书。

自此，他便闭门不出，整日埋头苦读。为了避免读书的时候打瞌睡，他用冷水浇头。冷水不管用了，他就用锥子刺自己的大腿。经过一段时间的努力，他掌握了更加丰富的知识，对兵法也更为熟悉，对各国的政治、经济等情况也都有所了解。苏秦再次出发，这次他终于游说成功，持有六国相印。

此外，汉朝时期也有一个和苏秦一样的人物，名为孙敬。

孙敬家中贫穷，无法供他读书。于是他便四处借书读，从早读到晚，夜以继日。

有一次深夜，孙敬读着读着打起了瞌睡，头不停地往下沉。为了让自己继续读书，他找来一根绳子，绳子的一端拴在房梁上，另一端系在自己的头发上。这样一来，只要头往下沉，绳子就会拉紧头发，睡意就会被疼痛赶走。

后来，孙敬成了一个大学问家。

小鸟依人

【释义】

像小鸟那样依偎着人。形容少女或小孩子娇小可爱的样子。

【出处】

五代·后晋·刘昫等《旧唐书·长孙无忌传》："褚遂良学问稍长，性亦坚正，既写忠诚，甚亲附于朕，譬如飞鸟依人，自加怜爱。"

【典故】

唐朝著名书法家褚遂良被谏议大夫魏徵举荐给唐太宗，担任起居郎一职，负责记载皇帝的言行起居。

有一次，唐太宗询问褚遂良："你负责记录我的言行起居，我可以看看你写的吗？"褚遂良回答："现在的起居郎一职，和古时候的史官相似，善行恶行都需要记录下来，以此来督促皇帝不犯错误。我没有听说皇帝需要看这些的。"唐太宗又说："如果我有不好的言行，你也会记录下来吗？"褚遂良回答："记录您的言行是我的职责，您的一言一行我都会记录下来的。"

不久，唐太宗对长孙无忌说："我要当面评论你们的得失，你们也好引以为鉴。你擅长随机应变，但是却不擅长带兵打仗。高士廉博学多才，有很高的悟性，但却没有直言进谏的勇气……"等说到褚遂良时，唐太宗说："在学问方面，褚遂良大有长进，性情刚直，忠心耿耿，对我很是亲切，平日里一副飞鸟依人的状态，我很是怜爱呀！"

小时了了

【释义】

小时候聪敏，大了未必有成就。

【出处】

南朝·宋·刘义庆《世说新语·言语》："小时了了（liǎo liǎo），大未必佳。"

【典故】

孔融自幼能说善辩，十岁那年他跟着父亲前往洛阳。李元礼是洛阳出了名的士人，孔融很想见见他。

这天，孔融只身来到李元礼的府门前，看门的见他是个孩子，不肯为他通报。孔融说："你不知道呀，我是你们主人的亲戚。"守门人一听，只得让他进去了。

李元礼见到孔融，问："你是我哪边的亲戚呀？"孔融说："我的祖先孔子和您的祖先李聃是有交往的，所以我和您有亲戚关系，没什么不妥。"李元礼一听，只得点头称是。

没多久，一个叫陈韪（wěi）的官员前来拜访李元礼，听说了这件事情。陈韪见孔融只是一个乳臭未干的小孩子，便很无礼地说："小时候聪明，长大未必有什么大成就。"

孔融立即回答说："依照您的意思，您小时候必定是个聪明的人了。"

下笔成章

【释义】

挥笔就可写成文章。形容文思敏捷。

【出处】

西晋·陈寿《三国志·魏书·陈思王植传》："言出为论，下笔成章。"

【典故】

三国时期的著名文学家曹植，十多岁即可诵读诗、论、辞赋几百篇，深受父亲曹操的宠爱。

有一次，曹操读了曹植写的文章后，怀疑并不是曹植所写，便问他："你的文章我已经看了，非常好，不过这篇文章是不是你自己写的呢？"曹植下跪回道："言出为论，下笔成章，我怎么可能找人代写呢？如果您不相信的话，可以现场出题考我。"

没多久，曹操命人修建的铜雀台竣工，他带着几个儿子游览铜雀台，并命他们以铜雀台为题写一篇辞赋。曹植思索了一会儿，挥笔成章。曹操看完他的文章后，大加赞赏。自此再也不怀疑曹植的写作能力了。

狭路相逢

【释义】

在狭窄的路上遇到，没办法回避。形容仇人相见，双方都不肯让步。

【出处】

北宋·郭茂倩《乐府诗集·相逢行》："相逢狭路间，道隘不容车。"

【典故】

营丘有个读书人，狂妄自大，爱诡辩。

有一次，营丘人对艾子说："你是大学问家，你知道车子下面和骆驼的脖子上为什么系着铃铛呢？"艾子回答："车子和骆驼属于大体积的事物，如果在夜间狭路相逢的话，恐怕来不及躲避。所以双方挂上铃铛，两方还没有相遇时先听到铃声，这样就能够回避对方了。"

这人又说："宝塔上面也有铃铛，也是因为夜间行路需要躲避吗？"

艾子说："当然不是。很多鸟儿喜欢在高处筑巢，粪便到处都是。为了驱赶鸟儿，所以在宝塔上系铃铛。这和车子、骆驼不是一回事。"

营丘人又说道："鹞鹰的尾巴上系着铃铛，难道还有鸟儿去鹞鹰身上筑巢？"

艾子哈哈大笑说："你的想法可真奇怪，不符合常理啊！鹞鹰的尾巴上系铃铛，是因为它出去捕鸟时，脚上的绳子很容易被树枝缠住。尾巴上有铃铛，方便主人找到它。这和鸟儿筑巢没有关系啊。"

营丘人装作恍然大悟的样子："噢，我明白了。我曾经看到出丧的场景，走在队伍前面的那个人手中摇着铃铛，嘴巴里还唱着歌。以前我并不知道是什么意思，现在知道了，是因为怕被树枝绊住脚。就是不知道绑在摇铃人脚上的是麻绳还是皮绳？"

艾子再也忍不住了，他讥讽这个营丘人："你都瞎说些什么！摇铃的人是为了给死者开路。死者生前喜欢和别人诡辩，所以才会摇铃，让那些喜欢诡辩的死者高兴一点而已。"

Y

扬扬得意

【释义】

形容十分得意的样子。

【出处】

西汉·司马迁《史记·管晏列传》："其夫为相御，拥大盖，策驷马，意气扬扬，甚自得也。"

【典故】

齐国丞相晏子是一个才智过人、行为稳重之人。

平日里，晏子虽然位居高官，但行为却谦虚无比。他的车夫因为自己是为晏子驾车的而整日扬扬得意。有一天，车夫的妻子对他说："我们两个人分开吧。"

车夫奇怪地问："为什么呢?"

妻子说："晏子长不足七尺，但却是齐国的宰相，为齐国立下了很多功劳，但却依旧谦虚谨慎。而你身长八尺，只做了晏子的车夫便为此而扬扬得意，认为自己很是了不起。所以我想要和你分开。"

听了妻子的话，车夫有些愧疚，从此变得谦虚起来。

一败涂地

【释义】

形容惨败，也形容处于比较尴尬的境地或是事情已经坏到无法收拾的地步。

【出处】

西汉·司马迁《史记·高祖本纪》："天下方扰，诸侯并起，今置将不善，壹败涂地。"

【典故】

秦朝末期，各地纷纷起兵反秦。陈胜带兵在大泽乡起义，沛县县令也想要归附于陈胜帐下，其下属萧何和曹参说："你是秦朝的县令，如今却想要背叛秦朝，恐怕会有人不服啊。最好先将泗水亭亭长刘邦叫来，压制那些不服从的人，事情就会好办很多。"

于是，沛县县令立刻让人将刘邦召回，可是当刘邦带着近百人回来的时候，沛县县令又有些后悔，担心刘邦会违抗自己的命令。于是便紧关城门不让刘邦入城。刘邦写了一封信，用箭将这封信射入城中，鼓动沛县的百姓杀掉县令，共同抗秦。百姓们听从了刘邦的话，杀掉了县令，打开城门，迎接刘邦入城，并让刘邦担任沛县县令。

刘邦自谦地说："如今天下局势很是紧张，如果县令的人选不得当，那么结果就会一败涂地，还是另请高明吧！"不过，最后刘邦还是做了县令。

一筹莫展

【释义】

一点办法都没有，形容束手无策。

【出处】

元·脱脱等《宋史·蔡幼学传》："其极至于九重深拱而群臣尽废，多士盈庭而一筹不吐。"

【典故】

蔡幼学，自幼聪颖，曾师从学者陈傅良，十八岁时获得朝廷礼部会试第一名，是当时最年轻的进士。

当时，朝中政权被外戚张说把持，蔡幼学上书宋孝宗，希望能够严惩张说。此话传到张说那里，便将他降了职。宋宁宗即位后，决心重整朝纲，鼓励朝中大臣和地方官员直言进谏，指出朝中不足之处。

蔡幼学见此很是欣喜，便上奏说："如果想要成为一位贤明的君主，就需要做到三个方面：孝顺父母；重用才华、品德超群之人；减免赋税，仁爱百姓。要想做好这些，就要任用贤臣。近些年来，朝中政权被一些奸佞小人把持，他们诬陷忠良，排除异己。所以很多贤良大臣有心辅佐朝廷却又担心惹祸上身。皇帝身边的人有心直言进谏，又恐怕和皇帝的意见不同。朝中有很多有学问的人，但敢于说出自己想法的人却很少，这让皇上一点办法都没有。在这种情形下，一定要办教育，广泛招揽人才，不然的话，如何振奋天下仁人志士的精神呢？”

宋宁宗反复阅览蔡幼学的奏章，认为他是一个有学识、有人品的人，于是便想要提升蔡幼学，却遭到了宰相韩侂（tuō）胄的极力反对。韩侂胄是一个心胸狭窄之人，因蔡幼学和自己政见不合，便一直排挤他。最后，蔡幼学只好离开京城，去外地为官了。

当时，蔡幼学的奏折中有“一筹不吐”一词，后来演化成“一筹莫展”。

一发千钧

【释义】

钧：古时候的重量单位，一钧为三十斤。原意是情况危险得好比在一根头发上挂千钧重量。形容情况比较危急。

【出处】

东汉·班固《汉书·枚乘传》：“夫以一缕之任，系千钧之重，上悬无极之高，下垂不测之渊，虽甚愚之人，犹知哀其将绝也。”

【典故】

汉景帝刘启即位的第三年，吴王刘濞因不满削减诸侯王封地的政策，联合吴、楚、赵、济南、淄州等地的诸侯起兵反叛。这便是历史上有名的“八王之乱”。

当时，枚乘在刘濞府中任职郎中，他反对刘濞的叛乱行为，并力行劝阻，给刘濞写了一封《谏吴王书》，书中写道：“现在的形势比较危急，就好比一根头发上挂着千斤重的物体，上面是无垠的高空，下面又是深不见底的深渊，是极其危险的。在这生死关头，如果您能够听从我的劝告，尚且还可以免除祸患。”

刘濞不听，执意联合其他诸侯王叛乱，最后被汉景帝平定。后来，人们根据他的劝谏书，引申出“一发千钧”这一成语，也作“千钧一发”。

一蟹不如一蟹

【释义】

一个不如一个。

【出处】

北宋·苏轼《艾子杂说》：“艾子行于海上，初见蝤蛑（yóu móu），继见螃蟹及彭越，形皆相似而体愈小，因叹曰：‘何一蟹不如一蟹也？’”

【典故】

有个叫艾子的人，一心想要看看大海的景观。经过长时间跋涉，他终于来到了海边。此时，远处有几艘渔船驶过来，渔船靠岸，渔民将渔网散开，开始捡里面的海鲜。艾子很是好奇，指着一个又圆又扁又多腿的动物问道：“这是什么？”

渔民回答说：“蝤蛑，又叫梭子蟹。”

艾子问道：“可以吃吗？它看起来很可怕。”

渔民回答：“当然可以吃。这种蟹脂膏肥满，肉质细腻，味道鲜美。”

没几天，艾子看到一些类似梭子蟹的动物，只是比梭子蟹要小一些。他捉到一只去问渔民：“这是梭子蟹吗？”

渔民回答：“这不是梭子蟹，这是螃蟹。螃蟹生长在淡水里，梭子蟹生长在海水里。”

又过了几天，艾子又发现了一种动物，类似螃蟹，但又比螃蟹小很多。螯足没有毛，步足有毛，壳和铜钱差不多大小。

艾子询问当地人：“这是蟹吗？”

当地人回答：“这是蟛蜞（péng qí），也是蟹的一种，生长在江河堤岸、沟渠等地的洞穴里。”

艾子感叹说：“哎，为什么一蟹不如一蟹呢？”

一叶蔽目

【释义】

一片叶子遮住了眼睛，便看不到前面高大的泰山。形容被局部或暂时的现象所迷惑，无法看清全貌或者根本的问题。

【出处】

战国·鹖（hé）冠子《鹖冠子·天则》："一叶蔽目，不见太山；两豆塞耳，不闻雷霆。"

【典故】

相传，楚地有一个书生，整日无所事事，就想着如何用歪门邪道发点财。

有一天，这个书生读《淮南子》时，看到"螳螂捕蝉"这个故事，说螳螂抓捕蝉的时候，会事先躲在一片叶子后面不让蝉发现。这样，借助于树叶的遮挡，螳螂就很容易捕到蝉。

看完后，书生想："如果我用螳螂的叶子来遮蔽自己的身体，那别人也就不会看到我了。我就可以随意拿自己想要的东西了。"

于是，他便去树林中寻找能够遮住螳螂的叶子。寻觅半天后，终于发现了一只躲避在树叶之后，准备逮捕蝉的螳螂。于是，他赶忙上前将那片叶子摘下。这时他突然摔了一跤，叶子掉在了一堆落叶之中。

书生无法辨识哪一片是遮住螳螂的叶子，只好将全部的树叶都带回家，一片片地尝试。

他用一片树叶遮挡在眼前，然后问妻子："可以看到我吗？"妻子回答说："可以看到。"这个书生又拿起另一片树叶遮住眼睛问道："可以看到吗？"妻子如实说："可以"。于是，这个书生不厌其烦地尝试，妻子则一遍遍地如实回答。最后妻子忍无可忍，便直接说道："看不见了。"书生心中大喜，认为自己找到了那片遮住螳螂的叶子。

第二天一大早，书生就拿着这片树叶前往集市。他一手用树叶遮住自己的眼睛，一手去拿商贩的财物。显而易见，他的行为被商贩发现，并且把他扭送到了官府。

书生把偷窃的过程一五一十地告诉给县官。县官听了之后，笑得不能自已，他没想到书生竟然迂腐到这个地步，可谓是“一叶蔽目，不见泰山”啊。

一鼓作气

【释义】

原意指作战时所击的第一次鼓，能够振作士兵的勇气。现指在势头正盛的时候，一下子完成。

【出处】

春秋·左丘明《左传·庄公十年》：“夫战，勇气也。一鼓作气，再而衰，三而竭。”

【典故】

公元前684年，强大的齐国要攻打弱小的鲁国。

鲁国著名的军事理论家曹刿（guì）听说了消息，进宫面见鲁庄公。他的亲友都劝说他：“国家大事，自有朝中的大官管理，你为何要去参与呢?”曹刿说：“那些做大官的都是目光短浅之人，不会有什么长远见识的。”

曹刿向鲁庄公提出了一个请求，允许他随军作战，鲁庄公答应了。

齐军和鲁军在长勺相遇，两军摆开阵势，战争一触即发。齐军擂击战鼓，准备攻击，鲁庄公也下令让人击鼓迎击。曹刿立即劝阻说：“再等一等，现在还不可以。”齐军第一遍鼓声过后，见鲁军没有任何反应，于是又击打了第二遍鼓，鲁军还是没有任何反应。直到击打第三遍鼓后，曹刿对鲁庄公说：“现在是进攻的时候了。”于是，鲁军鼓声一响，各将士奔赴敌军阵营，势不可挡。最后，齐军大败，狼狈而逃。

鲁庄公正要下令追击，曹刿又立即劝阻了，并让人观察齐军撤退时留下的车轮印，又登上车前的辕木，观察齐军败走时的情形。最后才说：“现在可以追击了。”于是，鲁庄公立即下令追击，将齐军一举赶出鲁国国境。

大胜后，鲁庄公询问曹刿获胜的原因，曹刿说：“夫战，勇气也，一鼓作气，再而衰，三而竭，彼竭我盈，故克之。”意思是说，作战，靠的是勇气，第一遍鼓声时士兵们勇气十足，第二次鼓声时士兵的士气会有所下滑，第三遍鼓声时勇气就已经枯竭了。这个时候敌军的勇气枯竭而我军的勇气充盈，所以能够攻克。

鲁庄公又问起不让追击的原因，曹刿说："齐国国强民富，万不可低估他们的军力。他们撤退之后，也很难猜测出他们的真实意图。万一他们在路上留下埋伏，那么我们前去追击就是自投罗网。不过我下车见他们的车轮印混乱，望见他们的旗帜低垂，便知道他们是真的败退，所以才让追击的。"

一鸣惊人

【释义】

指平日的表现比较普通，却一下子做出了惊人的成绩。

【出处】

战国·韩非子《韩非子·喻老》："虽无飞，飞必冲天；虽无鸣，鸣必惊人。"

西汉·司马迁《史记·滑稽列传》："此鸟不飞则已，一飞冲天；不鸣则已，一鸣惊人。"

【典故】

淳于髡（kūn）是战国时期齐国著名的政治家和思想家，善于使用比较有趣的隐语来规劝君主。

齐威王未登基之前，原是一个才智双全的人，谁知登基之后，竟然每日都沉迷于酒色，不理朝政，并将所有的国家事务全部交给大臣去处理。渐渐地，齐国朝政不轨，官吏贪污，各国诸侯也趁机来犯，使得齐国上下一片混乱。

淳于髡决定找个机会劝诫齐威王。

有一次，淳于髡对齐威王说："大王，臣这里有一个谜语想要请您猜猜看：某个国家有只大鸟，在宫廷中住了三年，可他既不飞也不叫，整日倦怠疲乏。大王您猜一猜，这是一只什么鸟呢？"

齐威王本就是一个聪明人，他自然听得出淳于髡的话外音。于是他思考了一下便说："嗯，这只大鸟你不了解，他不飞则已，一飞便会冲天；他不鸣则已，一鸣就会惊动众人。你且慢慢看吧。"

自此之后，齐威王改过自新、远离酒色，开始整顿朝纲、惩处奸臣。没多久，齐国士气开始振作起来。此外，他还开始训练兵马、增强武力。周边诸侯国听到这个消息后都非常的震惊，不敢再轻易触犯齐国了。

一窍不通

【释义】

七窍没有一窍是通气的。比喻对某事情一点都不懂，一般用来讥讽愚蠢、糊涂之人。

【出处】

秦·吕不韦《吕氏春秋·过理》："杀比干而视其心，不适也。孔子闻之曰：'其窍通，则比干不死矣。'"高诱注："纣性不仁，心不通，安于为恶，杀比干，故孔子言其一窍通则比干不见杀也。"

【典故】

商朝末期，纣王昏庸无道、残忍暴虐，不理朝政，整日和他的宠妃妲己饮酒作乐。在妲己的蛊惑下，杀掉了很多忠臣和百姓。

纣王的叔父比干看着如此昏庸的君主，实在忍无可忍，再三劝谏纣王，希望纣王能够重振朝纲、远离妲己。妲己知道后，怀恨在心，想要找个机会将比干杀掉。

有一次，比干对纣王说："你不可以一直这样下去呀，你应该赶快振作起来，不要乱杀忠臣、百姓，你应该为国家百姓考虑，做点实际的事情。"妲己听到后，内心很不高兴，于是对纣王说："大王，比干说自己是个忠臣，如何才能知道他是个忠臣呢？不如让人剖开他的胸膛，看一看他的心。"

残暴的纣王竟然听从了妲己的建议，命人剖开了比干的胸膛，掏出了他的心。后来，吕不韦将这件事情写在了《吕氏春秋》一书中，其中引用了孔子的一段话说："其窍通，则比干不死矣。"意思是说，即便纣王的心只通了一窍，也不会把比干杀掉。

后来人们便用"一窍不通"来形容一个人十分愚蠢或糊涂。

一丘之貉

【释义】

一个土山中的貉（hé）。指同样都是丑类，没什么区别。

【出处】

东汉·班固《汉书·杨恽（yùn）传》："若秦时但任小臣，诛杀忠良，竟以灭亡，令亲任大臣，即至今耳，古与今如一丘之貉。"

【典故】

杨恽的父亲为汉昭帝时期的丞相杨敞，母亲为著名文学家司马迁的女儿。杨恽自幼受到了优良的教育，教养甚好，还未成年便已经在朝中小有名气了。到了汉宣帝时期，杨恽向皇帝告发了大将军霍光想要谋反的事情，因而被封为平通侯。

自此，年少得志的他开始有些飘飘然了。

有一次，杨恽听说匈奴单于被杀的消息，便说："有这样一个不好的君主，不用大臣拟好的策略，最后让自己丢了性命，就好比我们国家的秦朝君主一样，宠信小人，残害忠良，最后使得国家灭亡。如果当初秦朝君主不这样做，那么他的国家可能现在还有。从古至今，君主都喜欢重用小人，真是如同一个土山里出来的貉一样，没有丝毫差别！"

杨恽的话传到皇帝的耳朵里，于是皇帝免去了杨恽的官职。

一衣带水

【释义】

原意指一条如同衣带一般狭窄的河流。现在指虽然中间隔着江河，但是距离并不远，并不能成为交往的阻碍。

【出处】

唐·李延寿《南史·陈后主纪》："我为百姓父母，岂可一衣带水不拯之乎？"

【典故】

隋文帝杨坚称帝后，励精图治、整顿朝纲，使得国富民强。而长江对岸的陈朝后主陈叔宝却昏庸无道、荒淫无度。他虽知隋文帝有吞并陈朝的野心，但却仗着中间隔着长江而有恃无恐，并没有把这件事情放在心上。

有一回，隋文帝就征讨陈朝一事征求仆射高颖的意见，高颖说："江南地区的庄稼比江北地区的庄稼成熟得早，在他们庄稼将要成熟的时候，我们放出攻打陈朝的消息。这样一来，他们必定会放弃收割而加紧屯兵防守。等他们做好了一切准备后，我们不出兵。这样来回几次，就可以让他们放松警惕，不再相信我们出兵攻打陈朝的消息。等他们再也不做准备时，我们突然渡江袭击，就能够一举将他们击垮。此外，江南地区的粮食并不屯在地窖内，而是放在仓库中。我们可以让士兵暗地里将仓库烧掉，就能够大大消耗掉陈朝的财力，想要灭掉它也就易如反掌了。”

隋文帝采纳了高颖的建议，经过七年的准备，于公元588年的冬天，任命杨广为元帅，带领五十万大军征讨陈朝。他对高颖说：“陈国百姓都生活在水深火热之中。我是天下百姓的父母，难道会因为一条像衣带宽的长江，就不去拯救对岸的百姓吗?”

在隋朝大军的猛烈攻击下，陈后主被俘，陈朝灭亡。

一箭双雕

【释义】

原意指射箭技术高超，一箭可以射中两只雕。现在形容做一件事情达到了两个目的。

【出处】

唐·李延寿《北史·长孙晟传》:“尝有二雕飞而争肉，因以箭两只与晟，请射取之。晟驰往，遇雕相攫（jué），遂一发双贯焉。”

【典故】

南北朝时期，北周有个人名为长孙晟，智勇双全，箭术高超，百发百中。

北周君主为了安抚北面的少数民族突厥族，决定将公主嫁给突厥族的首领摄图，并且让长孙晟护送公主前往突厥。平安到达突厥后，摄图大摆宴席，款待长孙晟一行。酒过三巡之后，依照突厥人的习惯会比武助兴。摄图让人拿来一把弓，让长孙晟射百米开外的铜钱。长孙晟拿起弓箭，硬弓被拉成了弯月形，只听“嗖”的一声箭矢射进了铜钱中间的小方孔。在座之人无不为之惊叹。

因为此事，摄图对长孙晟另眼相看，请求他在突厥留住一年。在这一年的时间里，摄图经常让长孙晟陪自己去打猎。

有一次，在打猎的过程中，空中有两只大雕正在抢夺一块肉，摄图急忙递给长孙晟两只箭，对他说："可以帮我把这两只大雕射下来吗?"长孙晟说："一支箭足矣。"长孙晟接过一支箭，策马奔腾，拉弓、搭箭，对准两只大雕射过去，被箭穿在一起的两只雕应声而下，整个过程一气呵成。

一钱不值

【释义】

一个铜钱都不值。形容一点价值都没有。

【出处】

西汉·司马迁《史记·魏其武安侯列传》："夫无所发怒，乃骂临汝侯曰：'生平毁程不识不直一钱，今日长者为寿，乃效女儿呫嗫耳语。'"

【典故】

灌夫是西汉时期有名的武将，为人刚正不阿，痛恨趋炎附势之人，不喜权贵却又极其尊重比他低贱之人。汉武帝即位后，派遣灌夫任职淮阳太守，驻守淮阳城。

有一次，灌夫和窦太后的弟弟窦甫饮酒，喝醉后竟然动手打了窦甫。汉武帝担心窦太后会治他的罪，便将他调到其他地方做官。几年后，灌夫因为触犯法律被免官，闲居在家。

后来，丞相田蚡（fén）迎娶燕王之女为妻，太后下诏，让所有的皇亲国戚前去祝贺。灌夫的好友魏其侯窦婴执意拉着他一起前去。宴席上，灌夫向田蚡敬酒，田蚡说："我喝不了满杯。"灌夫强颜欢笑说："您是贵人，这杯酒理应敬给您。"最终田蚡还是没有干杯，这让灌夫心中有些不快。

灌夫又给临汝侯敬酒，当时临汝侯正在和程不识说话，对灌夫的到来并没有太大的反应。灌夫再也压制不住内心的怒火，立即大骂道："我平时就说程不识不值一钱，而今长辈向你敬酒，你竟然像个妇人一样和程不识咬耳说话。"

之后，田蚡便找了一个罪名弹劾灌夫，最后灌夫和家人全部被杀。

一问三不知

【释义】

原意指对事情的开始、发展、结果都不知道。现在指对事情知之甚少，甚至是一点都不了解。

【出处】

春秋·左丘明《左传·哀公二十七年》："君子之谋也，始、衷、终皆举之，而后入焉。今我三不知而入之，不亦难乎！"

【典故】

公元前468年，晋国大夫荀瑶率军征讨郑国。当时，郑国国力比较弱，无法抵御晋国的进攻，只好向齐国求救。

齐国派遣大夫陈成子带兵支援。陈成子一行到达河边时，天降大雨，兵士们都不愿意冒雨渡河。郑国的领路人子思说："晋国兵马已经在我们国家的屋子底下列阵，所以才会前来告急。如果齐军不继续前行的话，恐怕就来不及了。"最后在陈成子的带领下，齐军安然渡河。

听到齐军渡河的消息，荀瑶有些担心，对属下说："我只占卜过和郑国作战的结果，但并没有占卜和齐军作战的结果。"于是荀瑶传令撤军，并让使者去见陈成子。使者对陈成子说："我们主帅让我来给您解释晋国攻打郑国的原因。这一次出兵其实是为了给您报仇。您的一族是从陈国分裂出来的，郑国又导致陈国的灭亡。所以，我们君主让我调查陈国灭亡的原因，并问问您是否会因为陈国的灭亡而忧虑。"

陈成子心知这只是荀瑶的计策，于是他说："欺压他人是没有好下场的，荀瑶这样的人是活不长久的。"

使者回去后，有一个名为荀寅的人对陈成子说："我听说晋国准备派遣一千辆战车突袭我们的军营，想要将齐军全部杀掉。"陈成子说："临行前君主命令我：'切勿追击零散的士兵，切勿惧怕成群的人马。'即便再来一千辆战车，我也不会避而不战。回去之后，我会将你这种长敌人之威风、灭自己之士气的做法告诉君主。"

荀寅有些后悔，说："到现在我才明白自己一直得不到信任的原因。君子谋划事情，对事情的开始、过程、结果都考虑周全后，才会再一一上报。而今，我并不清楚这三个方面，便盲目向您报告，如何能不碰壁呢？”

没几天，晋军撤兵，陈成子也带兵回国。

一网打尽

【释义】

一个不漏地全部抓住，或是全部消灭。

【出处】

北宋·魏泰《东轩笔录》卷四：“聊为相公一网打尽。”

【典故】

苏舜钦为北宋时期著名的诗人，和北宋现实主义诗人梅尧臣合称“苏梅”。苏舜钦性情豪放不羁，喜好饮酒，抱负远大。在朝中，苏舜钦比较倾向于以范仲淹为首的改革派，由此也惹来朝中保守派的攻击和嫉恨。

每年春秋两季，京师百司库务都会举办赛神会，还会置办酒席，朝中大臣在一起饮酒聚会。

这一年，苏舜钦发起了进奏院的秋赛会。会上，苏舜钦和同行好友饮酒作乐、好不快活，得意忘形之际竟然还招来军妓，这让一直苦于无法整治他的保守派很是高兴。当下，保守派便让监察御史刘元瑜上奏弹劾苏舜钦等人。

宋仁宗得知后很生气，让内侍连夜抓捕了苏舜钦等人，关入大牢。最后，一起宴饮的十几个人都遭到了贬谪，苏舜钦因为是活动发起者，所以被贬为平民。这一事件让改革派受到了重创，前途更加艰难。

事情过后，监察御史刘元瑜前往宰相面前邀功，说：“为了宰相，我把苏舜钦一伙一网打尽了。”

一曝十寒

【释义】

原意为即便是最容易生长的植物，晒上一天，冻上十天，也是不可能生长的。形容学习或工作时而勤奋，时而懒惰，做事情没有恒心。

【出处】

战国·孟子及其弟子《孟子·告子上》："虽有天下易生之物也，一日曝（pù）之，十日寒之，未有能生者也。"

【典故】

战国时期，著名思想家孟子带着自己的弟子周游各国，给各诸侯国的执政者宣扬"民本"思想和"仁政"学说。

有一次，孟子来到了齐国。当时的齐王昏庸无道，宠信奸臣。齐国的忠臣良将听说孟子要来劝说自己的君王，都非常的高兴。只是，过了一段时间后，孟子并没有规劝齐王的迹象。有人责备孟子明明知道齐王不够明智，还不辅佐他。孟子回答说："这并不是齐王不够明智的原因。即便是天下最容易生长的植物，晒上一天，冻上十天，也是无法继续生长的。我在齐国停留的时间有限，和齐王相处的时间比较短，一旦我离开了齐国，朝中那些奸臣必定还会蛊惑君心，就算我可以让大王生起一时的善念，又能起到什么作用呢?"

一诺千金

【释义】

形容说话算话，非常有信用。

【出处】

西汉·司马迁《史记·季布栾布列传》："得黄金百斤，不如得季布一诺。"

【典故】

秦朝末期，楚地有一个人名季布，性情耿直，信守承诺，在楚地非常有名气。只要季布答应的事情，就一定会办到。由此他受到了很多人的赞扬，在楚地有"得黄金百斤，不如得季布一诺"。的说法。

楚汉相争时，季布是项羽帐下的一员大将，曾多次率军打败刘邦。刘邦称帝后，下令通缉季布，并称：凡是抓到季布的，赏赐千金；如若有窝藏季布的，灭其三族。因季布好行侠义之举、为人正直，所以有很多仰慕他的人暗中帮助他。

起初，季布躲藏在好友家里，后来为了躲避越来越紧的风声，他前去山东一户人家做佣工。这户人家对季布很是欣赏，便特地前往洛阳请求汝阴侯腾公向刘邦求情，希望可以饶恕季布，撤掉逮捕季布的通缉令。在汝阴侯的劝说下，刘邦赦免了季布的罪过，并任命他为郎中。

曹丘是个能言善辩之人，喜欢结交权贵，以此来抬高自己的身份。曹丘听说季布做了官，又想自己和季布的朋友窦长君有交情，便让窦长君替他给季布写了一封信，希望可以得到重用。季布收到信后很生气，想着等曹丘前来时一定要好好地羞辱他。

曹丘到达季布府邸后，并不理会季布的脸色，对季布作揖说道："我在楚地听到一句谚语：'得黄金百斤，不如得季布一诺。'您是如何得到这样的名声呢？再说，我也是楚地人，我们是同乡，我四处宣扬您的名声，我对您难道不重要吗？您为什么一直不接见我呢？"

听了曹丘的话，季布非常高兴，一改先前的态度，不仅把曹丘奉为上宾，而且还赠送给他丰厚的礼物。

一毛不拔

【释义】

一根汗毛都不肯拔。形容人比较自私、吝啬。

【出处】

战国·孟子及其弟子《孟子·尽心上》："杨子取为我，拔一毛而利天下，不为也。"

【典故】

墨子是战国时期著名思想家，当时的哲学家杨朱和他的观点恰恰相反。墨子主张兼爱非攻，杨朱主张贵生重己。

有一次，墨子的学生禽滑（gǔ）厘问杨朱："如果拔掉你身上的一根汗毛，就可以让天下人受益。你愿意吗？"

杨朱说："天下人的问题，岂是一根汗毛就能够解决的？"

禽滑厘又说："如果可以解决的话，你愿意吗？"

杨朱不说话。

有人就此询问孟子的看法。孟子说："杨朱主张以己为重，即便是拔掉自己身上一根汗毛就可以有益于天下人，他也不愿意做。一毛不拔，确实很自私啊。

"墨子的观点恰恰和杨朱相反，主张要仁爱世间所有人，只要对天下人有利的，他都愿意去做。即便磨秃了头顶、走破了脚跟，他也没有任何怨言。这是很难得的呀！"

一挥而就

【释义】

一挥笔就可以成功了。形容才思敏捷，写字或作画的速度非常快。

【出处】

元·脱脱等《宋史·文天祥传》："天祥以法天不息为对，其言万余，不为稿，一挥而成，帝亲拔为第一。"

【典故】

辛苦遭逢起一经，干戈寥落四周星。

山河破碎风飘絮，身世浮沉雨打萍。

惶恐滩头说惶恐，零丁洋里叹零丁。

人生自古谁无死？留取丹心照汗青。

这是南宋文人文天祥的诗句。

文天祥自幼颇有才华，二十岁时接受皇帝的殿试。时值宋理宗在位，朝政懒散，治政无力。写朝中弊端时，他一口气写下一万多字，文中引经据典，劝谏皇帝要勤于朝政。写这篇文章时，文天祥没有打草稿，一挥而就。

皇帝看了他的文章，批为第一名。

一举两得

【释义】

做一件事情能够得到两方面的好处。

【出处】

西汉·司马迁《史记·张仪列传》："两虎方且食牛，食甘必争，争则必斗，斗则大者伤，小者死，从伤而刺之，一举必有双虎之名。”

【典故】

春秋时期鲁国人卞庄子，是个勇猛之人，敢和老虎搏斗。

有一次，山中出现了两只老虎，他便拿着剑前去杀虎。旅馆的小童说：“稍等，那两只老虎现在正为了一只牛而争斗，这样下去力量弱的那只老虎肯定会被咬死，力量强的老虎在争斗中必定也会受伤。等到那个时候，你再上山去，和一只受伤的老虎搏斗，就会增加胜算。更何况，只要把那一只受伤的老虎刺死，你就能够得到杀死两只老虎的美名。”卞庄子听从小童的建议，最后果真一举两得。

一意孤行

【释义】

不听从别人的劝告，执意按照自己的想法去做事。

【出处】

西汉·司马迁《史记·酷吏列传》：“公卿相造请禹，禹终不报谢，务在绝知友宾客之请，孤立行一意而已。”

【典故】

汉景帝时期，大臣赵禹性情耿直，为官清廉。入朝为官后，赵禹给自己立下了几项规矩：遣散家中的门客，免得自己被闲言碎语所扰；断绝和亲密朋友间的关系，以免受人情世故所累；谢绝大夫的邀请，减少为官者之间的应酬。

在赵禹看来，只有这样，才能够在办公的时候不受外界环境的纷扰，“孤立行一意”，不管别人怎么说，只按照自己的想法去做，秉公办事。

“孤立行一意”一词在赵禹这里是褒义词。后来演变出“一意孤行”后，就成了贬义词。

一往情深

【释义】

对人或对事物倾注了很深厚的情感，无法克制。

【出处】

南朝·宋·刘义庆《世说新语·任诞》："桓子野每闻清歌，辄唤'奈何！'谢公闻之曰：'子野可谓一往有深情。'"

【典故】

桓伊是东晋名将，战功赫赫，为人谦和。

除去公事以外，桓伊最大的爱好就是音乐，他自己会作曲，擅长吹笛，现在流行的《梅花三弄》据说就是他谱的曲。当时，他的吹笛技术被赞为"江左第一"。

桓伊也喜欢听别人唱歌，每次听到优美的歌声，都会感慨万千。此外，当时宰相谢安也是一个好音乐之人。他曾经这样评价桓伊："桓子野对音乐可谓是一往情深啊。"

一言九鼎

【释义】

九鼎：夏、商、周三代的传国之宝。一句话顶得上九鼎重。意思是话的分量比较重，能够起到很大的作用。

【出处】

西汉·司马迁《史记·平原君列传》："毛先生一至楚而使赵重于九鼎大吕。毛先生以三寸之舌，强于百万之师。胜不敢复相士。"

【典故】

战国时期，秦国军队围困赵国都城邯郸，赵国君主派遣平原君向楚国求援。平原君带着包括毛遂在内的二十名门客前往楚国。

到达楚国后，平原君立即找楚王商议救援的事宜，只是一直没有结果。这时，毛遂对楚王说："我们今天前来请求您的救援，您却一句话都不说。您不要忘了，虽然楚国地大物博，但是却因为连吃败仗的缘故，差点连国家都丢掉了。在我看来，楚国比赵国更需要联合抗秦。"毛遂的话让楚王心服口服，答应出兵救赵。

平原君就此感慨地说："毛先生一到楚国，就让赵国重于九鼎大吕。"

后来，从这个故事中提炼出"一言九鼎"一词，形容说的话分量很重。

以卵击石

【释义】

用鸡蛋去碰石头。形容不自量力，自取灭亡。

【出处】

战国·荀子《荀子·议兵》：“以桀诈尧，譬之若以卵投石，以指挠沸。”

【典故】

战国时期著名的思想家、政治家荀子，是儒家学说的代表人物，被人尊称为“荀卿”。

有一次，荀子和临武君当着赵国君主孝成王的面辩论用兵之道。赵孝成王问：“用兵的要领是什么呢?”临武君说：“上得天时，下得地利，仔细观察敌军的一举一动，比敌军后发兵但先到达，这便是用兵的要领。”荀子回答：“这是错误的。我听说古时候的人用兵，其根本就在于统一老百姓。弓、箭不协调，即便是擅长射箭的后羿也无法射中目标；六匹马不协调，即便是擅长驾车的造父也不能到达目的地；官员不亲近百姓却依附君主，即便是贤明的商汤、周武王也不一定取胜。所以，能够统一百姓的人，才是善于用兵的人。由此可见，用兵的要领，就在于统一百姓。”

临武君不同意荀子的看法，说：“并不是这样。用兵一定要注重形势，行动一定要多变诡诈。那些善于用兵的人，行事神秘，没有人知道他会从什么地方进攻。孙武、吴起就是利用这样的战术而天下无敌的，难道必须要统一百姓吗?”

荀子反驳说：“不对。我说的是仁人用兵和帝王志向，您看重的是用兵的权谋、形势利害。仁人用兵，是不能欺诈的。使用欺诈兵术的，都是那些轻慢衰弱的军队，还有那些君臣不和、上下离心的军队。所以，使用夏桀的诈术来对付夏桀，是有可能取得胜利的。但如果用夏桀的诈术去对付尧，就好比用鸡蛋碰撞石头，用手指搅拌热水，犹如将自己投入水火之中，结果不是被烧死就是被淹死。”

庸人自扰

【释义】

指本来没有什么事情，是自己给自己找麻烦。

【出处】

北宋·宋祁、欧阳修、吕夏卿等《新唐书·陆象先传》：“罢为益州大都督府长史、剑南按察使，为政尚仁恕。司马韦抱真谏曰：‘公当峻扑罚以示威，不然，民慢且无畏。’答曰：‘政在治之而已，必刑法以树威乎？’卒不从，而蜀化。累徙蒲州刺史，兼河东按察使。小吏有罪，诫遣之，大吏白争，以为可杖，象先曰：‘人情大抵不相远，谓彼不晓吾言邪？必责者，当以汝为始。’大吏惭而退。尝曰：‘天下本无事，庸人扰之为烦耳。第澄其源，何忧不简邪？’故所至民吏怀之。”

【典故】

唐朝大臣陆象先是一个大度量的人。

公元714年，陆象先担任剑南道按察使，一个司马劝说陆象先：“希望您可以采用一些杖罚来树立自己的威信，否则那里的人是不会听从指挥的。”陆象先说：“为政之人只要讲道理就可以了，为什么要使用严刑呢？这并不是宽容之人所为。”

公元717年陆象先担任蒲州刺史。有一次，一个吏民犯了罪，陆象先教育开导了一番便将他放了。负责记录此事的人对他说：“您不鞭打他们，还有什么威信可言呢！”陆象先说：“人情都是差不多的，难道他们听不懂我的话？如果要使用刑罚，我看应该从你这里开始。”

陆象先的处事风格大都如此。他经常说的一句话便是：“天下原本是没有事情的，只是自己给自己找麻烦，才会把事情弄得越来越糟。如果你可以认识到这一点，所有的事情都会简单很多。”

有恃无恐

【释义】

依仗着有依靠便毫无顾忌。

【出处】

春秋·左丘明《左传·僖公二十六年》："室如悬罄，野无青草，何恃而不恐？"

【典故】

公元前634年，鲁国遭了灾荒，齐孝公趁此机会亲率大军攻打鲁国。鲁僖公得知消息后，心知鲁军无法和齐军抗衡，便命令大夫展喜带着酒肉美食前去犒劳齐军。这个时候，齐军还没有进入鲁国境内。

展喜日夜兼程，终于在齐鲁边界上碰到了齐军。展喜对齐孝公说："我们君主听说您要亲自来我国，特意让我前来犒劳贵军。"

齐孝公很是傲慢地说："你们鲁国人害怕了吗？"展喜不卑不亢地回答："那些没有见识的鲁国人确实有些害怕，但是我们的君主和大臣却一点也不害怕。"齐孝公非常轻蔑地说："你们鲁国国库空虚，百姓忍饥挨饿，地里又没有收成，甚至都看不到青草，你们又为何不感到害怕呢？"

展喜胸有成竹地说："先前，我们国家的祖先周公和齐国的祖先姜太公，忠心耿耿，齐心效力周成王，最后使得天下太平。周成王对此很是感激，便让他们二人立下盟约，告诫后世子孙要世代友好，不可相互攻伐。这些都是有资料可以考证的，我们两国的祖先如此友好，大王您又怎能贸然废弃祖先的盟约呢？我们也正是依仗着这一点，才不会害怕的。"

齐孝公听后，认为展喜说得非常有道理，便放弃了攻打鲁国的念头，带兵回国了。

有志者事竟成

【释义】

只要有毅力、有决心，事情就一定能够做成。

【出处】

南朝·宋·范晔《后汉书·耿弇（yǎn）传》："将军前在南阳，建此大策，常以为落落难合，有志者事竟成也。"

【典故】

汉光武帝年间，大将耿弇奉命攻打山东青州地区的豪强张步。张步兵强马壮，算得上是一个劲敌。张步听到耿弇前来进攻的消息，便派遣大将军费邑等分兵驻守历下、临淄、祝阿。耿弇迅速攻占了祝阿，随后又占领了历下和临淄。张步着急之下，亲率军队反攻临淄。在临淄城外，和耿弇大军进行了一场殊死搏斗。

在这场战斗中，耿弇的大腿被箭射伤，但是为了守护战果他依然带伤战斗。刘秀听说了消息，急忙带兵赶来救援。

耿弇的部下见战事激烈，提议暂时休战，但遭到了耿弇的反对。最后，在刘秀到来之前，耿弇打败了张步。刘秀到来后，他当着众位将士的面对耿弇说："先前大将韩信攻破历下，开创了大汉朝的基业。而今将军攻下祝阿，屡战屡胜，和韩信立下的功劳相似啊。之前，将军你就提议要攻打张步，那时我认为你说大话，所以没有答应。而今才知道，真是有志者事竟成啊。"

愚公移山

【释义】

指在困难面前敢于坚持，敢于迎难而上，毫不退缩。

【出处】

战国·列子《列子·汤问》："北山愚公者，年且九十，面山而居。惩山北之塞，出入之迂也……吾与汝毕力平险，指通豫南，达于汉阴，可乎……遂率子孙荷担者三夫，叩石垦壤，箕畚运于渤海之尾……"

【典故】

在冀州的南面、河阳的北面有两座大山：太行和王屋，方圆几百里，高达数万尺。

在山的北面住着一个老人，名愚公。两座大山的阻隔使他出行很不方便，于是便和家里人商量："我们一起想办法除掉这两个障碍，开出一条大道来。

你们说可以吗?”愚公的提议得到了家人的赞同，只是他的妻子问道：“像你现在的年纪和力量，恐怕连个小土包都无法移动，又如何移动这两座大山呢?而且，即便可以挪动，又将这两座大山移到哪里去呢?”

家人七嘴八舌地回答：“将它们扔到渤海边上去。”

就这样，愚公带着自己的三个子孙开始了移山的生活。他们挖掘石头，然后再用筐子或簸箕类的器皿将石头运到渤海的边上。这一去一回就是半年的时间。

愚公有一个邻居名智叟，他听说了愚公移山的消息，嘲讽地对愚公说：“你怎么会这么傻！就凭你的这点力量，恐怕连山上的一棵树都很难拔掉，还想要移除两座大山?”

愚公叹了口气，对智叟说：“你怎么如此不明事理啊！虽然有一天我会死，但是我死了还有我的儿子，儿子又生孙子，孙子又有儿子，儿子又有儿子，这样子子孙孙生生不息不会断绝呀！这两座山的高度不会再增，宽度不会再增，难道还没有挖完的那一天吗?”

智叟听后，竟然无言以对。

愚公的这些话被山神听到了，他便将此事报告给天帝。天帝感动于愚公移山的精神，就派天兵天将把这两座大山背走了，一座放在了朔东，一座放在了雍南。从那之后，冀州南部到汉水南面的道路开通了。

欲速则不达

【释义】

越是追求速度，越是无法到达目的地。

【出处】

春秋·孔子弟子及其再传弟子《论语·子路》：“无欲速，无见小利。欲速则不达，见小利则大事不成。”

【典故】

春秋时期，孔子年少时曾经给人做过马夫，并在驭马术中总结出了一些道理，比如：“无欲速，无见小利。欲速则不达，见小利则大事不成。”其后，他带着弟子周游列国的时候，也经常将这些道理讲给自己的弟子听。

缘木求鱼

【释义】

爬到树上去找鱼。形容做事的方法不对，无法达成目的。

【出处】

战国·孟子及其弟子《孟子·梁惠王上》：“以若所为，求若所欲，犹缘木而求鱼也。”

【典故】

孟子问齐宣王：“大王召集全国的军队，让士兵们冒死去攻打别的国家，难道只有把其他的国家打败了，大王您才高兴吗？”

齐宣王回答：“并不是打败其他国家我就高兴，我这样做只是为了实现最大的愿望罢了。”

孟子问齐宣王：“大王最大的愿望是什么？”

齐宣王没有回答。

孟子继续说：“是为了美味的食物吗？是为了保暖的衣服吗？是为了艳丽的色彩吗？是为了动听的音乐吗？是为了多一些人使唤吗？这些，您的臣子都可以提供给您，难道您真的只是为了这些吗？”

齐宣王回答：“我并不是为了这些。”

孟子说：“那么我便知道您的最大愿望了。您想要扩张土地，想要让秦国、楚国这样的大国都来朝贡您，想要称霸中原、安抚四方。不过，以您现在的做法，要想实现自己的愿望，就犹如想要从树上找到鱼一样。”

齐宣王说：“竟然有这么严重吗？”

孟子说：“比您想得要严重。爬树去捉鱼，虽然捉不到鱼但也不会有什么大碍。但是以您现在实现愿望的做法，费尽心思地去做，最后肯定会引来大祸的。”

齐宣王说：“能给我说说道理吗？”

孟子回答说：“如果楚国和邹国打仗，大王认为谁会赢呢？”

齐宣王自信地说：“自然是楚国。”

孟子说：“这是很显然的事情。弱小的邹国的确不能和强大的楚国为敌，人口少的国家也不可以和人口多的国家为敌，小国不可以和大国为敌。海内方圆千里的土地共有九块，大王您只不过占有其中的一块。现在您却想要以一块的力量去征服其他八块，这和邹国跟楚国打仗有什么不同呢？大王您要好好想一想，为什么不能从根本上入手呢？”

孟子接着说：“您如果施行仁政，让各地的贤人都想要到您的朝中为官，让天下的百姓都愿意到您的国家种田，让天下的商人都愿意来您的国家做生意，让天下的旅人都能够来您的国家旅行。如果做到了这些，放眼天下，还有谁能够和您为敌呢？”

约法三章

【释义】

泛指制定简单的条约用以遵守。

【出处】

西汉·司马迁《史记·高祖本纪》：“与父老约，法三章耳；杀人者死，伤人及盗抵罪。”

东汉·班固《汉书·刑法志》：“高祖初入关，约法三章。”

【典故】

公元前206年，刘邦带领大军占领关中，来到了距离秦国都城咸阳几十里的霸上。秦王子婴做了几十天的君主后，便归降刘邦。刘邦进驻咸阳，原本想要驻扎在华丽的宫中，但被心腹樊哙（kuài）和张良制止了，认为他这样做可能会失去人心。

刘邦听从了他们的建议，下令封闭宫门，只留下少数士兵保护王宫和库房，随即又带兵返回霸上。为了招揽民心，刘邦召集关中父老、豪杰，并郑重地对他们说：“秦朝法律严苛，害苦了各位百姓，理应全部废除。而今我和各位约定，不管是谁，都要遵守三条法律：第一，杀人者一定会被处死；第二，伤人者一定会被论罪；第三，偷盗者一定会被判刑。”关中父老、豪杰都表示一定会拥护这三条法律。紧接着，刘邦又让人去各地宣传这三章约法，都得到了良好的反响，百姓纷纷拿来酒肉以犒劳刘邦大军。

因为坚持约法三章，使得刘邦得到了百姓的拥护，最后刘邦赢得了天下，建立大汉王朝。

运筹帷幄

【释义】

筹：计划；帷幄：古时候的军中帐幕。指的是拟定好作战策略，坐在军帐中指挥战争。泛指主持大计、考虑决策。

【出处】

西汉·司马迁《史记·高祖本纪》："夫运筹帷幄之中，决胜千里之外，吾不如子房。"

【典故】

西汉初期，汉高祖刘邦在洛阳设宴款待各位功臣。酒过三巡之后，他对各位大臣提了一个问题："我为什么能够赢得天下而项羽却失败了呢？"有人回答："因为陛下能够派遣有才能的人去攻占城池要地，并论功行赏，所以能够成就大业。而项羽则恰恰和您相反，他用人不力，对于有功之人也不加封赏，贤能的人遭受怀疑，所以他最后失败了。"

汉高祖听后，认为他们说得有道理，在他看来，最为重要的原因就是知人善用。他曾经这样夸赞张良："夫运筹帷幄之中，决胜千里之外，吾不如子房（张良）。"意思是说，张良坐在军帐中施计，就能够决定千里之外的胜负。

掩耳盗铃

【释义】

捂着自己的耳朵去偷别人的铃铛。形容自欺欺人，想办法掩盖那些无法掩盖的事实。

【出处】

秦·吕不韦《吕氏春秋·自知》："百姓有得钟者，欲负而走，则钟大不可负。以椎（chuí）毁之，钟况然有声。恐人闻之而夺己也，遽掩其耳。"

【典故】

古时，有个好吃懒做的人，看上一户人家门外的一口大铜钟，想着把这铜钟偷来换点钱。只是，这口铜钟实在是太大了，即便他使出全身力气，也无法搬动它。后来，他想到一个方法：把钟敲碎，分批拿回家。

于是，在一个深夜，他拿着大锤来到铜钟前，一锤下去，铜钟发出了巨大的响声。他想：钟声这么大，肯定会惊醒附近的百姓。过了一会儿，他想到一个方法：把耳朵堵上，不就听不到钟声了吗？想到这，他用两团泥巴堵住了自己的耳朵，用锤子试着敲了一下，果然听不到钟声了。他便放心地砸起来。

不一会儿，周围的人家听到钟声，纷纷起身穿衣走出门外。他们见一个人正在拼命地砸钟，就上前询问。这个人奇怪地说："我都听不到钟声，你们怎么会听到呢？"说着拿出耳朵里面的两团泥巴。

周围人面面相觑，不一会儿都大笑起来。

Z

郑人买履

【释义】

我国古时的一则寓言故事，讥讽了那些一味信奉教条而不懂得变通的人。

【出处】

战国·韩非子《韩非子·外储说左上》："郑人有欲买履者，先自度其足，而置之其坐。至之市而忘操之。已得履，乃曰：'吾忘持度。'反归取之。及反，市罢，遂不得履。人曰：'何不试之以足？'曰：'宁信度，无自信也。'"

【典故】

从前，有一个郑国人打算去集市上买双鞋子。临出发前，他依据脚的大小量好了尺码。

他找到卖鞋的地方，正要买鞋的时候才发现把量好的尺码忘在了家里。于是便对卖鞋的人说："我把鞋子的尺码忘在了家里，我去取来再买吧。"说完，便急急忙忙地回家了。

有人听说了这件事，感觉非常奇怪，于是便问："你可以用自己的脚去试鞋子呀，为什么非要回家里去拿尺码呢？"

这个郑国人说："我宁愿相信已经量好的尺码，也不相信我自己的脚。"

纸醉金迷

【释义】

原指闪光的金纸把人弄迷糊了。形容人们沉迷在奢侈的生活环境中。

【出处】

宋·陶穀《清异录·居室》："有一小室，窗牖焕明，器皆金饰，纸光莹白，金彩夺目，所亲见之，归语人曰：'此室暂憩，令人金迷纸醉。'"

【典故】

唐朝时期，在都城长安有一个医术高明的人，名为孟斧，经常出入皇宫为妃子和皇子看病。由此，他对皇宫的一切都非常熟悉，对于皇宫的奢靡生活更是印象深刻。后来，黄巢起义攻入长安后，他出逃到四川。

到达四川后，因为想念在皇宫时的日子，他便依照着自己的记忆，仿照着皇宫的布置来装饰自己的家。他把一间光线很好的房子全部贴上了黄金做的薄纸，当阳光照射进来时，整个屋子都金光闪闪的，如同置身于金屋一般。

所有进过这间房子的人都说："在这个屋子里待上一小会儿，就会陶醉在这满屋的金纸里。"

纸上谈兵

【释义】

在纸上讨论打仗。形容空谈理论，不能解决实际的问题。也指空谈无法变为现实。

【出处】

西汉·司马迁《史记·廉颇蔺相如列传》："赵括自少时学兵法，言兵事，以天下莫能当。尝与其父奢言兵事，奢不能难，然不谓善……赵括既代廉颇，悉更约束，易置军吏。秦将白起闻之，纵奇兵，佯败走，而绝其粮道，分断其军为二，士卒离心……括军败，数十万之众遂降秦，秦悉坑之。"

【典故】

赵括是赵国名将赵奢的儿子，自幼学习兵法，谈起带兵打仗的事情头头是道。由此他便自认为天下没人能够抵挡住他的进攻，但赵奢却从未夸奖过他。赵括的母亲问赵奢原因，赵奢说："打仗是需要用命相搏的，在赵括那里却成了轻而易举的事情。赵国不任命赵括做将军，反而是赵国的幸事。如果让赵括做将军，那么他一定会毁掉赵国军队的，因为他从未上过战场，只知道'纸上谈兵'，一旦真的带兵打仗，肯定会出问题的。"

秦昭王四十七年，秦国大将王龁（hé）带兵攻打韩国上党，赵国大将廉颇带兵救援。和秦军对峙四个多月，将秦军阻挡在长平之外。

赵国胜利在望，秦国宰相范雎想到了一个离间计，他让人前去赵国散播谣言："秦军害怕的只有赵括一人，廉颇无能，再过段时间，他就要投降了。"赵王听信谣言，准备让赵括替换廉颇。于是，赵王召见赵括，问："你可以打败秦军，为赵国争光吗？"

赵括信心满满地说："秦国大将白起是个擅长用兵之人，如果对手是他，我尚且还需要花费一些心思。而今是王龁带兵，我肯定会将他们打得溃散而逃。"于是，赵王让赵括替代廉颇带兵。

相国蔺相如反对说："大王只凭借着名声来重用赵括，就好比用胶把调弦的柱粘死之后再去弹奏，不懂得变通。赵括熟读他父亲的兵书，却并不懂得灵活应变的道理呀。"赵王不听。

赵括启程时，他的母亲给赵王呈递奏章，说："不可以让赵括做将军啊。赵括的父亲做将军时，他亲自捧着食物侍奉的人有几十个，被他看作朋友的人有几百个，赏赐的东西全部分给士兵和幕僚，接受命令出征后就再也不过问家事。而今，赵括成了将军，军中没有人敢抬头看他，大王赏赐的东西也都被他悉数带回家，把那些便宜的田地房产全部购买下来。赵括有什么地方像他父亲呢？父子二人心地如此不同，希望大王不要让他带兵。"赵王说："这件事情您就别管了。"赵括的母亲又说："如果您一定让他带兵打仗，如果他有失职的地方，还请不要牵连我。"赵王答应了。

赵括接管兵权后，整顿军营，和王龁交战。王龁作战吃力，秦昭王又赶忙派遣白起带兵，最后赵括大败，四十万赵军全部被活埋，赵括也在突围中中箭身亡。

置之度外

【释义】

指不把个人生死、利益等放在心上。

【出处】

南朝·宋·范晔《后汉书·隗嚣传》："帝积苦兵间，以嚣子内侍，公孙述远据边陲，乃谓诸将曰：'且当置此两子于度外耳。'"

【典故】

西汉末年，汉光武帝刘秀打败了王莽新政，收编了山东、河北一带的农民起义军，建立了东汉王朝。

东汉政权建立初期，很多地方的割据势力还未收复，时有战事发生。为此，汉光武帝刘秀花了五年的时间，除了甘肃的隗嚣和四川的公孙述外，其余地方基本平定。这个时候，隗嚣主动表示愿意归顺刘秀，而且还将自己的儿子送往洛阳，以示心意。

公孙述则自称为蜀王，带着几十万兵马，盘踞在四川。因为当时时局刚刚稳定，刘秀暂时不想要再为此耗费国力。有人曾就此询问刘秀的意见，刘秀说："暂时把这两个人放在一边，不用管他们。"

自惭形秽

【释义】

形秽：形态比较丑陋，泛指缺点。因为自己不如别人而感到羞愧。

【出处】

南朝·宋·刘义庆《世说新语·容止》："珠玉在侧，觉我形秽。"

【典故】

卫玠（jiè）是晋朝的一位名士，长相俊秀，风姿不凡，很受旁人喜爱。卫玠的舅舅王济在朝中任职骠骑将军，长相也非常英俊，做人做事很有风度。虽然他是一个常年征战沙场的将军，但是却有着丰富的才学，在当时颇有名声。

有一次，卫玠去投奔王济，王济见卫玠眉清目秀，相貌惊人，便对卫玠的母亲说："别人都说我相貌过人，现在和外甥比起来，就好比是把石头和宝玉放在一起，真是太难看了。"接下来的几天，王济带着卫玠去拜访自己的好朋友。凡是见到卫玠的人，都以为他是用白玉雕成的，都惊叹他俊美的外表。

后来，有一个人想要试试卫玠的学问，便让他讲解一下玄理。卫玠讲解得头头是道，很是自在。听完卫玠的讲解后，这个人对王济说："你们三王都无法比得上卫家的一个儿郎啊！"王济也颇有感触地说："卫玠站在我身边，就好比有宝玉在我身边。和他走在路上，就如同有一颗明珠在身边闪耀，和他相比，我是自惭形秽啊。"

自相矛盾

【释义】

言行举止前后不一、相互抵触。

【出处】

战国·韩非子《韩非子·难一》："楚人有鬻（yù）盾与矛者，誉之曰：'吾盾之坚，莫之能陷也。'又誉其矛曰：'吾矛之利，于物无不陷也。'或曰：'以子之矛陷子之盾，何如？'其人勿能应也。"

【典故】

楚国有一个小贩在集市上卖矛和盾。

他举着自己的盾对围观的市民说："我的盾是世间最坚固的，不管多锋利的矛都无法将它刺穿。"随后又举着自己的矛说："我的矛是世间最锋利的，不管多么坚固的盾都可以刺穿。"

他的这两声吆喝，吸引了不少行人。

有一个人看不下去了，他上前拿起小贩的矛和盾，对他说："如果用你的矛去刺你的盾，你觉得会如何呢？"

这个小贩无言以对，最后只能拿着自己的矛和盾，灰溜溜地离开了。

指鹿为马

【释义】

把鹿说成马。形容是非颠倒，黑白不分。

【出处】

西汉·司马迁《史记·秦始皇本纪》："赵高欲为乱，恐群臣不听，乃先设验，持鹿献于二世，曰：'马也。'二世笑曰：'丞相误邪？谓鹿为马。'问左右，左右或默，或言马以阿顺赵高。"

【典故】

秦始皇去世后，宦官赵高和秦始皇的小儿子胡亥勾结，篡夺王位，胡亥即位，史称秦二世。

胡亥封赵高为郎中令，算是朝中要臣，但他的职位还在丞相李斯之下，这让赵高很是不满，一心想要谋害李斯，夺取丞相位。最后，李斯被赵高诬陷而死，赵高顺利成为宰相。不过这并没有让赵高满足，他又盯上了秦二世的皇位。为了尽快达成目的，他开始在朝中勾结同类、排除异己。

有一次，赵高让人牵着一只鹿从朝堂门口经过，并指着鹿对秦二世说："陛下，这是我给您寻到的千里马。"秦二世笑着说："丞相糊涂了，这明明是鹿，哪里是马呢?"

赵高很认真地说："陛下，肯定是您看错了，这的确是一匹千里马，并不是鹿。如果您不相信的话，可以问问朝中大臣。"

秦二世让大臣一一上前辨认。有些大臣为了讨好赵高，也将鹿说成马；有些大臣则说是鹿；还有的大臣不愿意得罪赵高，又不愿意说假话，只好噤声不答。

赵高暗地里把那些说是鹿的大臣全部记下来。事后，他找了理由对这些人一一迫害，有的被关入大牢，有的被流放在外。自此，朝中再也没有人敢反对赵高了。

只许州官放火，不许百姓点灯

【释义】

形容统治者可以胡作非为，百姓的正当活动却受到了限制。也形容放纵自己，却限制他人。

【出处】

南宋·陆游《老学庵笔记》卷五："田登作郡，自讳其名，触者必怒，吏卒多被榜笞（chī）。于是举州皆谓灯为火。上元放灯许人入州治游观，吏人遂书榜揭于市曰：'本州依例放火三日。'"

【典故】

南宋诗人陆游在其著作《老学庵笔记》中讲述了这么一个故事：

有一个叫田登的州官，为了避讳自己的名字，下令不许任何人说"登"字，即便是同音字也不可以。

有一次，一个小吏一时大意，吩咐别人"点灯"。田登听说后，很是生气，命人将小吏痛打了一顿。自此，州府的人都将"点灯"称为"点火"。

田登还由此发布公告，州中百姓便都采用这种说法。

元宵节，州府举办灯会，百姓进城观灯。田登又发布了一则公告：“本州依照惯例，放火三天。”举办灯会称为“放灯”，为了避讳“灯”字，便写成“放火”。百姓看了公告，哭笑不得，说：“真是太可笑了。如果真的要放火三天，田登还想要活命吗？真是只许州官放火，不许百姓点灯啊。”

孜孜不倦

【释义】

勤奋努力，不知疲倦。

【出处】

战国·《尚书·君陈》：“惟日孜孜，无敢逸豫。”

【典故】

远古时候，黄河流域洪水泛滥，百姓不堪其扰、流离失所。尧帝采纳四方部落首领的建议，派遣鲧（gǔn）前去治水。鲧用了九年时间也没能将洪水制服。临死前，他叮嘱儿子禹：一定要把洪水治理好。

禹改变了父亲之前的治水方法，带着百姓开凿龙门，疏通沟渠，将洪水引入沟渠，又从沟渠引入大河，从大河引入大江，从大江引入大海。经过十几年的努力，禹终于治好了洪水，解决了水患问题。

尧帝的继承人舜帝，因为大禹治水有功，想要让禹继任部落联盟首领。禹对舜帝说：“惟日孜孜，无敢逸豫。”意思是说：我每日都勤勤恳恳地工作，不敢有半分懈怠，更不敢贪图享乐。

朝三暮四

【释义】

原意指用手段欺骗别人。后来形容经常改变主意，反复无常。

【出处】

战国·庄子《庄子·齐物论》：“狙（jū）公赋芧（xù），曰：‘朝三而暮四。’众狙皆怒。曰：‘然则朝四而暮三。’众狙皆悦。名实未亏而喜怒为用，亦因是也。”

【典故】

《庄子·齐物论》中记载着这么一个故事：

宋国有个老人喂养了一群猴子。老人家境贫寒，但却非常喜欢猴子，宁愿饿着自己，也要腾出点钱给猴子买吃的，不让猴子饿肚子。老人和猴子相处得很融洽，猴子想什么，老人一眼就知道；老人说什么，猴子也可以很好地理解。

猴子吃得越来越多，老人喂养得越来越吃力。老人想要减少猴子的食物，对猴子们说："从明天开始，你们吃橡子，早上吃三个，晚上吃四个。可以吗？"猴子自然不乐意，吱吱哇哇地乱叫。

老人又说："这样吧，早上给你们四个，晚上给三个。可以吗？"猴子一听，都非常高兴。

后来，人们从这个故事中演变出"朝三暮四"这一成语。

凿壁偷光

【释义】

原意指凿开墙壁，借邻居家的烛光读书。形容读书非常刻苦。

【出处】

东晋·葛洪《西京杂记》卷二："匡衡字稚圭，勤学而无烛，邻舍有烛而不逮。衡乃穿壁引其光，以书映光而读之。"

【典故】

匡衡幼时家境贫寒，晚上家中没有烛火供他读书。匡衡的邻居过得富庶，每天晚上都会点灯，把屋子照得很亮。匡衡曾经想要去邻居家里读书，但被邻居拒绝了。后来，他想到了一个办法，暗地里在自家墙壁上凿开了一个小洞，邻居家的烛火通过小洞透过来，匡衡借着这个小洞的光，就可以看书了。

凭借着这种刻苦学习的精神，匡衡成了西汉时期著名的文学家。

煮豆燃萁

【释义】

原意指用豆萁作柴火来煮豆子。形容兄弟之间相互残杀。

【出处】

南朝·宋·刘义庆《世说新语·文学》："文帝尝令东阿王七步作诗，不成者行大法。应声便为诗曰：'煮豆持作羹，漉菽（lù shū）以为汁。萁在釜下燃，豆在釜中泣。本是同根生，相煎何太急？'帝深有惭色。"

【典故】

曹植是曹操的儿子，自幼才华出众，深受曹操的喜爱。曹操去世后，曹丕成为魏国的皇帝。曹丕是一个心胸狭窄之人，他害怕曹植的才能会威胁到自己的皇位，于是便想要将其除掉。

有一次，曹丕将曹植叫到面前，让他在七步之内作出一首诗，以此来证明自己的才华。如果他在七步之内作不出诗来，就会被杀掉。

曹植心知哥哥的心思，悲痛万分。走完七步之后，他作了这么一首诗：

煮豆持作羹，漉菽以为汁。

萁在釜下燃，豆在釜中泣。

本是同根生，相煎何太急？

专心致志

【释义】

形容做事情一心一意，聚精会神。

【出处】

战国·孟子及其弟子《孟子·告子上》："夫今弈之为数，小数也，不专心致志，则不得也。"

【典故】

古时有一个棋艺高超的人，名弈。

弈有两个学生，一个学生专心致志，一心一意地跟着老师学习，而另一个学生却总在弈授课的时候胡思乱想。虽然两个人一同在弈的门下学习，弈对他们花费的时间和精力也都一样，但第一个人的棋艺要远远高于第二个人。这难道是因为第二个人的智力不如第一个吗？当然不是，只是因为第一个学生在学习的过程中比第二个专注罢了。

参考文献

［1］金涛．中华成语故事大全集［M］．南昌：百花洲文艺出版社，2011.

［2］墨人．中华成语故事［M］．北京：中国戏剧出版社，2009.

［3］魏红霞．成语故事［M］．北京：北京教育出版社，2014.

［4］吕桂兰，赵荣织，李继宏．成语故事［M］．北京：北京燕山出版社，2013.

［5］巴城．中华成语故事大全集［M］．北京：华文出版社，2010.

［6］《微经典》编委会．中华成语故事［M］．南京：江苏美术出版社，2015.

［7］《国学典藏书系》丛书编委会．国学典藏书系：成语故事［M］．长春：吉林出版集团有限责任公司，2010.